기독교인을 위한
# 교류분석

# 기독교인을 위한
# 교류분석

자기이해와 관계개선을 위하여

김용민

# 머리말

　교류분석은 현대상담이론 가운데 '기독교'와 가장 밀접한 관련 있는 학문의 영역입니다. 특히 '교회'와 가장 밀접하다고 할 수 있는데, 이는 교류분석이 지닌 실용성 때문이라고 할 수 있습니다. 저 역시 이 실용성 때문에 교류분석에 많은 시간을 보내고 있습니다.

　교류분석을 처음 접한 것은 공군의 군종장교로 있을 때였습니다. 당시 Ego-OKgram을 통해 교류분석을 알게 되었고, 이를 더 잘 활용하기 위해 교류분석을 공부하기 시작했습니다. 이것이 계기가 되어 2005년 한국침례신학대학교에서 첫 강의도 하게 되었습니다. 2008년부터는 「뱁티스트」에 교류분석 관련 글들을 연재했고, 2015년에는 교류분석에 근거한 검사를 개발했습니다. 이 책은 이러한 여정의 중간 정리라 할 수 있습니다.

　본서는 그동안 「뱁티스트」에 연재했던 글들과 「한국기독교상담학회지」에 게재한 논문을 모은 결과물입니다. 처음부터 출판을 염두에 두고 쓴 글이 아니기 때문에 큰 틀에서 내용을 일부 조정했습니다. '기독교인을 위한'을 책제목에 넣으면서 잠시 고민하기도 했습니다. 모든 부분에 기독교적 관점이나 적용이 포함되지는 않았기 때문입니다. 이 책의 부족한 부분은 개정판의 과제로 남겨두고자 합니다.

본서는 기존의 책들보다 쉽게, 실용적으로 교류분석의 내용들을 다뤘습니다. 누구나 비교적 쉽게 교류분석의 내용을 이해할 수 있고 자신의 삶에 적용할 수 있습니다. 또한 다른 책에는 포함되지 않은 기독교적 관점이 포함되어 있습니다. 특히 교류분석에 대한 신학적 성찰을 통해 기독교인이 교류분석을 보다 안전하게 사용할 수 있는 길을 열어 두었습니다.

본서는 다음과 같은 분들에게 유용합니다.
- 기독교적 관점에서 교류분석을 공부하고 싶은 분
- 성장과 성숙을 위해 자기를 잘 이해하고 싶은 분
- 소중한 사람들과 좋은 관계를 맺고 싶은 분
- 교류분석을 다양한 장면에서 활용하고 싶은 분
- Ego-OKgram을 보다 잘 활용하고 싶은 분

마지막으로 이 여정에 참 좋은 동반자가 되어준 사랑하는 아내와 지금까지 학문의 길을 이끌어 주신 양병모 교수님께 감사의 마음을 전합니다. 또한 여기까지 이끌어 주신 하나님의 손길을 기억하며 하나님께 감사와 영광을 돌립니다.

"여호와께서 사람의 걸음을 정하시고 그의 길을 기뻐하시나니

그는 넘어지나 아주 엎드러지지

아니함은 여호와께서 그의 손으로 붙드심이로다"

(시 37:23~24)


2024년 3월 2일

김용민

# 목차

1장

교류분석과
기독교

# 1장

# 교류분석과 기독교

～

    교류분석은 중요한 현대심리치료이론들 가운데서 하나일 뿐만 아니라 미국에서 기독교와 밀접한 관련성을 가지고 전개되었다(Oden, 1974, 47). 실제로 교류분석은 Thomas Harris 이후 일반사회의 영역과 더불어 교회에서도 선풍적인 인기를 얻으면서 발전했다. 특히 미국에서는 단순히 상담의 차원을 넘어 다양한 목회사역에 접목될 정도로 기독교에 많은 영향을 미쳤으며, 그 결과 교회 안에서 심리학을 사용하는 과정에서 나타날 수 있는 긍정적인 측면과 부정적인 측면을 동시에 드러내게 되었다(Oden, 1974, 48; Wegener, 1979; Hilbert, 1974).

## 1. 교류분석의 발달과정

    Eric Berne에 의해서 처음 시작된 교류분석은 계속해서 발전을 거듭하면서 지금까지 거의 60년 동안 심리치료를 비롯한 다양한 분야에 적용되고 있다. 국제교류분석협회(ITAA)는 이러한 교류분석을 사회 심리학의 한 분야로 소개하고 있는데, 특히 1964년에 발간된 Berne(2004)의 *Games people play*는 사회심리학의 '획기적인 고전'으로 평가받고 있다

(http://www.itaa-net.org/ta/). John M. Dusay(1993, 19~32)는 이러한 교류 분석의 발전을 크게 네 단계로 나누어 설명했다. 여기서는 각 시기에 출간된 중요한 책을 중심으로 교류분석의 발달과정을 간단하게 살펴보고자 한다.

캐나다 출신인 Berne의 본래 이름은 Eric Leonard Bernstein이며, 1939년 미국 시민권을 얻으면서 이름을 바꾸었다. Berne은 1943~1946년 사이에 군의관으로 2차 세계 대전에 참전하여 집단치료를 실시하였는데, 이것이 나중에 교류분석을 위한 초석이 되었다. 제대 후 Berne은 Erikson에게 정신분석훈련을 받았지만, 1956년 샌프란시스코 정신분석학회로부터 미숙하다는 이유로 회원자격을 거절당했다. 이를 계기로 Berne은 자기의 이론을 발전시켜 교류분석을 시작하게 되었다(우재현, 2007, 20; 조정기, 1998, 546).

교류분석과 관련된 Berne의 첫 책은 1961년에 출간된 *Transactional analysis in psychotherapy*이다. 여기서 Berne(1974, 9~36)은 교류분석의 핵심이라고 할 수 있는 자아상태(ego state) 개념을 제시한다(Schaefer, 1976, 59). 자아상태는 교류분석의 성격이론이라고 할 수 있는 구조분석의 기초가 되는 것으로 어버이 자아상태(parent ego state), 어른 자아상태(adult ego state), 어린이 자아상태(child ego state) 등 세 가지로 구성되어 있다(Lester, 1994, 369; Zerin & Zerin, 1999, 162). 이것은 각각 Sigmund Freud의 초자아(superego), 자아(ego), 본능(id)과 유사한 개념이지만 말이나 행동 등과 같이 드러나는 모습을 통해서 파악할 수 있다는 점에서 차이가 있다고 볼 수 있다(나동석, 박현순, 2005, 26; Prudhomme, 2006, 8; cf. Machovec,

1984, 88~89). Berne(1974, 27~36)은 이러한 자아상태를 통해서 인간의 성격을 설명하고 있으며, 자아상태의 오염(contamination), 배제(exclusion) 등의 개념을 통해서 성격의 병리적인 문제를 설명했다.

교류분석과 관련된 Berne의 두 번째 중요한 책은 *Games people play*이다. 실제로 이 책이 베스트셀러가 되면서 비로소 교류분석이 새로운 치료기법으로 주목받기 시작했다(우재현, 2007, 20). 여기서 Berne는 두 사람 간에 일어나는 교류에 주목하면서 처음 책에서 제시했던 게임이론을 더욱 체계화했다. Berne(2004, 48)이 말하는 게임이란 "잘 정의된, 예측 가능한 결과를 향해 나아가는 일련의 상보적 이면적 교류"이다. 실제로 게임은 혼자서는 이루어지지 않으며(상보성), 숨겨진 동기가 있고(이면성), 일정한 코스를 거쳐 종착점에 도착하게 되며(클라이막스), 반드시 불쾌감을 가져오는 특징이 있다(스기다, 2000, 154~155).

다음으로 중요한 책은 1971년에 출간된 Berne의 *What do you say after you say hello?: the psychology of human destiny*이다. 국내에서『각본분석』으로 번역된 이 책은 인생 초기에 환경 특히 부모와의 상호작용을 통해서 이루어진 자기 결단을 각본이라고 정의하면서 이러한 각본이 한 사람의 일생에 지속적으로 영향을 미친다고 주장한다(Berne, 2004a, 98~100; 정경위, 1997, 308). 이러한 각본은 자기긍정, 자기부정, 타인긍정, 타인부정과 같은 인생태도(life position)와 밀접한 관련이 있으며(Berne, 2004a, 100~105; Corey, 1994, 169~170), 교류분석에서 자아상태 만큼이나 중요한 위치를 차지하고 있다(박종삼, 1997, 43).

Berne이 사망한 1970년 이후 교류분석은 새로운 전환기를 맞이하게 된다. Dusay(1993, 32)는 이때를 교류분석의 네 번째 시기로 보면서 교류분석의 '행동단계'라고 명명했다. 이 시기에는 교류분석과 관련된 다양한 이론들이 등장했고, 교류분석이 여러 영역에 걸쳐서 본격적으로 활용되기 시작했다. 이 시기에 특히 주목할 만한 것은 1977년에 출간된 Dusay의 *Egogram: how I see you and you see me*이다. 이고그램은 자아상태를 그래프를 통해서 나타내 주기 때문에, 한 사람의 자아상태를 파악하고 에너지의 흐름을 알 수 있을 뿐만 아니라 그것을 변화시키는데 실제적인 도움을 제공한다(Dusay, 1993, 129~196).

교류분석은 이러한 발전과정을 거치면서 집단치료를 넘어 개인상담에서도 활용되기 시작했다. 그 대표적인 인물은 Ian Stewart이다. Stewart(1989)는 *Transactional analysis in action*에서 교류분석을 활용한 상담모델을 제시했는데, 여기서는 주로 인생각본, 라켓감정, 에누리 등이 중요한 틀을 이루었다. 그러나 이 책은 교류분석에 대한 전문성을 요구하고 있기 때문에 일반 상담자들이 활용하기에는 어려움이 있었다. 이후 Stewart(1996)는 *Developing transactional analysis counseling*을 통해서 교류분석을 비교적 쉽게 상담에 활용할 수 있는 실제적인 지침을 제공했다. 이외에도 교류분석상담과 관련된 책은 *Changing lives through redecision therapy*(Goulding & Goulding, 1979), *Skills in transactional analysis counseling & psychotherapy*(Lister-Ford, 2002) 등이 있다.

## 2. 교류분석과 기독교의 관계

교류분석은 비교적 초기부터 기독교와 밀접한 관련성을 가지고 발전했다. 그 이유는 교류분석의 초기 작업자 가운데 기독교인들이 포함되어 있었을 뿐만 아니라 그들에 의해서 출간된 책들이 실제 교회 현장에 커다란 영향을 미쳤기 때문이다. 그 가운데서 특히 중요한 인물은 Thomas Harris와 Muriel M. James이다. Harris는 교류분석의 시각에서 전통적인 기독교 교리와 신앙을 비판적으로 설명하고자 했으며, James는 교류분석을 적극적으로 교회사역에 적용하고자 했다. 또한 교류분석과 기독교의 관계에서 간과할 수 없는 사람은 Thomas Oden이다. Oden은 다른 이들과 같이 교류분석의 참여자는 아니었지만 교류분석을 긍정적으로 평가하고 연구한 목회신학자이다. 특히 Oden(1974, 99~129)은 교류분석에 대한 건전한 비판을 토대로 "교류신학"(transactional theology)을 제안했다. 여기서는 이 세 사람을 중심으로 교류분석과 기독교의 관계를 간략하게 개관하고자 한다.

1957년 Berne에 의해서 발표된 *Transactional analysis: a new and effective method of group therapy*를 통해서 교류분석을 접하게 된 Harris(1973, 14)는 이후 Berne의 공동연구자가 되어 교류분석의 방법적인 측면을 개발하고 정리하게 되었다. 그에 의해서 1967년에 출간된 *I'm ok you're ok*는 Berne의 *Games people play*를 넘어 교류분석을 대중적인 차원으로 끌어올리는 중요한 계기가 되었다. 특히 이 책은 종교분야에서도 베스트셀러가 되었는데, 그 이유는 교류분석을 일반적인 삶의 영역을 넘어 종교적인 삶의 영역까지 적용하고 있기 때문이다(Prudhomme, 2006, 9). 그 결과 교류분석은 미국의 주요 교단 내에서 목회사역을 위한 중요한 도구가 되었지만(Klass, 1972, 1183), 동시에 많은 기독교인들의 반대에 부딪히기도 했다.

Harris는 *I'm ok you're ok*에서 원죄(original sin)의 문제를 다루었다. 그는 Paul Tillich의 견해를 빌어서 '상태와 행위'라는 측면에서 원죄에 접근한다. 즉, 원죄는 행동을 통해서 드러나기 전까지 하나의 가능태로 존재하는데, 이것이 곧 인생태도이며, 이러한 인생태도가 행동으로 나타나는 게임이 곧 원죄가 된다. 그러므로 Harris에게 있어서 원죄는 게임이 그러하듯이 유아기의 Not OK에서 기인하는 피할 수 없는 결과가 된다. 이런 차원에서 Harris(1973, 259~260)는 원게임(original game)이 곧 원죄라고 주장한다. 이러한 Harris의 견해는 하나님에 대한 인간의 반역 개념이 빠진 지나치게 온건한 (원)죄의 개념이라는 측면에서 비판을 받고 있다(Prudhomme, 2006, 9; Jones & Butman, 2002, 445). Harris(1973, 260~265)는 이외에도 구원, 은혜 등과 같은 기독교적 개념에 대해서도 교류분석적 해석을 하고 있다. 그러한 해석 역시 원죄와 마찬가지로 몇 가지 신학적인 문제들을 안고 있다(Prudhomme, 2006, 9~10). 그런데도 그의 해석은 쉽게 간과할 수 없는 중요한 측면이 있다. 그 이유는 교류분석 자체가 인간 상호 간의 교류를 중심으로 이루어져 있기 때문이다. 실제 Harris의 문제는 신학에 대한 분명한 인식 없이 피상적으로 교류분석을 적용했다는 사실이다.

이러한 또 하나의 예는 James이다. James(1977)는 1973년에 저술한 *Born to love*에서 교류분석을 교회사역에 적용했다. 그는 교류분석의 모든 영역을 어떻게 교회의 사역에 접목할 것인가에 관심을 가지고 그것을 실행에 옮겼다. 특히 James는 교류분석을 통해서 교회와 신자들을 어떻게 이해할 수 있는지를 보여주고자 했다. 그러나 James 역시 신학에 대한 이해가 부족했다. James(1977, 201~224)는 *Born to love*의 마지막 장에서 신학과 심리학의 통합의 한 방편으로 교류신학을 제시하고 있는데, 그것은 신학이라기보다는 심리학에 가깝다. 실제로 그의 교류신학 안에는 교류분석에 대한 비판이 빠져 있으며, 교류분석을 맹목적으로 적용하고 있다. *Free on the child in you*(Bontrager, 1974)와 *The power at the bottom of the well*(James & Savary, 1974) 역시 이와 비슷한 경우라고 할 수 있다.

Oden은 목회신학자로서 교류분석을 긍정적으로 수용한 사람들 가운데 하나이다. Oden은 James와 마찬가지로 *Game free*에서 교류신학을 제시하고 있다. 그러나 Oden(1974, 82~98)의 교류신학은 교류분석에 대한 비판적 시각을 기반으로 해서 이루어졌다는 측면에서 James의 교류신학과 구별된다. 실제로 Oden(1974, 48, 50~70)은 교류분석과 기독교의 유사성에 기초한 단순한 연결이 아니라 신학적 비판 과정을 통해서 교류분석과 기독교의 연결을 시도하고 있다. Oden(1974, 48~50)은 신학을 "인간의 곤경, 곤경으로부터의 구원의 가능성, 그리고 새로운 가능성을 실현하는 방법들에 대해서 끊임없이 언급하려는 시도"라고 정의하면서 이러한 신학의 요소들이 교류분석 안에 이미 암시적으로 포함되어 있다고 주장한다. 즉, 교류분석 안에는 인간의 곤경(병 또는 속박)과 그러한 곤경으로부터의 구원(또는 치료), 그리고 그것을 통해서 주어지는 새로운 삶(건강 또는 자유)이 이미 포함되어 있다는 것이다. 결과적으로 교류분석은 Oden에게 있어서 단순한 심리치료의 차원을 넘어 하나의 신학이 된다.

Harris는 교류분석에 대한 기본적인 이해와 더불어 기독교신학에 대한 교류분석적 해석과 비판을 시도했다. James는 교류분석이론을 교회현장에 적용하고자 했으며 교류분석과 신학의 통합을 시도했다. 그러나 Harris와 James는 신학적 기반이 얕은 상태에서 기독교신학에 대한 비판과 통합을 시도했기 때문에 제대로 된 결과를 얻을 수 없었다. Harris는 기독교신학과의 관계에서 교류분석을 오용한 사례로 볼 수 있으며, James는 그것을 남용한 경우라고 평가할 수 있다. 우리가 이러한 오용과 남용에서 벗어나기 위해서는 무엇보다도 튼튼한 신학적 기반과 진지한 신학적 성찰의 과정이 필요하다. Oden의 경우도 교류분석의 오용과 남용에서 완전히 자유로울 수는 없지만, 치밀한 신학적 성찰을 통해서 이러한 난점에서 벗어나려고 한다는 점에서 긍정적으로 평가할 수 있다.

## 3. 교류분석의 철학적 전제에 대한 신학적 성찰

우리의 정체성을 유지하고 강화하는 역할을 하는 신학적 성찰은 기독교의 자체성(변하지 않는 부분)과 관련이 있는 신학적 비판과 자기성(변하는 부분)과 관련이 있는 신학적 재구성으로 이루어져 있다(Ricoeur, 1992, 115~125). 신학적 비판은 기독교의 변하지 말아야 하는 부분을 유지하는 역할을 하며, 신학적 재구성은 변하는 부분을 통해서 기독교를 강화하는 역할을 한다. 신학적 비판에서는 변해야 할 부분을 고수하지 않도록 주의해야 하며, 신학적 재구성에서는 변하지 말아야 할 부분을 바꾸지 않도록 주의를 기울여야 한다. 여기서는 이러한 신학적 성찰 가운데서 긍정성, 자율성, 가변성으로 정의할 수 있는 교류분석의 철학적 전제에 대한 신학적 비판을 시도하고자 한다(Stewart & Joins, 1993, 6; 이은주, 2007, 15).

## 1) 긍정성에 대한 신학적 비판

긍정성(OK-ness)은 교류분석의 철학적 전제들 가운데 가장 근본적인 요소이다. Stewart와 Joines(1993, 6~7)는 이러한 긍정성을 크게 세 가지 측면에서 설명하고 있다. 첫 번째 측면은 모든 인간은 각자 인간으로서의 가치와 유용성, 그리고 존엄성을 지니고 있다는 사실이다. 그렇기 때문에 모든 인간은 인간이라는 사실 하나만으로 존중받아야 한다(Lister-Ford, 2002). 두 번째 측면은 모든 인간은 자기와 타인을 있는 그대로 받아들여야 한다는 사실이다. 즉, 행위의 좋고 나쁨을 떠나서 인간 존재 그 자체를 긍정해야 한다는 것이다(이기춘, 1998, 18; Oden, 1974, 84). 세 번째 측면은 모든 인간은 평등하다는 점이다. 즉, 서로 다른 것을 소유하고 있고, 다른 모습을 하고 있지만 그런데도 모든 사람은 동등하다는 것이다.

이상과 같은 교류분석의 인간관은 신학적으로도 긍정될 수 있다. 미 남침례교의 신앙고백서인 *The baptist faith and message*는 인간의 존엄성을 두 가지 측면에서 제시하고 있다(Hobbs, 1994, 43).

첫 번째는 인간이 하나님의 형상대로 창조되었다는 사실이다. 실제로 하나님의 형상대로 지음을 받은 피조물은 인간밖에 없으며, 이러한 인간의 창조는 하나님의 창조사역의 절정이자 목적이었다. Rad는 하나님 형상의 또 다른 측면을 보여준다. Rad(1996, 62~63)는 하나님의 형상을 당시 통치지역에 세워졌던 신의 형상에 비유하면서 인간이 곧 하나님의 대리자임을 밝히고 있다. Westermann(1994, 151~154) 역시 이러한 Rad의 견해에 동의하고 있는데, 이러한 사실은 모든 인간이 왕과 같은 위치에 있으며, 평등하다는 사실을 보여주는 것이라고 할 수 있다(엄원식, 2002, 54; Moltmann, 1994, 261). 이렇게 하나님의 형상은 인간의 존엄성과 평등함을 지지해 준다.

두 번째는 그리스도가 인간을 위해서 죽었다는 사실이다. 그리스도의 죽음은 선한 인간을 위한 죽음이 아니라 악한 인간을 위한 죽음이었다. 하나님의 명령을 거역하고 타락한 인간이 아직 죄인이었을 때 그리스도께서 그러한 인간을 위해서 죽은 것이다(롬 5:8). 이러한 사실은 인간의 행위가 악할 때도 변함없는 하나님의 사랑의 대상이라는 사실을 보여준다(Hobbs, 1994, 46). 그러므로 인간은 행위의 옳고 그름이 아니라 인간이라는 사실 그 자체로도 존중을 받을만한 자격이 있는 것이다. 바울은 "그러므로 그리스도께서 우리를 받아 하나님께 영광을 돌리심과 같이 너희도 서로 받으라"(롬 15:7)라고 말한다. 즉, 그리스도께서 우리를 받으신 것 외에 다른 조건 없이 서로를 진심으로 수용하라는 것이다(Dunn, 1988, 851~852). 여기에는 그리스도의 수용의 대상인 자기도 하나의 타자로서 진심으로 수용해야 하는 대상이 된다. 이렇게 그리스도께서 인간을 위해서 죽었다는 사실은 인간의 존엄성과 함께 행위와 관계없이 있는 그대로 받아들여야 한다는 교류분석의 철학적 전제를 지지한다.

이렇게 교류분석과 기독교신학은 인간을 긍정적으로 본다는 점에 있어서는 차이가 없다. 그러나 기독교신학은 인간과 인간의 긍정성에 대한 한계를 설정하고 있다는 점에서 교류분석과 차이가 있다. 즉, 기독교신학은 인간이 창조주가 아니라 피조물이며, 언제든지 부정적인 존재가 될 수 있기 때문에 오직 하나님 안에서만 긍정적일 수 있다는 점을 분명히 하고 있다(Erickson, 1997, 57; Prudhomme, 2006, 10). 이런 관점에서 볼 때 교류분석의 인간에 대한 긍정은 지나치게 순진하고 낙관적이며, 인간을 긍정하기 위해 하나님을 부정할 수 있는 가능성도 있다고 볼 수 있다(Jones & Butman, 2002, 445; Prudhomme, 2006, 9~10). 그러므로 우리는 이러한 교류분석의 한계를 인식하여 기독교 상담이 잘못된 방향으로 나아가지 않도록 주의해야 한다.

### 2) 자율성에 대한 신학적 비판

자율성(autonomy)은 교류분석의 철학적 전제들 가운데 핵심이자 교류분석이 추구하는 궁극적인 목표이다(Berne, 2004b, 182~183). Berne은 자율성을 자각(awareness), 자발성(spontaneity), 친밀감(intimacy) 등 세 가지 요소로 설명하고 있다. 여기서 자각은 스스로 보고 들을 수 있는 능력이며, 자발성은 스스로 선택할 수 있는 능력이고, 친밀함은 소박하게 사랑을 나눌 수 있는 능력이다(Berne, 2004b, 178~181). 결국 자율성의 요소는 모두 인간이 가지고 있는 능력과 관련되어 있음을 알 수 있다. Stewart와 Joines(1993, 6~7) 역시 이러한 측면에서 인간의 자율성을 생각하는 능력과 결정하는 능력으로 정의하고 있다. 특히 자율성은 무엇보다도 인간의 선택할 수 있는 능력에 초점이 맞추어져 있으며, 그에 따른 책임이 핵심이라고 할 수 있다(Lister-Ford, 2002).

이상과 같은 교류분석의 인간관은 우리가 처해있는 신학적 전통에 따라 긍정 또는 부정할 수 있다. 만약 우리가 Calvin처럼 하나님의 주권을 강조하는 전통에 있다면 이러한 철학적 전제를 수용하는 것은 쉬운 일이 아니다. 그러나 Jacobus Arminius와 같이 인간의 선택을 강조하는 전통에 있다면 이러한 교류분석의 철학적 전제는 비교적 쉽게 받아들여질 수 있다. 실제로 Barth와 Brunner는 각각 다른 입장에서 이와 관련된 논의를 진행한 바 있다. 이 논의에서 Barth는 하나님의 형상의 완전한 파괴를 주장하며 인간에게 아무런 능력이 남아 있지 않다고 주장한 반면, Brunner는 하나님의 형상이 인간의 타락으로 말미암아 파괴된 것은 분명하지만 하나님과의 접촉점은 남아 있다고 주장한다(Brunner & Barth, 1997). 이러한 논쟁이 다른 사람들에 의해서 여전히 지속되고 있지만, 오늘날 온건한 칼빈주의를 비롯한 많은 신학자들은 하나님의 주도권과 더불어 그러한 하나님에게 반응할 수 있는 최소한의 능력이 인간에게 남아 있다는 사실을 인정한다(Erickson, 1997; Mullins, 1995).

하나님이 인간을 창조했을 때, 하나님은 인간에게 선택할 수 있는 자유를 주셨다(Hobbs, 1994, 43). 이러한 자유는 인간이 하나님과의 관계를 유지할 수도 있고 파괴할 수도 있는 능력을 지니고 있다는 사실을 의미한다(Wenham, 1987, 31). 비록 인간이 이러한 자유를 잘못 사용하기는 했지만, 이러한 자유는 여전히 인간에게 남아 있다. 실제로 인간은 하나님의 은혜를 스스로 자각할 수 있으며, 그것을 받아들이거나 거부할 수 있다(Erickson, 1997, 32). 문제는 그러한 선택에 따른 책임도 여전히 존재한다는 사실이다. 실제로 인간은 자신의 선택에 따라 하나님의 구원 또는 심판을 경험할 수 있게 된다. 만약 인간에게 이러한 능력이 없다면 그것은 하나님의 구원이나 심판과 관련된 기독교의 교리가 잘못되었다는 사실을 보여주는 것이라고 할 수 있다(Erickson, 1997, 219).

지금까지 언급한 바와 같이 교류분석과 기독교신학은 인간의 자율성에 대해서 긍정적인 입장을 취한다. 그러나 하나님의 주권과 하나님의 선수(先手) 개념이 빠져 있는 교류분석은 결과적으로 하나님과 분리된 인간을 형성할 가능성이 남아 있다. 기독교신학은 이러한 자율성을 추구하지 않는다. 하나님의 피조물인 인간은 이미 존재론적으로 하나님과 분리된 존재로 남아 있을 수 없다(Erickson, 1997, 53). 그러므로 기독교신학에서의 인간의 자율성은 철저하게 하나님 안에서의 자율을 의미한다. 실제로 이것을 통해서 인간은 하나님과 친밀감을 형성하게 된다. 여기서 한 가지 더 기억해야 하는 것은 자각하고 선택할 수 있는 능력을 지니지 못한 사람들에 대한 것이다. 이러한 사람들은 과거나 지금이나 여전히 존재한다. 그러나 교류분석은 이러한 사람들에 대해서 긍정적인 입장을 취할 수가 없다. 즉, 그러한 사람들은 교류분석의 구원(치료)의 대상에서 제외된다. 그러나 기독교신학은 다르다. 실제로 Erickson(1997, 219)은 이러한 사람들이 무죄하다고 주장함으로써 이들을 위한 궁극적인 구원의 가능성을 열어 놓고 있다.

### 3) 가변성에 대한 신학적 비판

교류분석은 인간의 선택과 그에 따른 책임을 강조할 뿐만 아니라 선택에 의해서 인간의 운명이 결정된다고 본다. 그러나 인간의 운명은 한 번의 선택으로 고정되는 것이 아니라 새로운 결단에 의해서 언제든지 변화될 수 있다는 가정이 바로 교류분석의 마지막 철학적 전제이다(Stewart & Joines, 1993, 6~7). 이러한 철학적 전제는 인간의 선택과 그에 따른 인간의 운명이 가변적이라는 사실을 보여줄 뿐만 아니라 그러한 선택을 하는 인간 역시 가변적이라는 사실을 보여준다(Corey, 1994, 166). 이러한 철학적 전제는 과거에 종속되어 있거나 환경의 지배 아래 놓여 있는 인간으로 하여금 그것을 초월하도록 하는 역할을 한다. 그 결과 교류분석은 신체적 손상을 제외한 모든 영역에서 인간의 치유를 긍정하게 된다(Lister-Ford, 2002).

이상과 같은 교류분석의 철학적 전제는 성서적으로도 지지를 얻는다. 하나님 주도하에 이루어진 시내산 계약은 인간의 선택이 그들의 삶에 어떠한 영향을 미치게 될지를 잘 설명해 주고 있다. 특히 사사기는 인간의 선택에 따라 그들의 삶에 어떠한 결과를 초래하게 되었는지를 자세히 보여주고 있다. 사사기에는 '이스라엘의 범죄-하나님의 심판-이스라엘의 부르짖음-하나님의 구원-이스라엘의 범죄'라는 분명한 신학적 구조가 되풀이 된다(Cate, 1994, 32~3). 이러한 사실은 인간이 자신의 결정을 지속적으로 유지할 수 없다는 현실을 분명하게 보여준다. 인간은 자신의 선택을 언제든지 바꿀 수 있으며, 그로 인해 자기 자신 뿐만 아니라 환경까지도 변하게 된다. 사사기가 주는 긍정적인 시사점은 인간이 부정적인 변화뿐만 아니라 긍정적인 변화도 선택할 수 있다는 사실이다. 이때 중요한 역할을 하는 것은 시내산 계약에서 주어진 하나님의 말씀과 그 계약을 통해서 계약의 실행자가 된 하나님의 개입이다. 이러한 현상은 오늘날 회개와 믿음을 통해서 구원을 얻은 신자들의 모습 속에서도 되풀이 되고 있다.

인간의 가변성은 그 안에 '순간'과 '과정'이라는 의미를 포함하고 있다. 실제로 인간의 변화는 순간적으로도 일어나며, 순차적으로도 일어난다(Loder, 1992; Fowler, 1981). 그러나 여기서 특히 주의를 기울인 것은 '과정'이다. 왜냐하면 순간적인 변화는 하나님의 개입이나 특정한 사건을 계기로 예측할 수 없는 시점에 일어나기 때문에 우리가 추구하기에는 어려움이 있기 때문이다. 이러한 특징은 과정신학에 대한 관심으로 자연스럽게 표현되었다. 실제로 Harris(1973, 246~304)는 Pierre Teilhard de Chardin의 견해를 비중 있게 다루고 있으며, Seward Hiltner를 비롯한 초기 목회상담학자들은 Whitehead에서 비롯된 과정철학의 영향을 많이 반영하고 있다(Holifield, 1983, 339). 실제로 이러한 관점은 인간을 "긍정적인 변화가 가능한 존재"로 보고자 하는 교류분석과 기독교의 인간이해에 커다란 영향을 미쳤다(김용민, 2009, 79).

이렇게 인간의 가변성이라는 교류분석의 철학적 전제는 성서적으로도 지지를 얻을 뿐만 아니라 기독교와도 밀접한 관련이 있다. 이러한 교류분석의 철학적 전제는 신학적으로 한계를 지니고 있다. 우리가 교류분석을 사용하고자 한다면, 먼저 인간의 긍정적인 변화는 인간의 결단만으로 이루어지는 것이 아니라는 사실을 기억할 필요가 있다. 실제로 기독교에서의 변화는 성서라는 거대담론과 하나님의 도우심이 없이는 불가능하다. 그러므로 '한 사람의 진정한 치유는 궁극적인 존재와의 관계가 없이는 불가능하다'라는 Tillich(1984, 124)의 주장은 시사하는 바가 크다. 또 한 가지 기억해야 하는 것은 인간의 가변성이 부정적인 변화를 향할 수도 있다는 사실이다. 이때 우리는 무엇보다도 성서에 대한 지식을 바탕으로 내담자의 변화의 방향이 어그러지지 않도록 주의해야 한다.

# 2장

교류분석의
성격이론:
구조분석

# 교류분석의 성격이론: 구조분석

교류분석은 크게 네 가지의 분석이론과 세 가지의 욕구이론으로 이루어져 있다. 분석이론에는 구조분석, 교류분석, 게임분석, 각본분석이 있으며, 욕구이론에는 스트로크, 시간의 구조화, 인생태도 등이 있다. 이 가운데서 특히 구조분석이 교류분석의 성격이론에 해당하며, 자아상태(ego state) 개념이 구조분석의 핵심을 이루고 있다. Eric Berne은 자아

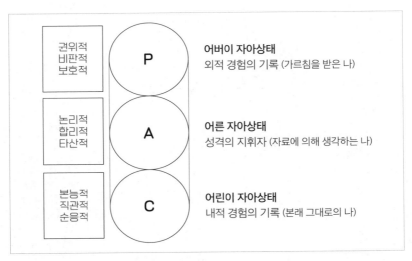

**그림 1** 자아상태의 개요(우재현, 2003, 54)

상태를 어버이 자아상태(Parent ego state), 어른 자아상태(Adult ego state), 어린이 자아상태(Child ego stagte) 등 크게 세 가지로 구분한다.

이러한 구분은 Sigmund Freud의 구조론과 비슷하다. 실제로 어버이 자아상태는 초자아(Super Ego)와 어른 자아상태는 자아(Ego)와 어린이 자아상태는 본능(Id)과 거의 일치한다. 그러나 Freud의 구조론은 주로 무의식과 관련되어 있는 반면, Berne의 자아상태는 주로 의식과 관련되어 있다는 점에서 차이가 있다. 또 다른 차이가 있다면 Berne의 자아상태는 무의식적인 차원이 강조된 Freud의 구조론과 달리 의식적인 차원이 강조되어 있기 때문에 관찰을 통해서 자아상태를 충분히 파악할 수 있다는 점이다. 이것이 바로 자아상태 개념의 중요한 전제 가운데 하나이며, 이것을 활용한 이고그램이 사람을 이해하는 도구가 될 수 있는 이유이다.

이 장에서는 교류분석의 성격이론인 구조분석을 다룰 것이며, 특히 '성격'에 초점을 두고 서술하고자 한다. 또한 자아상태를 기능에 따라 세분화한 기능분석을 중심으로 내용을 전개하고자 한다.

## 1. 자아상태

### 1) P: 어버이 자아상태

어버이 자아상태는 생후 5년 동안 자기의 의지와 상관없이 주로 외부에서 주어진 영향에 의해서 형성된다고 본다(Harris, 2008, 40). 이때 어린아이에게 주로 영향을 미치는 것은 부모와 같은 주된 양육자의 말, 생각, 행동 또는 감정 등이다. 그리고 이러한 모습들이 마치 비디오테이프에 복사된 것과 같이 담겨 있는 것을 가리켜 어버이 자아상태라고 한다 (Zerin & Zerin, 1993, 162).

어버이 자아상태는 외향적 또는 내향적 특성을 보인다. 외향적이라는 것은 자기에게 기록된 어버이 자아를 통해서 타인과 관계를 맺는 것을 가리키며, 내향적이라는 것은 어버이 자아의 메시지가 머릿속에 떠오르는 것으로서 일종의 내면적 대화라고 할 수 있다(이기춘, 1998, 28~29). 그러므로 이렇게 우리가 어릴 적 경험했던 부모님의 말씀, 생각, 행동 또는 감정 등이 외적 또는 내적으로 우리에게 재현되고 있을 때, 우리는 어버이 자아상태에 있다고 말할 수 있다(James, 1973, 41).

이러한 어버이 자아상태는 다시 비판적 어버이(Critical/Controlling Parent) 자아상태와 양육적 어버이(Nurturing Parent) 자아상태로 분류된다.

### (1) CP: 비판적 어버이 자아상태

#### 가. CP를 파악할 수 있는 방법

자아상태이론의 기본적인 전제는 관찰을 통해서 자기 또는 다른 사람의 자아상태를 파악할 수 있다는 것이다. 그래서 자기 또는 다른 사람의 자아상태가 어느 정도인지 주의 깊은 관찰을 통해서 어느 정도 파악하는 것이 가능하다고 볼 수 있다. 그러나 사람은 자기가 처한 상황과 마주 대하는 사람에 따라 다른 행동양식을 나타낼 수 있기 때문에 비교적 객관적이라고 할 수 있는 질문지법이 개발되었다. 여기서는 먼저 관찰을 통해서 자기 또는 타인의 CP를 파악할 수 있는 방법을 소개하고

난 후 질문지를 통해서 CP를 파악할 수 있는 방법을 소개하고자 한다.

첫 번째는 관찰에 의한 방법이다. 일반적으로 관찰을 통해서 자아상태를 파악하기 위해서는 언어적 측면, 행동적 측면, 사회적 측면, 생활사적 측면 등 크게 네 가지 측면이 중요하게 고려되어야 한다(스기다, 1993, 15). 그러나 여기서는 처음 두 가지 측면을 중심으로 자아상태를 파악할 수 있는 방법을 소개하고자 한다.

먼저 언어적 측면이다. CP가 높은 사람들은 금지와 명령, 비판과 책망의 언어를 많이 사용하는 경향이 있다. 예를 들면, "이렇게 해", "그렇게 하지 마", "~을 하지 않으면 안 돼", "~을 반드시 해야만 해", "그건 옳지 않아", "그렇게 하는 것은 나쁜 일이야", "이렇게 하는 것이 좋아", "그것은 잘못됐어", "이렇게 하는 것이 당연한 거야", "내가 말하는 대로 하면 돼", "바보 같은 놈", "안 되겠군" 등의 언어들을 많이 사용하며 격언이나 속담을 인용하기도 한다. 그래서 이러한 언어들을 자주 사용하는 사람들은 목소리가 비판적이고 단정적이며 공격적인 어조를 띠게 되는 경우가 많다. 여기서 공격적이라는 것은 위압적이고 권위적이며, 강압적이라는 의미를 포함한다.

다음으로는 행동적 측면인데 이는 태도와도 관련이 있다. CP가 높은 사람들은 일반적으로 팔짱을 끼고, 손가락질을 하며, 책상을 치고, 인상을 찌푸리는 경향이 있다. 또한 이들은 싸울듯한 태세로 다른 사람의 말을 가로막고 자기 말을 한다거나 자신만만한 태도를 보이며, 다른 사람을 무시하거나 멸시하는 경향이 있다. 특히 다른 사람의 실수를 잘 지적하고 냉정하게 대하거나 노골적으로 답답함을 표시하기도 한다.

이렇게 드러나는 모습을 관찰함으로써 자아상태를 파악하는 방법은 척도질문을 통해서 그 정도를 파악할 수 있다. 즉 CP가 가장 높은 상태를 20이라고 하고 가장 낮은 상태를 0이라고 했을 경우 자기 또는 타인이 어디쯤 위치하고 있는지를 적어보는 것이다. 이러한 방법은 직관에 의존하는 주관적인 방법이기는 하지만 간과할 수 없을 정도의 정확성이 있다. 앞의 내용을 충분히 숙지했다면 독자도 다음 단계를 위해 지금 빈 공간에 한 번 표시해 보는 것도 좋을 것이다.

두 번째는 질문지에 의한 방법이다. 질문지법은 미국보다는 일본에서 잘 발달되었다. 우리나라에서는 주로 일본의 영향으로 자아상태를 파악하기 위해 질문지법을 많이 사용하고 있다. 그러나 아직까지 신뢰도와 타당도를 충분히 검증한 질문지는 존재하지 않는다. 필자는 독자들이 각각의 자아상태를 파악하기 위해 가볍게 사용할 수 있는 간단한 질문지를 제시하고자 한다. 이것은 『내 뜻대로 사람을 움직일 수 있는 성격 테스트 243』(후쿠시마, 2003)에 포함된 질문지를 약간 변경한 것이다. 이 문항들 역시 객관적으로 타당도와 신뢰도를 검증하지 않은 것이므로 참고용으로만 사용하길 바란다. 검사하는 방법은 왼쪽의 설명을 잘 읽고 자기와 잘 맞는다고 생각되면 2점, 아니라고 생각되면 0점, 그리고 중간이다, 보통이다, 잘 모르겠다고 생각되면 1점을 주면 된다. 일반적으로 14점 이상이 나오면 CP가 높다고 보고, 7점 이하 나오면 CP가 낮다고 본다. 8점에서 13점에 해당하면 보통이라고 할 수 있다. 이러한 결과를 토대로 이후의 설명을 참고하면 자기의 성격을 이해하는데 도움을 얻을 수 있다.

**표 1** CP 질문지

| 번호 | 문항 | 점수 |
|---|---|---|
| 1 | 나는 다른 사람의 말을 가로막고 내 생각을 말하는 일이 있다. | |
| 2 | 나는 다른 사람을 냉정하게 비판한다. | |
| 3 | 나는 약속시간을 정확하게 지킨다. | |
| 4 | 나는 이상을 지니고 있으며, 그것을 이루기 위해 노력한다. | |
| 5 | 나는 사회적 규칙, 논리, 도덕 등을 중요시한다. | |
| 6 | 나는 다른 사람들에게 책임감을 강하게 요구한다. | |
| 7 | 나는 작은 부정이라도 그냥 넘어가지 않는다. | |
| 8 | 나는 아이들이나 부하를 엄하게 교육한다. | |
| 9 | 나는 권리를 주장하기 전에 의무를 다한다. | |
| 10 | 나는 '해야 한다', '하지 않으면 안 된다'는 식의 표현을 자주 쓴다. | |
| | 합계 | |

## 나. CP의 정도에 따라 나타나는 성격적 특성들

모든 자아상태는 긍정적인 면과 부정적인 면을 포함하고 있다. 이것은 자아상태가 높든 낮든 상관없이 모두 적용될 수 있는 것이다. 여기서 긍정적이라는 것은 자아상태가 건강한 것을 의미하는 것이며, 자아상태가 적절한 영역을 차지하고 있다는 것을 가리킨다. 그러나 부정적이라는 것은 자아상태가 건강하지 않다는 것을 의미하며, 자아상태가 지나치거나 부족하다는 것을 의미한다. 여기서는 CP를 높을 때와 낮을 때로 나누어 살펴보고자 하며, 높을 때 나타날 수 있는 긍정적인 측면과 부정적인 측면, 그리고 낮을 때 나타날 수 있는 긍정적인 측면과 부정적인 측면을 함께 살펴보고자 한다. 그러나 높을 때는 주로 긍정적인 측면을 중심으로 낮은 측면은 주로 부정적인 측면을 강조하게 될 것이다. 왜냐하면 CP가 높다는 것은 그 기능이 활성화되어 있다는 것을 의미하며, 낮다는 것은 그렇지 않다는 것을 의미하기 때문이다. CP가 높을 경우의 부정적인 측면의 묘사는 주로 CP가 지나치게 높을 때와 관련이 있다.

첫 번째로 CP가 높을 때 나타날 수 있는 성격적 특성이다. CP가 높은 사람들은 일반적으로 높은 이상과 기준을 지니고 있다. 그래서 이들은 그러한 이상이나 기준에서 벗어나는 것을 잘 견디지 못하며, 그러한 이상과 기준에서 벗어나는 것을 쉽게 발견하는 경향이 있다. 바로 이러한 모습이 CP가 높은 사람들의 행동특성을 결정한다. CP가 높은 사람들은 먼저 비판적이거나 지배적인 성향을 띠게 된다. 그 이유는 그들의 이상과 기준에서 벗어나는 것에 대해서 간과하지 못하고 지적하기 때문이며 그러한 이탈이 발생하지 않도록 하기 위해 자기와 타인을 지배하려는 경향을 지니고 있기 때문이다. 이들은 보통 해야 하는 것과 하지 말아야 하는 것이 분명하며 이것을 다른 사람에게도 강요하는 경향이 있다. 긍정적인 면에서는 좋고 나쁜, 옳고 그른 것에 대한 분별력이 있어 다른 것으로 생각하여 다른 사람의 삶을 침범하거나 그들의 자주성을 빼앗는 경향이 있다고도 볼 수 있다.

다음으로 높은 이상과 기준을 지닌 CP가 높은 사람들을 강한 책임감과 규칙을 준수하는 경향을 나타낸다. 그래서 이들은 일단 자기에게 주어진 일에 대해서 최선을 다하는 경향이 있으며, 한번 한 약속은 반드시 지키려고 한다. 특히 이들은 스스로 정한 규칙이나 자기가 속해 있는 집단에서 정한 규칙을 반드시 지키려고 한다. 즉 다른 사람들이 보든지 보지 않든지, 다른 사람들이 지키든지 지키지 않든지 관계없이 정해진 규칙을 지키며 다른 사람들에게도 그것을 요구한다. 이러한 모습은 그들에게 정의감으로 나타나기도 한다. 불의를 참지 못하고 그것을 개선하려고 한다든지 진실의 왜곡이나 속임수를 밝히려는 경향을 지니고 있다. 그러므로 이들은 긍정적으로는 양심과 신념이 있는 사람들로 볼 수 있으나 부정적인 측면에서는 융통성이 없고 고지식한 경직된 사람들처럼 보일 수도 있다(one-man show). 이들은 중도에서 일을 그만두는 것을 허용하지 못하며, 엄하고 까다로운 사람으로 여겨질 수 있고, 편견이 있을 수 있다.

또한 높은 이상과 기준으로 CP가 높은 사람들은 도덕과 권위를 중요시하는 경향이 있다. 이들은 일반 공중도덕에서부터 사람과 사람 사이에서 지켜야 할 모든 예의범절을 중요하게 생각한다. 그러므로 패륜이나 불륜과 같은 부도덕한 일을 참지 못하며 스스로 그러한 문제를 일으키지 않으려고 노력하는 경향을 보인다. 물론 이들은 권위를 중요시하기 때문에 예의범절이나 교육에 관심이 많고 사회의 기본질서를 유지하려는 경향을 지니고 있다. 특히 도덕과 권위를 중요시하는 경향은 아이들을 엄격하게 가르치거나 아래 사람을 철저하게 지도하려는 경향으로 나타나며, 통솔력을 지닌 경우가 많아서 집단에서 강한 리더십을 발휘하기도 한다. 또한 이들은 설득력도 풍부하기 때문에 집단 내에서 트러블이 발생한 경우 훌륭한 중재자 역할을 해내기도 한다. 그러나 이들은 지나치게 권위적이고 유머가 결여되어 있을 수 있기 때문에 건성으로 대답하거나 다른 사람들이 눈치를 보거나 타인들에게 경원시 될 수도 있다.

두 번째는 CP가 낮을 때 나타날 수 있는 성격적 특성이다. CP가 낮을 때 나타날 수 있는 성격적 특성은 대부분 CP가 높을 때 나타나는 특성의 반대라고 볼 수 있다. CP가 낮은 사람들은 일반적으로 조바심을 내거나 매사에 쫓기지 않으며 평안하고 한가로운 삶을 살아가는 경향이 있다. 또한 이들은 삶에 융통성을 지니고 있으며 일정한 틀로 파악될 수 없는 유연함을 지니고 있다. 특히 이들은 천성적으로 대범함을 지니고 있기도 하다. 그러나 CP가 낮은 사람들의 이러한 삶의 긍정적인 측면은 대부분 CP가 높은 사람들에게서 나타나는 높은 이상과 기준이 결여되어 있기 때문에 나타나는 현상으로 볼 수 있다. 실제로 이들은 대부분 이상이 낮고 삶의 기준이 명확하지 않기 때문에 매사에 구분이 불분명하고 삶에 미온적인 태도를 보이는 경향이 있다. 그러므로 이들은 매우 안일한 생각 속에서 게으르고 나태한 삶을 살아가거나 정해진 규칙을 준수하지 않고 무계획적이며 무책임한 삶을 살아가기도 한다. 특히 이들은 옳고 그름에 대한 기준이 없고 좋고 나쁜 것을 제대로 구별하지 못하기 때문에 비판 정신이 부족하고 자신과 타인의 삶을 바르게 성찰하지 못한다. 그래서 이들은 아닌 것을 아니라고 분명하게 말하지 못하는 경향이 있으며, 심한 경우 은혜를 입은 사람에 대한 의리를 저버리기도 한다.

지금까지 필자는 CP의 정도에 따라 CP가 높은 사람과 CP가 낮은 사람의 특성에 관해서 설명했다. 물론 CP가 높은 경우와 CP가 낮은 경우 모두 긍정적인 부분과 부정적인 부분을 설명하기는 했으나 일반적으로 CP가 높은 경우는 장점을 강조하고 CP가 낮은 경우는 단점을 강조한다. 그러나 어느 쪽이든 모든 내용을 동의할 수는 없다. 사람마다 정도의 차이가 있고 각자가 처한 상황이나 각자가 내린 결단에 따라 다른 삶의 형태를 나타낼 수 있기 때문이다. 특히 높지도 않고 낮지도 않은 중간에 속해 있는 사람들에게는 특히 그렇지 않을까 생각된다. 일반적으로 CP가 중간 정도의 모습을 보이는 사람들은 필요에 따라서 양쪽의 특성이 번갈아 나타난다. 그러나 그 사람의 인격적 훈련에 따라 어떤 사람에게는 긍정적인 측면이, 어떤 사람에게는 부정적인 측면이 나타난다. 이것은 CP가 높은 사람이나 CP가 낮은 사람 모두에게도 해당하는 이야기이다.

### 다. CP가 높은 사람과 잘 지내는 방법과 CP를 높이는 방법

이제 다루고자 하는 것은 CP가 높은 사람과 어떻게 하면 잘 지낼 수 있는지와 CP가 낮은 사람이 어떻게 하면 그것을 건강한 수준으로 높일 수 있는지에 대해서 살펴보고자 한다. 먼저 CP가 높은 사람과 어떻게 하면 잘 지낼 수 있는가이다. 상술한 바와 같이 CP가 높은 사람은 높은 이상과 분명한 기준을 지니고 있으며, 비판적이고 지배적이며, 강한 책임감과 규칙을 잘 준수하는 경향이 있고, 도덕과 권위를 중요시하는 경향이 있다. 그러므로 주의 깊은 관찰을 통해서 상대방의 이러한 면을 발견했다면 이런 경향을 가진 사람의 특성에 맞게 관계를 하는 것이 중요하다.

우선 CP가 높은 사람과 관계를 맺을 때는 본인이 성실한 사람이라는 인상을 심어주는 것이 중요하다. 그러기 위해서 약속된 시간을 반드시 지키고 자기에게 주어진 일을 완수하게 될 때 CP가 높은 사람들로부터 인정받을 수 있다. 또한 CP가 높은 사람들과는 과장된 이야기를 자제하는 것이 좋다. 왜냐하면 CP가 높은 사람들은 정확한 것을 선호하기 때문에 과장된 이야기는 언제나 비판의 대상이 될 수 있기 때문이다. 또한 CP가 높은 사람들과 좋은 관계를 유지하기 위해서는 반사회적, 반도덕적 화제를 피하는 것이 좋다. 그렇지 않는다면 CP가 높은 사람들로부터 질타를 면하기 어려울 수 있다(후쿠시마, 2003, 56).

CP가 높은 사람들과 관계할 때 특히 유의해야 하는 점은 그들의 CP가 지나치게 높은 경우이다. 이럴 경우 CP가 높은 사람들은 융통성이 없고 매우 고지식하게 반응할 수 있다. 이때 그들과 감정적으로 대립하기보다는 원리원칙에 따라 관계하는 것이 좋으며, 꼭 필요할 경우 그들의 입장을 존중하는 가운데 유연성을 발휘할 수 있는 여지가 없는지 살펴봐 달라고 요청하는 것이 도움이 될 수 있다. 또한 CP가 지나치게 높은 사람들은 사람이나 일과 관련해 편견을 지니고 있을 수 있는데, 그럴 경우 그들의 주장과 견해를 존중하는 가운데 그들의 견해가 사실과 다를 수 있다는 점을 보여줄 필요가 있다. 또한 책임감이나 자기주장이 너무 강해 다른 사람의 영역을 침범하거나 간섭하게 된다면, 직면을 통해서 그러한 침범이나 간섭을 철회해 달라고 정중히 요청할 수 있다.

만약 우리가 CP가 높은 사람이라면 주의 깊은 자기성찰을 통해서 CP의 장점은 살리되 지나친 부분들을 조절하려는 노력이 필요하다. 그러나 우리가 CP가 낮은 사람이라면 CP를 건강한 차원으로 높이려고 노력할 필요가 있다. CP를 높이기 위해서는 CP가 높은 사람의 '말투나 행동, 태도 등을 의식적으로 흉내'를 내보는 것이 필요하다. 즉 '자기의 의견을 분명히 주장'하거나 '자신이 마음먹은 것을 끝까지 관철'시켜보는 것이다. 또한 '의식적으로 목표를 높게 설정하고 그 목표를 달성하기 위해 노력해 보는 것'이다. 만약 다른 사람이 잘못을 했을 경우 그 자리에서 직접 꾸짖거나 '의식적으로 시간을 정확히 지키려고 노력'하고 '좋고 싫은 것을 의도적으로 분명히 하는 것'이 CP를 높이는데 도움이 된다(다마이, 1995, 159~162).

### 라. CP가 높은 사람의 신앙생활

Zerin과 Zerin(1999, 161)은 교류분석이 목회자와 평신도의 서로 다른 신앙체험을 잘 이해할 수 있는 심리학적 도구를 제공한다고 주장한다. 교류분석 가운데도 특히 자아상태이론이 그러한 역할을 감당한다. Zerin과 Zerin(1999, 163)은 또한 신앙생활이 '학습된 전통'이며, 어버이 자아상태 안에 통합되어 있을 뿐만아니라 세대를 이어 되풀이된다고 본다. 이러한 측면에서 볼 때 어버이 자아상태는 신앙생활을 이해하는데 특히 중요한 요소라고 할 수 있다.

실제로 많은 신앙인들은 그들이 가지고 있는 신앙관이 그들의 역사적 전통과 전혀 합치할 수 있는 것이 아님에도 불구하고 여전히 그러한 전통 안에 머물러 있다(Zerin & Zerin, 1999, 163). 특히 CP가 높은 사람들일수록 과거에 했던 그대로 할 뿐만 아니라 다른 사람에게도 그렇게 하도록 강요하는 경향이 나타난다. 실제로 CP가 높은 목회자들은 설교나 개인적인 관계를 통해서 그렇게 하는 것이 당신에게 좋은 것이라고 말하면서 신자들에게 강권하기도 한다. 또한 CP가 높은 목회자들은 율법과 규율에 초점을 맞추는 경우가 많으며 그 결과 많은 신자가 죄책감을 느끼거나 자신들을 중요하지 않은 존재로 생각하게 된다. 이런 교회에서는 신앙생활의 기쁨이 없으며 오직 해야 하는 것과 해서는 안 되는 것만이 남게 되며, 목회자는 하나님의 자리에 앉아 독재자로 군림하게 된다(Zerin & Zerin, 1999, 164~5).

그렇다면 건강한 신앙생활을 하기 위해 CP가 높은 사람은 어떤 모습을 취할 수 있을까? 우선 전통보다는 성경 말씀 자체에 초점을 두는 것이 중요하다. CP의 높은 이상과 성경적 이상이 일치할 수 있으며, 성경의 기준과 CP의 기준이 합치될 수 있다. 문제는 성경이 신앙생활의 표준이 된다는 사실을 기억하고 CP가 지향하는 이상과 기준을 성경을 통해서 점검하는 것이다. 이때 CP의 비판적 기능이 건강하게 발휘될 수 있으며, 그것을 지향하게 될 때 개인의 신앙생활과 교회가 건강해지게 될 것이다. 즉 부모 또는 전통에 의해서 학습된 이상과 기준이 아니라 성경이 말하는 이상과 기준을 통해서 개인의 신앙생활과 교회의 신앙행습을 평가하고 성경이 가리키는 방향으로 나아가게 될 때 비로소 신자 한 사람과 그 신자가 속한 교회 공동체가 건강하게 될 수 있는 것이다.

### (2) NP: 양육적 어버이 자아상태

#### 가. NP를 파악할 수 있는 방법

대부분 사람들은 태어나자마자 바로 부모와 상호작용을 시작한다. 이때 부모들이 자녀들을 돌보면서 보여준 행동들이 자녀들에게 각인되어 하나의 자아상태를 형성하게 되는데, 그것이 바로 NP이다. NP는 주로 다른 사람들을 아끼고 사랑하고 돌보는 기능과 관련되어 있다. 이러한 NP는 인격 형성의 중요한 요소라고 할 수 있는 사람과 사람 사이의 기본적인 신뢰감을 강화시키는데 중요한 역할을 한다(다마이, 1995, 56). 또한 NP는 기록된 정보를 통해서 사람들이 어린 시절 부모로부터 받았던 돌봄의 행위를 재현하도록 만든다.

이러한 NP는 사람들이 보여주는 언어와 태도에 대한 관찰을 통해서 파악할 수 있다. 실제로 NP 성향을 지닌 사람들은 "제가 해 줄게요", "걱정하지 말아요", "저에게 맡겨 주세요", "힘을 내세요", "잘 될 거예요", "당신은 할 수 있어요", "포기하지 마세요", "그것 참 좋은 일이군요", "잘되었어요", "잘했군요", "정말 안타깝네요", "너무 안됐어요", "~이 마음에 걸려요", "귀엽구나", "예쁘구나" 등의 언어를 많이 사용한다. 이러한 NP 성향의 사람들의 목소리에는 애정이 듬뿍 담겨 있으며, 온화하고 부드러울 뿐만 아니라 듣는 사람으로 하여금 편안한 느낌이 들도록 만들어 준다.

또한 NP 성향의 사람들은 행동이나 태도에서 사람들에게 긍정적인 영향을 미친다. 이들은 느긋하게 다른 사람들의 말에 귀를 기울일 줄 알며, 도움이 필요한 사람들에게 구원의 손길을 내밀고, 미소를 머금고 사람들과 대화한다. 또한 이들은 다른 사람들의 잘못을 지적하기 보다는 그러한 사람들을 용납하는 편이며, 다른 사람들을 배려하는 가운데 늘 자상하고 부드러운 태도로 사람들을 대한다. 특히 이들은 가볍게 포옹을 하거나 어깨를 다독거리고 손을 잡는 등 가벼운 스킨십을 통해서 그들의 마음을 전달하고자 한다.

우리는 이상과 같은 관찰을 통해서 자기 또는 다른 사람들의 NP를 파악할 수 있다. 또한 척도질문을 통해서 이것을 수치화할 수 있다. 즉

NP가 없거나 가장 낮은 상태를 '0'이라고 하고, NP가 가장 높은 상태를 '20'이라고 했을 때 현재 자기 또는 타인의 NP는 어디쯤 위치하는지 답을 해보는 것이다. 아마도 독자는 지금까지의 지식과 직관으로 이것을 할 수 있을 것이다.

관찰과 직관을 통해서 NP를 파악하는 방법 이외에 질문지를 통해서도 NP를 파악할 수 있다. 검사하는 방법은 CP를 검사하는 방법과 동일하다. 먼저 왼쪽의 설명을 잘 읽고 자기와 잘 맞는다고 생각되면 2점, 그렇지 않으면 0점, 그리고 '중간이다', '보통이다', '잘 모르겠다'라고 생각되면 1점을 주면 된다. 일반적으로 합계가 14점 이상이면 NP가 높은 것이며, 7점 이하면 낮은 것이고, 8~13점이면 보통이라고 할 수 있다. 보통 수준의 NP를 지닌 사람들은 상황에 따라서 NP의 높은 특성을 보이기도 하고 낮은 특성을 나타내기도 한다.

표 2 NP 질문지

| 번호 | 문항 | 점수 |
|------|------|------|
| 1 | 나는 다른 사람의 단점을 지적하기보다 장점을 칭찬한다. | |
| 2 | 나는 다른 사람에게 부탁을 받으면 잘 거절하지 못한다. | |
| 3 | 나는 다른 사람을 잘 배려한다. | |
| 4 | 나는 다른 사람의 실수나 잘못에 관대하다. | |
| 5 | 나는 다른 사람의 이야기를 주의깊게 듣고 공감을 잘 한다. | |
| 6 | 나는 다른 사람과 스킨십을 잘 한다. | |
| 7 | 나는 다른 사람에 대한의리나 인정을 중요하게 생각한다. | |
| 8 | 나는 다른 사람을 도와주는 것을 좋아한다. | |
| 9 | 나는 다른 사람을 위해 요리하는 것을 즐긴다. | |
| 10 | 나는 다른 사람들과 다정다감한 대화를 즐긴다. | |
| 합계 | | |

## 나. NP가 높은 사람들의 특징과 잘 지내는 방법

NP가 높은 사람들은 CP가 높은 사람들과 마찬가지로 장단점을 지니고 있다. 장점은 NP의 긍정적인 측면이라고 볼 수 있으며, 단점은 그러한 NP가 지나치기 때문에 나타나는 현상이라고 할 수 있다. 여기서는 NP가 높은 사람들이 보여주는 긍정적인 모습과 NP가 지나치기 때문에 나타날 수 있는 부정적인 모습, 그리고 이렇게 NP가 높은 사람들과 좋은 관계를 맺는 방법에 대해서 언급하고자 한다.

NP가 높은 사람들은 일반적으로 다른 사람에 대한 관심이 많다. 그래서 주의와 초점이 주로 다른 사람들에게 맞추어져 있으며, 자기가 지닌 에너지 대부분을 다른 사람들을 위해서 사용하는 경향이 있다. 이러한 경향이 있는 NP가 높은 사람들이 보여주는 긍정적인 모습 가운데 하나는 다른 사람들에 대해 단순한 관심의 차원을 넘어 그들에 대한 온정과 헌신이 있다는 점이다. 실제로 이들은 인정이 많아서 다른 사람들에게 자신의 것을 나누어 주는데 인색하지 않으며, 동정심이 많아 어려운 일을 겪고 있는 사람들을 그냥 지나치지 못한다. 성경에 나오는 선한 사마리아 사람처럼 강도 만난 사람의 이웃이 되어줄 수 있는 사람들이 바로 NP가 높은 사람들이다. 이렇게 NP가 높은 사람들은 다른 사람들을 소중하게 대하며 진심으로 친절을 베푼다. NP가 높은 사람들이 이렇게 할 수 있는 이유는 이들이 다른 사람의 고통을 자기 일처럼 느끼기 때문이다. 그래서 NP가 높은 사람들은 다른 사람의 요청을 잘 거절하지 못하며, 눈물이 많고, 정에 얽매여 때로는 잘못된 선택을 할 수도 있다.

NP가 높은 사람들의 또 다른 긍정적인 모습은 다른 사람들에게 위로자와 격려자로서의 역할을 한다는 점이다. NP가 높은 사람들은 다른 사람들의 마음을 읽고 그러한 마음에 공감하는데 탁월한 능력을 지니고 있다. 즉 단순히 다른 사람들의 고통에 반응하는 것이 아니라 그들의 고통에 진심으로 응답하며 마음 깊은 위로를 전해줄 수 있는 사람들이 바로 NP가 높은 사람들이다. 또한 NP가 높은 사람들은 다른 사람들을 격려하는 데도 남다른 능력을 지니고 있다. 이러한 능력은 NP가 높은 사람들이 다른 사람을 대하는 긍정적인 태도에서 비롯된다. 즉 NP가 높은 사람들을 다른 사람들을 긍정적으로 대하기 때문에 다른 사람들을 신뢰하고 존중할 뿐만 아니라 다른 사람들의 장점을 발견하고 그것을 칭찬하는 데도 능숙하다. NP가 높은 사람들의 이러한 특징은 다른 사람들에게 용기를 주며, 다른 사람들이 자기의 장점을 발견하고 그것을 증진시킬 수 있도록 촉진하는 역할을 한다.

NP가 높은 사람들은 또한 다른 사람들에 대해서 관대하고 포용력이 많은 사람이다. 이 사람들은 보통 다른 사람들이 잘못했을 때 그것을 지적하고 책망하기보다는 그러한 잘못을 한 사람의 마음을 이해하고 위로하며 그들의 잘못을 묻지 않는 경향이 있다. 특히 이들은 잘못을 한 사람에게조차 부드럽고 따뜻하게 대함으로써 불안에 떨고 있는 상대방의 마음을 진정시키고 편안하게 해주게 된다. NP가 높은 사람들의 이러한 모습은 주로 부모 또는 중요한 타자에 의해서 학습된 인간에 대한 깊은 배려에서 비롯된다고 볼 수 있다. 이러한 배려는 다른 사람들에게 마음을 많이 쓰게 만들 뿐만 아니라 그들에 대한 참을성도 키울 수 있도록 도와준다.

이상과 같이 NP가 높은 사람들은 주로 그들의 NP를 긍정적으로 사용한 경우라고 볼 수 있다. 그러나 NP가 지나치게 되면 오히려 부정적인 결과를 초래할 수도 있다. 긍정적인 NP를 지니고 사람들은 주로 다른 사람들을 진심으로 존중하는 마음으로 대한다(a position of genuine regard). 그러나 그렇지 않은 사람들은 대부분의 다른 사람들을 평가절하하며, 그들보다 한 단계 높은 자리에서 사람들을 대한다(a one-up position). 예를 들면, 긍정적 NP를 지닌 사람들은 "많이 힘들지요? 도움이 필요하면 저에게 말씀해 주세요"라고 말하면서 동료로서의 자리를 지키는 반면, 부정적 NP를 지닌 사람들은 "제가 그것을 도와드리지요"라고 말하면서 그 사람이 하는 일을 자기가 모두 해 주게 된다. 이러한 현상은 주로 자식들을 질식시킬 것만 같은 어머니(smother-mother)에게서 나타난다(Stewart & Joines, 1993, 25). 이렇게 NP가 지나치게 높은 사람들은 과보호로 인해 다른 사람들의 의존심을 조장하여 자립심을 방해할수 있으며 결과적으로 다른 사람들의 성장을 방해할 수 있다. 또한 다른 사람들의 일에 지나치게 간섭하고 참견하여 다른 사람들이 꺼리는 경우도 나타날 수 있으며, 지나치게 응석을 받아줌으로써 다른 사람들을 버릇없게 만들 수도 있다.

NP가 높은 사람들과 지내는 것은 대부분 편안하고 행복한 일이지만 때로는 아주 불편하고 숨이 막히는 일이 될 수도 있다. 그러므로 이러한 사람들과 잘 지내기 위해서는 먼저 경계를 분명히 하는 일이 필요하다. 즉 서로의 영역을 분명히 하고 스스로 할 수 있는 일과 도움이 필요한 일을 분명히 하는 것이다. 그리고 NP가 높은 사람이 그 경계를 침범했을 경우 거절의 의사를 분명히 밝히는 것도 필요하다. 그러나 긍정적 NP가 높은 사람들과는 너무 예민하게 관계하지 않아도 된다. 도움이 필요한 경우 적절한 도움과 상담을 요청하는 것이 관계에 도움이 되며, 특히 약간의 애교나 응석을 부리는 것도 긍정적인 관계를 이끌어낼 수 있다(후쿠시마, 2003, 56). 한 가지 기억해야 하는 것은 NP가 높은 사람들의 경우 대부분 자기가 준 만큼 자기도 받고 싶은 욕구가 있다는 사실이다. 그러므로 일방적으로 도움을 받기보다는 때때로 도움을 줄 수 있는 관계를 형성하는 것이 필요하다.

### 다. NP가 낮은 사람들의 특징과 NP를 높이는 방법

NP가 낮은 사람들은 대부분 다른 사람들에 대해서 부정적인 태도를 지닌 경우가 많다. 그러므로 이들은 다른 사람들을 신뢰하지 않으며 다른 사람들과 깊이 있는 관계를 갖는 것을 기피하는 경향이 있다. 이러한 NP가 낮은 사람들에게서 나타나는 일차적인 특징은 다른 사람들에 대해서 무관심(방임)하다는 점이다. NP가 낮은 사람들은 대부분 남이 어떻게 되든지 상관하지 않는다. 다른 사람들이 어떤 상황에 처해 있고 어떤 어려움을 겪고 있으며 그러한 난관을 헤쳐 나가기 위해 어떤 도움이 필요한지에 관해서 관심이 없다. 그 결과 NP가 낮은 사람들은 다른 사람들을 돕지 못할 뿐만 아니라 자기가 도움이 필요할 때조차도 도움을 얻기가 어렵다. 문제는 이런 사람들이 자기가 다른 사람들에 대해 무관심하다는 사실을 인식조차 하지 못하는 경우가 많다는 사실이다. 안타까운 것은 이러한 사람들이 다른 사람들뿐만 아니라 자기 자신에 대해서도 무관심하다는 사실이다. NP가 낮은 사람들이 이러한 특성을 보이는 이유는 다른 사람들의 고통에 공감하지 못하며 친밀성이 결여되어 있기 때문이다.

NP가 낮은 사람들의 두 번째 특징은 다른 사람들에 대해서 냉정하다는 점이다. 다른 사람들에 대해서 친밀감을 느끼지 못하고 다른 사람들의 고통에 공감하지 못하는 NP가 낮은 사람들은 결과적으로 다른 사람을 동정하거나 배려하는 것이 어렵다. 그러므로 NP가 낮은 사람들은 다른 사람들에게 쌀쌀맞게 대하거나 불안감을 조성하게 된다. 특히 이들은 좋고 싫음이 분명하기 때문에 다른 사람들의 의견을 거부하거나 배제하는 경향이 있다. 이러한 NP가 낮은 사람들의 특성은 부드러움과 따뜻함이 결여된 차가운 상사나 냉정한 부모들로부터 찾아볼 수 있다. 여기서 더 지나치게 되면, NP가 낮은 사람들은 자기의 야심을 이루기 위해 다른 사람들을 이용하고 희생시키는 냉혹한 인간이 되기도 한다.

그러나 NP가 낮은 사람들이 이렇게 부정적인 측면만을 지닌 것은 아니다. 실제로 이들 가운데 많은 사람들은 다른 사람들과의 관계에서 상대방에게 집착하지 않으며, 지나치게 간섭하거나 다른 사람들의 영역을 침범하지 않기 때문에 산뜻하고 담백한 느낌을 주기도 한다. 그러므로 NP가 낮은 사람들과는 서로의 영역을 존중하는 가운데 너무 많은 기대만 갖지 않는다면 좋은 관계를 유지할 수 있다. 그러나 NP가 낮은 사람들은 원만한 인간관계를 위해 NP를 높일 필요가 있다.

NP가 낮은 사람들은 NP를 높이기 위해서 다양한 방법들을 활용할 수 있다. 먼저 스킨십을 시도해 보는 것이다. 평소에 하지 않던 것이기 때문에 쑥스럽기도 하고 어려운 면이 있겠지만 어떤 말이나 행동보다도 NP를 높이는데 더 효과적일 수 있는 방법이다. 이를 위해 NP가 낮은 사람들은 '꼭 껴안기', '등을 가볍게 두드리기', '부드럽게 손잡기', '애정 어린 눈빛 보내기' 등을 해볼 수 있다(Dusay, 1993, 171~172).

다음은 언어적인 측면이다. NP가 낮은 사람들은 대부분 상대방을 인정하거나 칭찬하는 데 인색하다. 그러므로 의도적으로 다른 사람의 장점을 찾아서 칭찬할 필요가 있다. 다마이(1995, 164)는 이것을 "감점주의와 가점주의"라는 개념을 통해서 실제적으로 설명한다. NP가 낮은 사람들은 대부분 다른 사람들에게 100점을 먼저 주고 그것을 깎는 데 익숙해 있다. 그러나 그것보다는 다른 사람들에게 먼저 0점을 주고 잘할 때마다 점수를 주게 되면 다른 사람들이 실수를 해도 점수를 깎을 수 없고 다른 사람들의 장점에 주의를 기울이게 되어 다른 사람들에 대한 긍정과 인정, 그리고 칭찬이 가능하게 된다. 또한 다른 사람들의 기분을 배려하는 말을 하거나 다른 사람들의 행동에 대해서 '고맙습니다'라는 인사하는 습관을 들이는 것도 도움이 된다. 세 번째로 행동적인 측면을 생각해 볼 수 있다. 아마도 시간을 내어 자원봉사 활동이나 다른 사람들을 위해 요리를 준비할 수 있을 것이다. 또한 남들이 하지 않는 일을 도맡아서 해보거나 어려움에 처해 있는 사람들을 도와주는 것도 도움이 된다. 그러나 이러한 일들은 모두 저절로 이루어지지 않는다는 사실을 기억해야 한다. 이러한 방법들을 '의도적'으로 다른 사람이나 다른 사람들의 문제에 초점을 맞추고 그들의 입장이 되어 생각해 봄으로써 가능해질 수 있다.

## 라. NP와 신앙생활

기독교인들에게 있어서 자기이해는 선택이 아니라 필수이다. 왜냐하면 자기에 대한 이해 없이 다른 사람을 이해할 수 없으며, 그 결과가 하나님의 사역을 방해하는 것으로 나타날 수도 있기 때문이다. 그러므로 모든 그리스도인들은 자기에 대한 온전한 이해를 위해 노력해야 하며, 그것을 위해 자기에 대한 건강한 성찰을 시도해야 한다. 그러나 자기성찰에 너무 치중하게 되면 내면세계에 집착하는 결과를 가져올 수도 있고, 반대로 너무 간과하게 되면 외부세계에 치중한 나머지 자기 없는 사역을 초래할 수 있다(Williams, 1983, 103, 109, 116). 여기서는 그리스도인으로서 자기를 이해하는데 조금이나마 도움이 되기를 바라는 마음으로 NP와 관련된 신앙생활의 특징을 이미 위에서 언급한 진술에 근거하여 간략하게 기록해 보고자 한다.

NP가 높은 사람들은 신앙생활에서도 그 성격적 특성을 그대로 드러내게 된다. Zerin과 Zerin(1999, 164~165)은 어버이 자아상태와 신앙에 대한 언급에서 CP를 부정적인 측면으로, NP를 긍정적인 측면으로 기술했다. 이러한 진술에서 인정할 수 있는 것은 NP가 긍정적인 차원에서 기능을 발휘했을 때 신앙생활에 아주 유익하다는 점이다. 실제로 NP가 높은 사람들은 일반적으로 교회 내에서 긍정적인 역할을 한다. 이들은 다른 사람들에게 온정적이며, 헌신적으로 사람들을 대하고, 상처 입은 사람들에게 위로자와 격려자의 역할을 할 뿐만 아니라 잘못이 있는 사람들에 대해서도 관대하고 포용력이 있다. 이렇게 NP가 높은 사람들은 성경의 원리에 따라 하나님의 심정으로 사람들을 돌볼 수 있다.

그러나 문제는 그러한 마음이 지나쳤을 때이다. 왜냐하면 NP가 지나칠 경우 다른 사람들에 대한 과보호로 인해 교회 안에 스스로 신앙생활을 영위할 수 있는 사람들을 찾아보기 힘들 수 있기 때문이다. 또한 지나친 간섭으로 인해 신경질적인 사람들이 많아지거나 응석받이로 인해 하나님의 말씀을 무시하고 방종하며 사는 사람들로 교회 안에 가득하게 될 수도 있기 때문이다. 특히 목회자가 NP가 지나치게 높을 경우 문제는 더욱 심각해질 수 있다. 그러므로 NP가 높은 사람들은 다른 사람들에 대한 건강한 관심과 개입을 통해서 다른 사람들이 스스로 신앙생활을 건강하게 유지할 수 있도록 도울 필요가 있다.

### 2) C: 어린이 자아상태

어린이 자아상태는 세 가지 자아상태 중에서 제일 먼저 발달하는 자아상태이다. 어린이 자아상태가 다른 자아상태보다 먼저 발달하는 이유는 어린이 자아상태가 인간이 태어나서 세상과 상호작용하기 이전의 상태, 즉 태어난 그대로의 상태와 세상과 초기 접촉을 통해서 형성된 자아상태이기 때문이다. 이러한 어린이 자아상태는 주로 인간의 정서적인 측면과 관련되어 있다. 왜냐하면 어린이 자아상태가 형성되는 시기가 바로 어버이 자아가 형성되는 시기와 마찬가지로 언어를 통한 의사소통이 어려운 만 5세 이전이기 때문이다.

만 5세 이전의 어린이들에게 중요한 이슈 가운데 하나는 생존이다. 이들은 살아남기 위해 최선을 다한다. 그러나 이성적이고 합리적인 노력은 할 수 없다. 왜냐하면 이성적이고 합리적인 사고를 하는데 토대가 되는 언어를 제대로 습득하지 못했기 때문이다. 그러므로 이들은 환경과 상호작용하며 본능적으로 생존을 위한 결단을 한다. 이들의 모든 관심은 자기의 필요를 채우고 안정을 유지하는데 집중되어 있으며, 자기에게 위협이 되는 모든 고통을 피하려고 한다(James, 1973, 44). 이러한 현상은 비논리적인 구조로 인간의 내면에 기록되며, 그러한 기록들이 모여 어린이 자아상태를 형성하게 된다(Harris, 2008, 47).

어린이 자아상태는 인간의 사고와 감정 그리고 언어를 포함한 행동에 영향을 미치며, 성인이 되는 과정을 통해서 강화되고 성인이 되어서도 되풀이되는 경향이 있다. 이때 개인은 어린 시절의 사고와 감정 그리고 언어를 포함한 행동을 재현하게 되는데, 이를 가리켜 '어린이 자아상태에 있다'고 한다(James, 1973, 41).

어린이 자아상태는 '자유로운 어린이 자아상태'(Free Child ego state, 이하 FC)와 '순응하는 어린이 자아상태'(Adapted Child ego state, 이하 AC)로 나뉜다. AC 안에는 '고분고분한 어린이'(Compliant Child, 이하 CC)와 '반항하는 어린이'(Rebellious Child, 이하 RC)가 포함되어 있으며, FC 안에는 '자연스러운 어린이'(Natural Child, 이하 NC)와 '작은 교수'(Little Professor, 이하 LP)가 포함되어 있다.

NC는 외부의 영향에서 자유로운 본래적 자아라고 할 수 있다. 이러한 자아는 자기중심적이며 쾌락을 추구하고, 원하는 것을 성취하면 만족하고 그렇지 않으면 분노한다. LP는 타고난 지혜나 통찰을 가리키는 것으로서, 가르침을 받지 않은 지혜이며, 천재성이 돋보이는 재치 있는 어린이의 모습이라고 할 수 있다. 이러한 NC와 LP를 포함하는 FC는 부모의 영향으로부터 자유로운 상태를 가리키며, 특히 부모의 요구를 받아들이지도, 그것을 거부하지도 않고 자기가 하고 싶은 대로 했던 모습을 반영하고 있다고 볼 수 있다.

## (1) FC: 자유로운 어린이 자아상태

### 가. FC를 파악할 수 있는 방법

FC를 파악할 수 있는 방법은 관찰과 직관에 의한 방법과 질문지에 의한 방법 등 크게 두 가지이다. 여기서는 먼저 관찰과 직관에 의한 방법을 언급하고 이어서 질문지에 의한 방법을 살펴보고자 한다.

관찰과 직관을 통해서 FC를 파악할 수 있는 방법은 주로 사람들이 보여주는 행동이나 태도 그리고 언어에 대한 관찰을 통해서 이루어진다. FC 성향을 지닌 사람들은 주로 "나를 내버려둬", "나는 ~을 원해", "너무 좋아", "싫어", "멋있어", "대단해", "나는 할 수 있어", "못해", "이것 좀 해줘", "에? 정말?" 등과 같은 말과 "와!", "캬!", "아하!" 등과 같은 감탄사, 또는 신세대들이 사용하는 신조어나 유행어와 같은 독창적인 말을 자주 사용하는 경향이 있다. 이때 이들의 어조는 유희적이고, 감정적이며, 대체로 목소리가 크고 밝고 명랑하다.

FC 성향을 지닌 사람들은 희로애락의 감정을 잘 표현하고, 다른 사람들에게 스스럼없이 애교나 어리광을 부릴 수 있으며, 다른 사람들과 함께 농담을 하며 즐겁게 시간을 보낸다. 또한 이들은 행동에 거침이 없으며, 자기가 하고 싶은 대로 하는 경향이 있다. 이러한 모습은 이들의 자연스럽고 자유로운 태도와 행동을 보여주는 것이라고 할 수 있다. 그러나 때로는 이러한 모습들이 반항적이고 자유분방하며, 불안정하게도 보일 수 있다. 또한 이들은 호기심이 많고 번득이는 아이디어를 지닌 창조적인 사람들이기도 하다.

이상과 같이 우리는 사람들이 드러내는 말과 행동, 그리고 태도를 통해서 FC를 확인할 수 있다. 또한 척도질문을 통해서 이것을 수치화할 수 있다. FC가 가장 낮은 상태를 '1'이라고 하고, 가장 높은 상태를 '20'이라고 했을 때 현재의 자기의 FC가 어디쯤 위치하고 있는지 답을 해봄으로써 자기의 FC를 파악할 수 있다. 또한 이러한 방법은 타인에게도 적용이 가능하다.

질문지를 통한 방법은 관찰과 직관을 통한 방법보다 더 객관적이라고 보기도 하지만 꼭 그렇지는 않다. 왜냐하면 자아상태의 파악은 관찰과 자기보고가 조화를 이룰 때 온전해질 수 있기 때문이다. 질문지를 사용하는 방법은 먼저 왼쪽의 설명을 읽고 그것이 자기와 잘 맞는다고 생각하면 2점, 그렇지 않으면 0점, '모르겠다', '중간이다', '보통이다'는 1점을 주면 된다. 일반적으로 합계가 14점 이상이면 FC가 높은 수준이고,

**표 3** FC 질문지

| 번호 | 문항 | 점수 |
|------|------|------|
| 1 | 나는 호기심이 강하다. | |
| 2 | 나는 감탄사를 자주 사용한다. | |
| 3 | 나는 감정을 잘 표현한다. | |
| 4 | 나는 오락이나 음식 등을 만족할 때까지 추구한다. | |
| 5 | 나는 흥이 나면 도가 지나쳐 실수를 할 때가 있다. | |
| 6 | 나는 다른 사람들에게 의사표현을 잘 한다. | |
| 7 | 나는 내가 제멋대로라고 생각한다. | |
| 8 | 나는 다른 사람들 앞에서 자유롭게 행동할 수 있다. | |
| 9 | 나는 기발하다. | |
| 10 | 나는 명랑하고 긍정적이다. | |
| 합계 | | |

7점 이하면 FC가 낮으며, 8~13점이면 FC가 보통이라고 할 수 있다. 보통 수준의 FC는 상황에 따라 FC의 높은 특성을 보이기도 하고 낮은 특성을 나타내기도 한다.

## 나. FC가 높은 사람들의 특징과 잘 지내는 방법

FC가 높은 사람들의 가장 커다란 특징은 외부의 영향으로부터 자유롭다는 것이다. 그렇기 때문에 이들은 사회적 규범이나 사람들을 신경 쓰지 않고 자신들이 원하는 것을 표현할 수 있다. 이러한 특징은 그 자체로는 긍정도 부정도 아니지만 이러한 성향이 어떻게 드러나는가에 따라서 그것이 장점이 될 수도 있고 단점이 될 수도 있다. 장점은 주로 FC가 높을 때 나타나는 긍정적인 측면과 관련되어 있으며, 단점은 FC가 지나치게 높을 때 나타나는 현상이라고 볼 수 있다. 여기서는 FC가 높은 사람들이 보여주는 긍정적인 모습과 FC가 지나치게 높은 사람들이 드러낼 수 있는 부정적인 모습, 그리고 그러한 사람들과 관계를 잘 할 수 있는 방법을 소개하고자 한다.

FC가 높은 사람들은 일반적으로 자기의 감정이나 욕구를 표현하는 데 솔직하다. 이렇게 될 수 있는 이유는 이미 말한 바와 같이 주변에 얽매이지 않고 자유롭게 자기를 표현할 수 있기 때문이다. 그러므로 FC가 높은 사람들은 다른 사람들을 신경 쓰지 않고 자기가 있는 자리에서 자기의 감정을 솔직하게 표현할 수 있다. 그들은 울고 싶을 때 울고 웃고 싶을 때 웃는다. 또한 화가 나면 화를 내고 즐거우면 그것을 드러낸다. 이렇게 감정을 쌓아두거나 억압하지 않기 때문에 이들은 정서적으로 건강할 가능성이 높다. 또한 이들은 좋고 싫음이 분명하기 때문에 자기들이 무엇을 원하는지를 분명하게 드러내며 그것을 얻기 위해 노력하고 때로는 다른 사람들에게 그것을 해줄 것을 요구한다. 이렇게 적극적으로 자기의 행복을 추구하는 FC가 높은 사람들은 천진난만하고 자유로우며 다른 사람들에 비해 스트레스를 덜 받을 수 있다. 또한 이들은 놀이나 성에 대해서도 비교적 자유로운 태도를 지닌다.

FC가 높은 사람들은 또한 창조성이 뛰어나다. 이들은 호기심이 가득하며 궁금한 것을 그냥 넘기지 못한다. 그렇기 때문에 이들은 무엇인가를 진지하게 탐구하는 자세를 보이게 된다. 특히 이들은 상상력과 직관력이 뛰어나기 때문에 무엇인가 새로운 것을 생각해 내는데 탁월함이 있다. 이들에게 이것이 가능한 이유는 기존의 틀이나 가치관에 얽매이지 않는 개방적인 사고방식과 생활태도 때문이다. 이들은 자유를 사랑하며, 자유롭게 자기의 인생을 선택하고 싶어 한다. 그러므로 FC가 높은 사람들은 예술가나 예능인으로서 적합한 재능이 있으며, 새로운 아이디어와 창의력이 요구되는 업무에 적합한 사람들이라고 할 수 있다.

FC가 높은 사람들은 대체적으로 긍정적이며 적극적인 경향을 지니고 있다. 이들은 자기 자신과 그들의 삶에 대해서 긍정적이기 때문에 자기를 표현하고 삶을 즐기는 일에 적극적이다. 이들은 원하는 것이 분명하기 때문에 그들이 원하는 것을 이루기 위해서 최선을 다한다. 특히 원하는 것을 얻고자 하는 욕구가 강한 이들은 원하는 것을 이루기 위해서 높은 수준의 에너지를 발산하며 자발적이고 의욕적인 태도를 보이게 된다.

이상과 같이 FC가 높은 사람들은 FC를 긍정적인 측면에서 드러내고 있다. 그러나 FC가 지나치게 높은 경우는 장점보다 단점이 부각되는 경우가 많다. 왜냐하면 FC가 건강한 수준을 넘어서고 있기 때문이다.

FC가 지나치게 높은 사람들의 가장 큰 특징은 다른 사람들을 의식하지 않고 자기가 원하는 대로만 행동한다는 점이다. 이럴 경우 자기는 즐겁고 행복할 수 있지만 다른 사람들은 그렇지 않을 수 있다. 실제로 이들은 자기를 스스로 제어하지 못함으로써 공식적인 자리에서 경솔한 행동을 할 가능성이 크다. 예를 들면 함께 식사하는 자리에서 트림을 크게 하거나 공식적인 자리에서 소리를 지를 수 있다. 또한 과속을 함으로써 다른 사람들의 생명과 안전을 위협할 수도 있다. 만약 FC가 높은 사람들의 행동이 여기까지 나아가게 되면 그들은 개념이 없는 사람, 상식이 없는 사람과 같은 평가를 받을 수 있으며, 자기중심적이고 충동적이며 제멋대로라는 말을 들을 수 있을 것이다.

특히 FC가 지나치게 높은 사람들은 인내심이 부족하고 무책임한 사람으로 낙인이 찍힐 수도 있다. 왜냐하면 충동적으로 무엇인가 하기 때문에 계획성이 부족하고, 일단 시작한 일을 끝내지 못하는 경우가 많이 있기 때문이다. 특히 이들에게는 참는 것 자체가 고역일 수 있다. 또한 FC가 높은 사람들은 노는 것을 좋아하기 때문에 노는 것과 일하는 것을 구별하지 못할 수 있으며, 주위 사람들에게 피해가 된다는 것을 생각하지 못하고 혼자만 즐거워할 수도 있다. 이러한 태도는 결과적으로 타인의 자유를 침범할 수도 있기 때문에 다른 사람들에게 빈축을 살 수도 있다. 특히 다른 사람들의 상황을 고려하지 않고 자기중심으로 일을 처리하는 태도와 좋고 싫음이 분명한 태도는 다른 사람들과 충돌할 수 있는 가능성을 다분히 내포하고 있다. 최악의 경우 다른 사람들로부터 따돌림을 받는 미운 오리가 될 수도 있다. 그러므로 FC가 지나치게 높은 사람들은 다른 사람들을 배려하는 가운데 자기가 원하는 것을 추구하며, 경솔한 행동을 하지 않도록 주의할 필요가 있다.

FC가 높은 사람들과 관계를 잘하기 위해서는 먼저 위의 진술들을 토대로 그들에 대한 이해가 선행되어야 한다. FC가 높은 사람들은 자기의 감정이나 욕구를 표현하는데 솔직한 사람들이며, 호기심이 많고 창조성이 뛰어난 사람들로서 삶에 대한 긍정적이며 적극적인 자세를 지니고 있다. 그러므로 이러한 사람들과 잘 지내기 위해서는 무엇을 숨기기보다는 솔직하게 대화하는 것이 좋으며, 그들이 궁금해할 만한 새로운 사실을 제공하는 것이 좋다. 또한 그들과 재미있는 대화를 나누거나 함께 놀아주는 것이 도움이 된다. 그러나 FC가 높은 사람들이 지나치게 몰입하지 않을 수 있도록 적당히 수위를 조정하는 것이 좋다. 또한 FC가 높은 사람들이 지나치게 예민한 부분이 있다는 사실을 간과하지 말아야 한다. 그들에게 어두운 얼굴은 치명적인 상처가 될 수도 있으며, 무심코 상처 주는 말을 했다가 태도가 돌변할 수 있다. 또한 뛰어난 직관을 가지고 있기 때문에 가식적인 태도를 금방 파악하며, 그렇게 되면 마음을 닫아버릴 수도 있다(후쿠시마, 1993, 57).

### 다. FC가 낮은 사람들의 특징과 FC를 높이는 방법

FC가 낮은 사람들의 특징은 주로 FC가 높은 사람들의 특징과 상반되는 모습으로 묘사가 가능하다. 먼저 FC가 낮은 사람들은 자기의 감정이나 욕구를 제대로 표현하지 못하는 사람들로 묘사할 수 있다. 기쁨도 슬픔과 내면에 머무르고 있으며 외적으로는 아무렇지 않은 사람처럼 보일 수 있다. 실제로 이들은 다른 사람들과의 사회적 관계 속에서 감정이 억압되어 있을 가능성이 크다. 아니면 과거의 아픈 기억이나 지나친 현실감각으로 인해 감정을 표현하는 것을 두려워할 수도 있다. 그러나 이러한 사람들은 누구보다도 감정의 정화가 필요한 사람들이다. 만약 그렇게 되지 않는다면 이들의 부정적인 감정은 이들을 우울하게 만들거나 폭발하도록 만들 수 있다. 또한 FC가 낮은 사람들은 자기의 욕구를 제대로 표현하지 못한다. 즉 자기가 무엇을 원하는지 분명하기 밝히지 못하며 원하지 않는 것도 제대로 거절하지 못한다. 이럴 경우 본인이 원하지 않는 일을 하게 될 가능성이 크고 결과적으로는 행복하지 않은 삶을 살아갈 수도 있다.

다음으로 FC가 낮은 사람들은 매사에 흥미가 없으며 자기에게 주어진 대로 살아가는 경향이 있다. 이러한 사람들은 삶에 대한 의욕이 없으며, 결과적으로 에너지 수준이 많이 떨어져 있다. 또한 이들은 삶에 대해서 무관심하며, 삶의 변화를 위한 새로운 아이디어를 생각하지 못한다. 자기와 자기의 삶에 대해서 부정적이기 때문에 소극적으로 되며, 결국 어둡고 무기력하며 위축된 삶을 살아가게 된다. 또한 이들은 폐쇄적인 삶을 살아가게 된다. 인생을 즐기려고 하지 않고 그렇게 사는 사람들을 불편하게 여기며 그들을 피한다. 이런 삶의 모습은 게으름이라는 삶의 양식으로 나타날 수 있으며, 그러한 삶에서 잠시나마 벗어나기 위한 소극적인 전략으로 알콜 중독에 빠지기도 한다. 그러나 FC만을 보고 이러한 삶의 모습을 단정할 수는 없다. 왜냐하면 다른 자아상태와 인생태도와의 관계 속에서 전혀 다른 모습을 드러낼 수도 있기 때문이다.

FC가 낮은 사람들은 그들이 드러낼 수 있는 단점에도 불구하고 미약하나마 긍정적인 측면을 가지고 있다. 실제로 이들은 대부분의 상황에서 감정적이 되지 않으며, 절제된 모습을 보일 수 있다. 또한 감정의 기복이 거의 나타나지 않기 때문에 때로는 안정되어 있어 보이기도 하며, 얌전하다는 인상을 준다. 그러나 FC가 낮은 사람들은 좀 더 원만하고 긍정적인 삶을 살기 위해 FC를 높여야 할 필요가 있다.

FC가 낮은 사람들이 FC를 높이기 위해서는 다양한 전략을 구사할 수 있다. 무엇보다도 중요한 것은 즐거운 시간을 보내기 위해서 적극적으로 노력해 보는 것이다. 처음에는 낯설고 강한 저항에 부딪힐 수도 있겠지만 점차 적응이 되면서 FC의 변화를 가져올 수 있다. 좋은 방법의 하나는 취미생활을 해보는 것이다. 그림을 그릴 수도 있고, 시를 쓸 수도 있으며, 영화를 보거나 운동을 즐길 수도 있다. 또는 TV에서 개그나 예능 프로그램을 시청하는 것도 좋은 방법이 될 수 있다. 처음에는 '뭐 저런 걸 보는가'라고 생각할 수도 있지만, 방바닥에 드러누워서 남들이 웃을 때 함께 웃어보는 것도 도움이 된다. 등산을 가서 정상에서 '야호'라고 소리를 지르거나 노래방에 가서 노래를 불러보는 것도 좋은 방법이다. 처음에는 어색하고 썰렁하겠지만 재미있는 이야기를 준비해서 해보는 것도 좋다.

FC를 높일 수 있는 또 다른 방법은 짧은 공상을 해보는 것이다. 이때 쉽게 웃음을 자아낼 수 있는 방법 가운데 하나가 다른 사람들의 배꼽이 어떤 모양일지 상상해 보는 것이다. 이것은 FC를 강하게 거부하는 사람에게도 효과적이다. 또는 다른 사람들이 어떤 동물을 닮았는지 상상해 보는 것도 좋다. 어떤 사람은 FC를 높이기 위해서 어릴 때 불렀던 노래를 불러보라고 권하기도 하며, 신비한 체험을 하는 것도 효과적이라고 말한다(Dusay, 1993, 159~164). 마지막으로 언급할 수 있는 것은 평소에 자기가 원하던 것이나 느낀 것을 솔직하게 말해보는 것이다. 이것은 '재미'와는 다른 차원의 것이지만 억압되어 있거나 간과되고 있었던 욕구나 감정을 있는 그대로 이야기함으로써 커다란 효과를 가져올 수 있다.

### 라. FC와 신앙생활

FC가 높은 사람들은 신앙생활을 다른 사람들과의 관계 속에서 이해하기보다는 자기와의 관계성 속에서 생각하는 경향이 있다. 이들은 교회 내에서 다른 사람들을 신경 쓰기보다는 자기의 감정과 욕구에 충실하게 신앙생활을 한다. 자기의 감정을 표현하고 자기의 욕구를 드러내는 가운데 그러한 필요를 채울 수 있는 신앙생활을 하고 싶어 한다. 이들은 자기가 좋고 즐거운 일을 찾아서 봉사하며, 그렇지 않은 경우는 교회에서 어떤 요구가 있어도 그러한 요구를 받아들이지 않는다. 또한 이들은 창조적으로 신앙생활을 하는 경향이 있다. 교회에서 그동안 해왔던 일에 머무르지 않고 새로운 아이디어를 제시하며 교회에 활력을 불어넣는다. 그러나 그것을 계속 진행하지 않고 또 다른 일을 시작할 수 있기 때문에 때로는 안정적이고 짜인 것을 선호하는 교회에 혼란을 가져오기도 한다.

FC가 지나치게 높은 사람들은 다른 사람들을 너무 의식하지 않고 행동하는 나머지 다른 사람들을 불편하게 만들기도 한다. 자기의 주장도 워낙 강해 그것을 들어주지 않으면 강한 감정적 반응을 보이기도 한다. 또한 이들은 인내심이 부족하여 무엇을 끝까지 하지 못하고 그만두는 경향을 나타낼 수 있다. 이 경우 다른 교인들은 이 사람을 책임감이 없는 사람으로 낙인찍기도 한다. 또한 이 사람들은 노는 것을 너무 좋아하는 나머지 교회 안에서 진지하지 못하며, 그러한 분위기를 와해시킬 수 있는 가능성도 있다.

FC가 낮은 사람들은 좀 다른 양상을 나타낸다. 이들은 자기가 좋은 것이 있어도 말하지 못하고 싫은 것이 있어도 그것을 드러내지 않는다. 교회에서 요구하는 것이 있을 때 묵묵히 그 일을 하거나 아니면 아무 말 없이 그 일을 하지 않는다. 이러한 사람들은 속내를 드러내지 않기 때문에 이들이 무엇을 원하는지 알 수 없으며, 잘못하면 어두운 표정과 무기력한 모습으로 인해 본인의 의도와 관계없이 교회에 불만이 있는 사람으로 보일 수도 있다. 또한 이들은 굳이 변화를 요구하지 않으며 현재 있는 것을 감당하는 것만으로도 힘에 겨울 수 있다.

목회자의 경우는 어떠할까? FC가 높은 목회자는 늘 밝고 명랑하며 교회에 활력을 불어넣는다. 이러한 목회자는 자기의 필요를 간과하지 않으면서 능동적이고 적극적으로 교회를 이끌어 간다. 특히 창조적인 아이디어를 통해서 교회에 생동감을 일으키는 능력이 있다. 그러나 잘못하면 목회자로서의 '직'은 잊어버리고 개인의 욕구에만 충실할 가능성이 있다. 또한 지나치게 감정적으로 되어 교인들을 불안하게 하고 당혹스럽게 만들 수도 있으며, 지나친 변화를 추구함으로써 교회의 안정성을 파괴할 수도 있다. FC가 지나치게 높은 목회자는 성도들의 필요를 간과할 수 있으며, 자기주장이 너무 강해 성도들과 지속적인 충돌을 야기할 수도 있고, 일관된 목회방향이 없어 그때그때 발생하는 문제를 대처하기에도 바쁠 수 있다.

　　FC가 낮은 목회자는 어두운 표정으로 인해 교인들로부터 필요 없는 오해를 야기할 수 있다. 그러므로 목회자는 교인들을 대할 때 늘 표정에 신경을 써야 한다. 또한 FC가 낮은 목회자는 사명에 대한 분명한 의식과 그것을 행하고자 하는 마음이 없다면 매사에 의욕이 없고 주어진 현실에 안주할 수 있으며, 그 결과 교회를 침체시킬 수도 있다. 그러므로 FC가 낮은 목회자는 하나님의 말씀에 비추어 자기를 늘 성찰할 필요가 있다. 특히 폐쇄적으로 되지 않도록 양떼를 돌보는 목자로서의 역할을 늘 상기할 필요가 있다.

### (2) AC: 순응하는 어린이 자아상태

　　AC는 '고분고분한 어린이'(Compliant Child, 이하 CC)와 '반항하는 어린이'(Rebellious Child, 이하 RC)가 포함되어 있다. CC와 RC는 모두 부모 또는 중요한 타인들에 의해서 영향을 받는 자아상태라는 측면에서 공통점을 찾아볼 수 있다. 그러나 CC는 그러한 타자들의 영향을 수용하는 입장이고, RC는 거부하는 입장이라는 점에서 차이가 있다. 이러한 구분은 비교적 초기의 것으로 현재는 AC 안에 모두 통합되어 있다.

### 가. AC를 파악할 수 있는 방법

　　AC는 주로 '자연스러운 어린이 자아상태'(Natural Child, NC)의 조정된 기능이라고 보는 견해가 일반적이다(이기춘, 1998, 31~32). AC를 파악할 수 있는 방법은 관찰과 직관에 의한 방법과 질문지에 의한 방법 등

두 가지이다. 여기서는 먼저 관찰과 직관에 의한 방법을 언급하고 난 다음 질문지에 의한 방법을 소개하고자 한다.

관찰과 직관을 통해서 AC를 파악할 수 있는 방법은 주로 사람들의 말이나 행동을 관찰하는 것과 연관되어 있다. AC 성향을 가진 사람들이 자주 사용하는 말은 "나를 떠나지 마세요", "나를 사랑해 주세요", "나를 도와주세요", "~ 해도 좋을까요?", "잘 모르겠습니다", "저 같은 사람이 어떻게…", "어떻게 하든 관계없습니다", "나는 할 수 없어요", "예, 알겠습니다", "고맙습니다", "잘못했습니다", "용서해 주세요", "나는 절대로 하지 않을 거예요", "이제 됐습니다" 등이다.

또한 AC 성향을 가진 사람들은 예스맨처럼 모든 일에 협조적이고 순종적인 태도를 보이거나 자신 없이 고개를 떨어뜨리고 중얼중얼하는 태도, 다른 사람의 눈치를 보며 우물쭈물하는 태도, 우는 소리를 내거나 짜증을 내며 저항하는 태도 등을 보인다. 이러한 말이나 태도 속에는 보통 다른 사람들의 동정이나 동의를 구하려는 의도가 숨겨져 있다(다마이, 1995, 107).

우리는 이상과 같은 사람들의 말이나 행동에 대한 관찰을 통해서 AC를 파악할 수 있다. 그러나 AC를 좀 더 가시적으로 파악하기 위해서는 척도질문을 사용하는 것이 용이하다. AC가 가장 낮은 상태를 '1'이라고 하고, 가장 높은 상태를 '20'이라고 했을 때 현재 자신의 AC가 어디쯤 위치하고 있는지 대해서 답을 해보는 것이다. 이것은 AC에 대한 전이해가 있다는 것을 전제로 한다.

질문지를 사용하는 방법은 먼저 왼쪽의 설명을 읽고 그것이 자기와 맞다고 생각하면 2점, 그렇지 않으면 0점, '모르겠다', '중간이다', '보통이다'는 1점을 주면 된다. 일반적으로 14점 이상이면 AC가 높은 수준이고, 7점 이하면 AC가 낮은 수준이 된다. 8~13점은 AC가 보통이라고 볼 수 있는데, 그럴 경우 상황에 따라 AC의 높은 특성을 보이기도 하고 낮은 특성을 나타내기도 한다.

**표 4** AC 질문지

| 번호 | 문항 | 점수 |
|------|------|------|
| 1 | 나는 말을 할 때 다른 사람의 안색을 살핀다. | |
| 2 | 나는 싫은 것을 싫다고 말하지 못한다. | |
| 3 | 나는 모든 일에 조심스럽고 소극적인 편이다. | |
| 4 | 나는 중얼중얼하거나 우물쭈물한다. | |
| 5 | 나는 무리를 해서라도 다른 사람에게 잘 보이려고 한다. | |
| 6 | 나는 괴로울 때 그냥 참아버린다. | |
| 7 | 나는 내 생각을 관철시키기보다 타협하는 경우가 많다. | |
| 8 | 나는 내 생각을 제 때 말하지 못하고 나중에 우회한다. | |
| 9 | 나는 지금의 내가 본래의 나와 다르다고 생각한다. | |
| 10 | 나는 내 생각보다 다른 사람의 말에 더 영향을 받는다. | |
| 합계 | | |

## 나. AC가 높은 사람들의 특징과 잘 지내는 방법

AC는 주로 부모나 중요한 타인에 의해 영향을 받는 자아상태로서 AC가 높은 사람들은 주로 '순응'하는 태도를 나타내며, AC가 낮은 사람들은 주로 '반항'하는 태도를 보이게 된다. 여기서는 먼저 AC가 높은 사람들의 특징을 '순응'이라는 관점에서 살펴보고자 한다. 모든 자아상태는 장단점을 지니게 되는데, 여기서도 역시 AC가 높은 사람들과 AC가

지나치게 높은 사람들을 중심으로 이러한 부분들을 언급하고자 한다.

AC가 높은 사람들의 가장 커다란 특징은 다른 사람들의 영향에서 자유롭지 못하며, 그것에 순응하는 태도를 보인다는 점이다. 순응하는 태도는 기본적으로 자신의 생각이나 감정보다는 다른 사람의 생각이나 감정에 더 비중을 두는 경향과 관련이 있다. 이러한 태도를 지닌 사람들은 참을성이 많고 다른 사람들의 생각이나 감정에 민감하며, 자기의 주장을 하기보다는 다른 사람들의 뜻에 따르는 경우가 많다. 이런 사람들은 보통 '순하고 착한 사람'이라는 이야기를 많이 들을 수 있으며, 또한 집단 내에서 매우 협조적인 사람으로 평가될 수 있다. 아마도 이러한 특성은 대인관계를 좋게 만들고 다른 사람들과 함께 살아갈 수 있는 중요한 원동력이 될 수 있을 것이다(Dusay, 1993, 177; Stewart & Joines, 1993, 23). 그러나 이러한 태도는 부정적인 모습으로 나타나기가 쉽다. 왜냐하면 이러한 태도가 자기 없이 다른 사람들과 잘 지니고 싶은 욕구와 연결되어 있기 때문이다.

먼저 AC가 높은 사람들은 억압적으로 되기가 싶다. 왜냐하면 그들은 다른 사람들의 기대나 욕구에 부응하려는 경향이 있기 때문에 자연적으로 자신의 생각이나 감정을 억압하기 때문이다. 그러다 보면 자신의 생각이나 감정을 제 때 표현하지 못해 나중에 후회를 하거나 내면에 불만이 축적되는 경우가 많다. 특히 이들은 억압하는데 익숙한 나머지 자신들이 무엇을 원하는지조차 알아차리지 못할 수 있다. 만약 이들이 지나치게 자신의 생각이나 감정을 억압하게 된다면 열등감에 사로잡히거나 정당한 욕구나 행동에 대해서도 수치심이나 죄책감을 느낄 수 있다.

두 번째로 AC가 높은 사람들은 자신이 주체가 되어 주도적으로 어떤 행동을 하기보다 다른 사람들을 맞추려는 경향이 있기 때문에 소극적으로 되기 쉽다. 그러므로 AC가 높은 사람들은 다른 사람의 안색을 살피거나 반응에 주의를 기울이면서 주저주저하는 모습을 보이게 된다. 이러한 행동은 조심성 있게 보이기도 하지만 다른 사람의 눈치를 보는 것처럼 인식될 수도 있다. 또한 이들은 자신의 태도나 의지를 분명하게 하지 않는 경향이 있다. 이러한 경향은 다른 사람들과의 충돌은 피할 수 있을지 모르지만 다른 사람들에게 답답함을 느끼게 할 수도 있고 속을 알 수 없는 사람으로 인식될 수도 있다. 또한 이들은 지는 것이 이기는 것이라는 생각을 지니는 경우가 많이 있다. 이럴 경우 이들은 양보심이 많고 때로는 겸손한 사람으로 비칠 수도 있다. 그러나 이러한 모습은 삶에 대한 주체성의 결여를 가져와 그들을 더욱더 소극적으로 만들기도 한다.

세 번째로 AC가 높은 사람들은 의존적으로 되기 쉽다. 왜냐하면 이들은 대부분 삶에 대한 주체성을 상실하여 무엇인가를 스스로 결정하는데 어려움을 겪기 때문이다. 그 결과 이들은 그들의 주관보다는 다른 사람들의 의견에 더 많은 영향을 받는다. 실제로 이거다 싶어도 그렇게 결정하지 못하는 경우가 많으며, 다른 사람들의 견해가 다를 경우 자신의 견해를 의심하며 쉽게 포기하는 경향이 있다. 또한 이들은 중요한 사항에 대해서 스스로 결정을 내리지 못하고 다른 사람들이 결정해주기를 원하기도 한다. 이러한 현상은 스스로 자신이 없어서 나타나는 것으로 이러한 현상이 지속되면 진정한 자신을 잃어버릴 수도 있다(후쿠시마, 2003, 46). 그럴 경우 이들은 상대방 앞에서 아첨을 떨거나 아양을 부릴 수 있다.

네 번째는 지연이다. AC가 높은 사람들은 소극적인 저항의 형태로 지연을 선택하기도 한다(스기다, 1994, 24). 이러한 경향은 다른 사람의 영향을 거부하지는 못하지만 그것이 하고 싶지 않거나 힘들 때 나타나는 현상이라고 볼 수 있다. 지연은 주어진 일을 천천히 진행하거나 뒤로 미루는 것이라고 할 수 있다. 또는 하겠다고 하고 하지 않는 것과도 관련이 있다. 이러한 지연은 주로 어버이 자아상태(P)에 대한 저항과 관련되어 있다. 이 경우 지연 하는 것 외에 곧잘 잊어버리거나 틀리거나 토라질 수 있다. 이러한 저항은 진짜 저항이라고 보기 어렵다(pseudo-rebellious). 진짜 저항(authentic-rebellion)은 자유로운 어린이 자아상태(FC)에 의한 것이라고 볼 수 있다(Dusay, 1993, 178).

다섯 번째는 자기비하이다. 이것은 AC가 지나치게 높을 경우 나타날 수 있는 현상으로 AC가 나타낼 수 있는 가장 안타까운 모습이라고 할 있다. 특히 이 경우 자기 자신에 대한 부정적인 태도가 강하여 다른 사람들로부터 주어지는 긍정적인 자극들을 대부분 거부한다. 또한 자신의 인생을 비관하여 한숨을 쉬거나 어두운 분위기를 연출하기도 하며, 깊은 적개심을 가슴 속에 간직한 채 살아가기도 한다. 이러한 모습은 심할 경우 외부와의 접촉을 피하거나 자신을 학대하는 경향으로 나타날 수 있으며, 죄책감, 열등감을 수반하게 된다(다마이, 1995, 110). AC가 지나치게 높은 남성은 피터팬 증후군, 여성은 신데렐라 증후군과 관련되어 있는 것으로 보는 견해가 있다(우재현, 2007, 114).

이상과 같이 AC가 높은 사람들과 잘 지내기 위해서는 무엇보다도 같은 편이라는 인식을 심어주는 것이 중요하다. 왜냐하면 이들의 마음속에는 기본적으로 다른 사람들과 잘 지내고 싶은 마음이 내재되어 있기 때문에, 만약 이러한 욕구가 채워지지 않거나 거부를 당하게 된다면 이들은 오히려 적의를 품고 상대방을 힘들게 할 수도 있기 때문이다. 특히 이들은 집념이 강한 성격이기 때문에 그런 일이 발생하면 돌이키기 어려울 수도 있다. 그러므로 AC가 높은 사람들과는 그들의 의견을 존중해주며 신중하게 대할 필요가 있다(후쿠시마, 2003, 57). 특히 AC가 높은 사람들은 비판적 어버이 자아상태(CP)가 높은 사람과 갈등관계에 있을 수 있다. 그 이유는 CP가 높은 사람들의 경우 일정한 기준을 가지고 그것에 합당하지 않을 경우 다른 사람을 비판하는 경향이 있기 때문이다. AC와 양육적 어버이 자아상태(NP)는 비슷한 경향이 있다. 그렇지만 AC는 자신에게 긍정적인 자극을 줄 수 있는 사람을 찾지만 NP는 자신이 도와줄 수 있는 사람을 찾는다는 데서 차이가 있다(Dusay, 1993, 180).

### 다. AC가 낮은 사람들의 특징과 AC를 높이는 방법

AC가 낮은 사람들의 특징은 무엇보다도 다른 사람들의 영향에 부정적인 반응을 보인다는 점에서 찾아볼 수 있다. AC가 낮은 사람들이 이렇게 행동하는 이유는 이들이 처음부터 다른 사람들의 생각이나 요구에 따를 생각을 하고 있지 않기 때문이다. 이것은 이들이 어린 시절에 선택한 삶의 한 형태이다. 물론 AC가 높은 사람들도 AC가 낮은 사람들처럼 다른 사람들의 요구에 대해서 저항을 한다. 차이가 있다면, AC가 높은 사람들의 저항은 기본적으로 다른 사람들의 생각이나 요구를 따르려는 경향에서 비롯된다는 점이다.

AC가 낮은 사람들의 첫 번째 특징은 독단적이라는 데서 찾아볼 수 있다. 이들은 보통 완고하고 융통성이 없으며, 다른 사람들의 말에 귀를 기울이지 않는다. 물론 때로는 고개를 끄덕이며 반응을 보이기도 하지만 제대로 듣지 않는 경우가 많다. 혹 이들이 이야기를 잘 듣고 있다고 해도 곧이어 반론을 제기한다는 점에서 긍정적인 청취가 아니라는 사실을 알 수 있다(다마이, 1995, 170). 이들은 이렇게 다른 사람들의 말에 귀를 기울이지 않을 뿐만 아니라 자기의 주장을 강하게 내세우기 때문에 독단적인 사람으로 비춰어질 수 있다.

AC가 낮은 사람들의 두 번째 특징은 부조화이다. 이들은 독단적이기 때문에 다른 사람들과 조화를 제대로 이루지 못한다. 이들은 대부분 다른 사람들과 의견충돌을 일으키는 경우가 많으며, 다수가 결정한 사항에 대해서도 따르지 않고 자신의 의견만을 고집하는 경향이 있다. 이럴 경우 이들은 다른 사람들에게 매우 비협조적인 또는 심술을 부리는 사람으로 비칠 수 있다. 게다가 이 사람들은 다른 사람들에 대해서 무신경하고 감사나 배려를 잘하지 못하기 때문에 심한 경우 다른 사람들에게 따돌림을 당할 수 있다. 이러한 사람들은 음식점에 가서 다른 사람들에 대한 배려 없이 자기가 좋아하는 음식만을 고집하기도 한다(다마이, 1995, 170).

AC가 낮은 사람들의 세 번째 특징은 다른 사람들에게 이용당하지 않는다는 점이다. 이러한 점은 AC가 낮은 사람들이 나타낼 수 있는 긍정적인 모습이라고 할 수 있다. 이들은 대부분 자기의 생각을 끝까지 고집하며 자신의 페이스를 벗어나지 않으려고 하기 때문에 다른 사람들에게 개성이 강한 사람으로 인식될 수 있다. 또한 이러한 모습은 그들이 남다른 고집과 아집을 가지고 있음을 보여주고 있으며, 특히 끈기가 대단하다는 사실을 알 수 있다. 그러므로 이러한 사람들은 다른 사람들의 영향에 아랑곳하지 않고 하나의 목표를 향해 끈질기게 노력하는 연구직에 적합한 사람들이라고 할 수 있다(후쿠시마, 2003, 46).

만약 AC가 낮은 사람들이 AC를 올리려고 한다면 다른 자아상태보다 더 많은 노력을 필요로 할 수 있다. 왜냐하면 그동안 거부해왔던 주변 사람들의 요구에 주의를 기울이고 많은 경우 그러한 요구에 응답해야 하기 때문이다. 그럼에도 불구하고 AC가 낮은 사람들은 AC를 높이려고 노력할 필요가 있다. 왜냐하면 AC를 높이는 것이 원만한 사회적 관계와 부정적인 어린 시절의 재현을 방지할 수 있기 때문이다(Stewart & Joines, 1993, 23). 그러나 AC를 지나치게 개발하는 것은 오히려 본인에게 해로울 수 있다(Dusay, 1993, 181). 왜냐하면 다른 자아상태와 달리 AC는 자기 자신을 상실하게 만들 수 있는 가능성이 높으며, 그 결과 자기 자신에게 불필요한 많은 스트레스를 유발할 수 있기 때문이다. 그러므로 사회적 관계 또는 사회적 요구와 관련이 있는 AC가 반드시 필요하지만 동시에 절대로 지나쳐서는 안 되는 자아상태라고 할 수 있다.

AC를 높일 수 있는 가장 좋은 방법은 상대방의 입장이 되어 상대방의 말에 귀를 기울이는 것이다(후쿠시마, 2003, 55). 이때 AC가 낮은 사람은 자신의 생각을 잠시 내려놓고 상대방의 의도를 파악하는 일에 최선의 노력을 다해야 한다. 그리고 상대방의 생각이나 의견에 대해서 반론을 제기하기보다는 그것을 수용할 수 있는 방안을 찾기 위해서 노력해야 할 필요가 있다. 만약 상대방의 의견이 수용할 수 없는 것이라고 하더라도 그 사람 자체를 거부하는 것처럼 반응하지 않도록 노력할 필요가 있다. AC가 낮은 사람들이 꼭 명심해야 하는 것 가운데 하나는 AC가 높은 사람들이 신념처럼 지닌 "지는 것이 곧 이기는 것이다"라는 말이다.

또한 AC가 낮은 사람들은 때때로 다른 사람의 이야기에 진지하게 주의를 기울이며 반론을 제기하고 싶은 욕구를 자제할 필요가 있는데, 이렇게 하고 싶은 말을 참는 것이 AC를 높이는 출발점이라고 할 수 있다. "고맙습니다", "죄송합니다", "알겠습니다"와 같이 AC가 높은 사람들이 사용하는 말을 의도적으로 사용하는 것도 중요한 방법 가운데 하나이다(다마이, 1995, 171).

혹자는 AC를 높이는 방법을 '타협하기', '다른 사람들의 욕구 따르기', '공감적으로 인식하기', '죄의식 느끼기', '애정 수용하기' 등 다섯 가지로 제안한다(Dusay, 1993, 178~180). 이 가운데서 특히 공감은 AC가 높은 사람들이 지닌 중요한 요소라고 할 수 있다. 물론 NP가 높은 사람들이 공감을 잘하기는 하지만, 다른 사람들의 내면까지 들어가서 공감할 수 있는 능력은 AC의 요소라고 보는 것이 더 타당하다. 실제로 NP가 높은 사람은 다른 사람이 무엇을 원하는가 보다는 다른 사람을 돕는 것 자체에 초점이 더 집중되어 있다. 그러므로 AC를 높이려고 할 때는 무엇보다도 다른 사람들의 감정에 초점을 맞추어 그것을 파악하고 그것에 적합한 반응을 하려고 노력해야 한다.

## 라. AC와 신앙생활

사람들의 성격은 쉽게 바뀌지 않는다. 왜냐하면 성격 안에 지금까지의 자신의 삶이 고스란히 담겨 있기 때문이다. 그러므로 성격은 부정한다고 해서 부정되는 것이 아니다. 신앙생활 역시 마찬가지라고 할 수 있다. 왜냐하면 그 안에는 지금까지의 하나님 경험이 고스란히 담겨 있기 때문이다. 그러므로 성격과 신앙생활은 따로 떼어서 생각할 수 없는 중요한 상호관계가 있다고 할 수 있다.

AC는 CP와 더불어 교류분석의 역사에서 비교적 부정적인 평가를 받아온 자아상태 가운데 하나이다. 특히 신앙생활과 관련해서 더욱 그렇다고 볼 수 있다. 그러나 이러한 관점은 AC에 대한 정당한 평가라고는 볼 수 없다. 왜냐하면 AC는 하나님과 사람들 간의 관계에서 빼어놓을 수 없는 중요한 자리를 차지하고 있기 때문이다. 오히려 대부분의 경우는 AC가 지나치게 강조되는 것이 문제라고 할 수 있다.

일반적으로 교회에서는 사람들에게 AC를 요구한다. 율법을 강조하며 그것을 지키지 않으면 벌을 받을 것이라고 하면서 사람들에게 죄책감을 조장하고 하나님과 사람들의 눈치를 보며 신앙생활을 하도록 만든다. 이러한 모습은 AC를 악용하는 부정적인 측면이라고 할 수 있다. 이러한 신앙생활을 하는 사람들은 '진리를 알지니 진리가 너희를 자유케 하리라'는 성경의 말씀을 절대로 이해할 수 없다. 그리고 이들의 신앙생활은 수동적이며 병적이 될 수 있고, 늘 불안한 가운데 숨소리 한번 제대로 내지 못하고 신앙생활을 할 수 있다. 특히 이러한 사람들은 CP가 높은 목회자들에 의해서 힘든 신앙생활을 하고 있을 가능성이 높으며, 목회자와의 관계 속에서 어린 시절을 되풀이하고 있을 가능성이 높다.

그러나 신앙생활은 이렇게 숨 막히는 것이 아니다. 하나님의 말씀에 순종해야 하는 것은 분명하지만 누군가의 눈치를 보며 그렇게 하는 것은 아니다. 하나님의 말씀에 대한 순종은 자발적인 결단에 근거한 예수 그리스도에 대한 믿음과 복종을 통해 그렇게 하는 것이다. 만약 예수 그리스도를 따르고자 하는, 하나님께 순종하고자 하는 자발적인 결단이 결여되어 있다면 그것은 건강한 신앙생활이라고 할 수 없다. 그러므로 그리스도인들은 하나님과의 관계 속에서 두려움과 공포가 아니라 자발적인 결단을 통해서 하나님께 나아가야 하며, 목회자들 역시 성도들이 그러한 신앙생활을 할 수 있도록 도와야 한다.

그러나 AC가 낮은 사람들은 이와 다른 양상을 보인다. 이들은 다른 사람의 의견에는 주의를 기울이지 않고 오로지 자신의 의견만을 고집스럽게 주장할 수 있다. 이러한 사람들은 공동의 악에 참여하지 않을 수 있는 긍정적인 측면이 있기는 하지만 대부분은 공동체 내에서 다른 사람들과 조화를 이루지 못하며 불편한 관계를 형성할 가능성이 높다. 이러한 사람들은 무엇보다도 하나님의 말씀에 비추어서 자기 자신을 점검할 필요가 있다. 특히 자신의 내면에 열등감이 있어서 그렇게 행동하고 있는 것은 아닌지, 자기의 주장이 성경의 주장과 일치하는지 등에 대한 진지한 자기성찰이 필요하다. 만약 목회자가 AC가 낮다면 좀 더 정직하고 고통스럽게 이 과정을 거쳐야 한다.

### 3) A: 어른 자아상태

어른 자아상태는 세 가지 자아상태 가운데 가장 나중에 발달하는 자아상태이다. 먼저 어린이 자아상태가 발달하고 이어서 어버이 자아상태가 발달한다. 일반적으로 어린이 자아상태와 어버이 자아상태는 만 5세 정도까지 형성되는 것으로 본다. 어른 자아상태는 이러한 어린이 자아상태와 어버지 자아상태의 토대 위에 발달한다. 어른 자아상태의 첫 형태는 어쩔 수 없이 부모의 영향 아래 거하게 된다. 그러나 시간이 지나면서 부모가 제공한 정보와 다른 정보를 접하게 되면서 점차 부모의 영향에서 벗어난 어른 자아상태를 형성하게 된다.

어른 자아상태는 인격의 세 가지 요소인 지(知), 정(情), 의(意) 가운데 '지'에 해당한다. 이러한 어른 자아상태는 어린이 자아상태와 어버이 자아상태에서 입수한 정보를 토대로 '판단'의 기능을 담당하게 된다. 이러한 판단의 일차적인 필요는 자기 자신과 부모 외의 다른 사람들에 의해서 제공된 정보에 기인한다. 실제로 개인은 어른 자아상태가 형성되기 전까지는 스스로 무엇을 분석하거나 판단할 필요가 존재하지 않았다. 그러나 시간이 지나면서 생활반경이 확장되고, 그에 따라 새로운 정보들이 들어오면서 그것을 분석하고 판단해야 할 필요가 생기게 된다. 그리고 이러한 과정의 반복을 통해서 어른 자아상태가 점점 확고하게 형성된다.

어른 자아상태는 어린이 자아상태와 어버이 자아상태에서 입수한 정보를 그대로 사용하지 않는다. 왜냐하면 그러한 정보들이 이미 어린이 자아상태와 어버이 자아상태에 의해서 왜곡되어 있기 때문이다. 그러므로 어른 자아상태는 어린이 자아상태와 어버이 자아상태에서 입수한 정보를 객관적이고 현실적인 입장에서 분석하며, 그것을 토대로 새로운 결정을 내리게 된다. 그러므로 어른 자아상태는 부모와의 상호작용을 통해서 형성된 어린이 자아상태와 어버이 자아상태를 통합하는 역할을 하게 된다.

어른 자아상태에서 가장 중요한 요소는 사고하는 능력과 판단하는 능력, 그리고 현실감각이다. 실제로 어른 자아상태는 이러한 세 가지 요소를 통해서 현재 자신의 상태를 정확하게 분석하고 미래의 결과를 예측하여 지금 여기서 무엇을 해야 하는지를 결정하게 된다. 이러한 어른 자아상태는 인간의 감정에 좌우되지 않기 때문에 매우 합리적이면서 동시에 정서적으로 메마른 기계적인 인간을 양산할 가능성이 있다.

어른 자아상태에 대해서 마지막으로 언급하고자 하는 것은 어른 자아상태가 '성격의 지휘자'(the executive) 역할을 감당한다는 사실이다. 실제로 어른 자아상태는 다른 자아상태를 조정하는 기능을 지니고 있으며, 그 역할을 잘 감당하게 될 때 비로소 건강한 인격을 형성하게 된다. 또한 어른 자아상태는 이러한 조정기능을 통해서 한 개인을 부모의 영향에서 벗어나 독립된 인격체로 자립할 수 있도록 하는 역할을 한다(이기춘, 1998, 32). 이러한 어른 자아상태는 다른 자아상태와 달리 세분되지 않는다.

### (1) 어른 자아상태를 파악할 수 있는 방법

Berne(1961, 58)은 자아상태를 파악하고자 할 때 가장 중요한 요인으로 관찰의 정확성(acuteness of observation)의 직관의 예민함(intuitive sensitivity)을 꼽았다. 또한 그는 자아상태를 파악할 수 있는 방법을 크게 네 가지로 설명한다.

첫 번째는 행동적 진단(behavioral diagnosis)이다. 여기에는 태도(demeanors), 제스처(gestures), 목소리(voices), 사용하는 단어(vocabulary)와

같은 요소들이 포함되는데, 실제로 바로 이것이 자아상태를 파악할 때 가장 중요한 요소라고 할 수 있다. 그러므로 행동적 진단 이외의 다른 방법들은 이것에 의해서 파악된 결과들을 확인하는 수단이라고 할 수 있다.

두 번째는 사회적 또는 조작적 진단(social or operational diagnosis)이다. 이것은 관찰자의 의도된 행동에 대해 상대방이 어떻게 반응하는가를 통해서 상대방의 자아상태를 진단하는 것이다.

세 번째는 역사적 진단(historical diagnosis)이다. 이것은 과거에 대한 회상이나 증인들을 통해서 자아상태를 진단하는 것이다. 여기에는 부모의 모습이 어떻게 자신의 행동에 영향을 미쳤는지가 포함된다.

마지막으로 네 번째는 현상학적 진단(phenomenological diagnosis)이다. 이것은 개인이 부모의 자아상태를 받아들였던 순간을 강렬하게 재경험하는 현상과 관련되어 있다(Berne, 1961, 66~67; Stewart & Joines, 1993, 39~46). 여기서는 이 가운데 주로 행동적 진단에 초점을 두고 관찰과 직관으로 어른 자아상태를 파악할 수 있는 방법을 살펴보고자 한다.

어른 자아상태는 정보수집을 위해 "언제", "어디서", "누가", "무엇을", "어떻게", "왜"와 같이 육하원칙에 해당하는 단어를 많이 사용한다. 또한 "예", "아니오"와 같이 분명하고 간결한 표현이나 "내 생각에는", "구체적으로 말하면"과 같이 자신의 생각을 직선적이며 구체적으로 표현하는 말을 사용한다. 특히 어른 자아상태의 말은 빈틈을 찾기 어렵다는 점에서 그 특징을 찾아볼 수 있다. 이러한 말을 사용하는 어른 자아상태의 목소리는 침착하고 낮으며 일정한 톤을 지니고 있다. 특히 충동적이지 않으며 유연하고 분명하다.

어른 자아상태는 대화할 때 상대방과 눈을 맞추고 주의 깊게 듣는다. 보통 바른 자세를 유지하며 필요한 경우 침묵을 통해 생각을 정리하기도 한다. 또한 경솔하게 행동하지 않고 수준 있는 교양인의 모습을 지닌 경우가 많다. 보통 감정을 통제하기 때문에 울거나 웃거나 화를 내거나 토라지지 않는다. 특히 다른 사람들과의 관계 속에서 주고받기를 잘하며, 예민한 눈빛과 확신에 찬 얼굴을 지닌 경우가 많다. 어른 자아상태는 주로 이론적이고, 합리적이며, 객관적인 태도를 지닌다. 또한 사실 중심적이며, 설명적일 뿐만 아니라 능률적이며 타산적인 태도를 보이기도 한다.

이상과 같은 어른 자아상태의 모습은 관찰과 직관을 통해서 파악할 수 있을 뿐만 아니라 척도질문을 통해서 수치화할 수 있다. 어른 자아상태가 가장 낮은 상태를 '1'이라고 하고, 가장 높은 상태를 '20'이라고 했을 때, 현재 자신의 어른 자아상태가 어디쯤 위치하는지를 답해보는 것이다. 이러한 방법은 어른 자아상태에 대한 선이해를 전제로 하며 자신뿐만 아니라 타인에게도 적용이 가능하다.

어른 자아상태를 파악할 수 있는 또 하나의 방법은 질문지를 사용하는 질문지법이다. 먼저 왼쪽의 설명을 읽고, 그것이 자기를 잘 설명하고 있다고 판단되면 2점, 그렇지 않으면 0점, '모르겠다', '중간이다', '보통이다'는 1점을 오른쪽의 빈칸에 표시하면 된다. 일반적으로 이것을 더했을 때 합계가 14점 이상이면 어른 자아상태가 높은 수준이고, 7점 이하면 낮은 수준, 그리고 8~13점이면 보통 수준이라고 할 수 있다. 보통 수준의 어른 자아상태는 상황에 따라 높은 어른 자아상태의 특징을 보이기도 하며, 낮은 어른 자아상태의 모습을 보이기도 한다.

표 5 A 질문지

| 번호 | 문항 | 점수 |
|------|------|------|
| 1 | 나는 육하원칙에 따른 대화를 선호한다. | |
| 2 | 나는 나의 손익을 생각하며 행동한다. | |
| 3 | 나는 능률적으로 일을 처리한다. | |
| 4 | 나는 감정적으로 대화하기 않는다. | |
| 5 | 나는 미래의 일을 예측하고 행동한다. | |
| 6 | 나는 어떤 일을 결정할 때 여러 사람의 의견을 참고한다. | |
| 7 | 나는 몸이 이상할 때 자중하고 무리하지 않는다. | |
| 8 | 나는 모든 일을 사실에 근거하여 판단한다. | |
| 9 | 나는 바른 자세로 상대방과 눈을 맞추며 침착하게 대화한다. | |
| 10 | 나는 계획없이 행동하지 않는다. | |
| 합계 | | |

## (2) 어른 자아상태가 높은 사람들의 특징과 잘 지내는 방법

일반적으로 자아상태가 높으면 긍정적으로, 지나치게 높으면 부정적으로 평가하는 경향이 있다. 여기서는 이러한 견해에 따라 어른 자아상태가 높은 경우와 지나치게 높은 경우를 함께 언급하고자 한다.

어른 자아상태가 높은 사람들의 첫 번째 특징은 현실적이라는 점에서 찾아볼 수 있다. 이들은 주어진 상황에 무엇을 더하거나 감하지 않고 있는 그대로를 평가하려는 경향이 있다. 이러한 경향은 현실에 대한 정확한 인식을 가져다주며, 이러한 인식 위에서 이루어지는 모든 일들은 자연스럽게 현실성을 지니게 된다. 특히 이들은 모든 일을 철저하게 계획하고 계산하는 경향이 있기 때문에 이들이 추구하는 이상은 현실에 근거한 현실적인 이상이라고 볼 수 있다. 그러나 이러한 경향은 지나칠 경우 타산적으로 되거나 이기적으로 변할 가능성이 있다. 즉 지나치게 자신만의 이익을 추구할 수 있다. 뿐만 아니라 이러한 경향이 지나치면 실제로 실현 가능한 일마저 비현실적인 것으로 판단하여 시도조차 하지 못하는 결과를 초래할 수도 있다. 그러므로 어른 자아상태가 높은 사람들은 그러한 경향이 지나치지 않도록 주의를 기울일 필요가 있다.

두 번째로 어른 자아상태가 높은 사람들은 이성적이라고 말할 수 있다. 이들은 어떤 상황에서도 감정에 좌우되지 않으며, 차분하게 문제에 대응하는 경향이 있다. 실제로 이들은 화가 나거나 눈물이 날 수 있는 상황에서도 이러한 감정을 억제하며, 합리적인 대안을 찾기 위해 노력한다. 특히 다른 사람들이 감정에 휩싸여 있는 경우 함께 그렇게 되지 않고 그들까지도 이성적으로 현실을 인식하고 당면한 문제를 해결할 수 있도록 돕는 경향이 있다. 그러나 이러한 이들의 태도가 지나치면 무감정하고 기계적인 특징을 드러내기도 한다. 실제로 어른 자아상태가 지나치게 높은 사람들의 경우 자신의 감정을 표현하지 못하는 사람들이 많으며, 표현하더라도 어색하고 낯설게 느껴지는 경우가 많다. 또한 이들은 다른 사람들에게 인간미 없는 무정한 사람으로 보여질 수도 있으며, 실제의 삶이 무미건조한 경우가 많다.

어른 자아상태가 높은 사람들의 세 번째 특징은 객관적이라는 사실이다. 이들은 대부분의 사건에서 주관성을 배제하고 객관성을 유지하려는 경향을 지니고 있다. 그렇기 때문에 이들은 자신의 생각만으로 무엇을 결정하지 않고 늘 다른 사람들의 의견에 귀를 기울이며, 어느 누구라도 인정할만한 결론을 이끌어내기를 원한다. 이러한 경향은 다른 사람들로 하여금 긍정적인 참여를 유발하며, 모든 사람이 합의하에 일을 처리하게 된다. 그러나 이러한 경향이 지나치면 자기상실이라는 결과를 초래할 수 있다. 즉 객관적으로는 그럴듯하지만 정작 자신은 원하지 않는 일을 하고 있을 수도 있으며, 자신의 생각이 제대로 반영되지 못한 일을 마지못해 하고 있을 가능성이 생긴다. 그러므로 어른 자아상태가 높은 사람들은 지나치게 이기적으로 되는 경향뿐만 아니라 이타적으로 되는 경향 또한 주의해야 할 필요가 생긴다.

네 번째로 어른 자아상태가 높은 사람들은 미래를 예측하는 능력이 있다. 이러한 예측은 대부분 분명한 현실인식에서 비롯되기 때문에 거의 빗나가지 않는다. 또한 이들은 사람의 마음이나 생각을 들여다볼 수 있는 능력을 지닌 경우가 많다. 이러한 사실은 이들의 직관력이 뛰어나기 때문이라기보다는 정확한 관찰능력에 근거하고 있다고 보는 것이 더 타당하다. 그리고 이러한 능력은 이들에게 창의력을 배양하기도 한다. 그러나 이러한 경향이 지나치면 다른 사람들과 불편한 관계를 형성할 가능성이 생긴다. 이들의 미래 예측은 대부분 현실에 근거하고 있기 때문에 부정적인 방향으로 나아갈 가능성이 있으며, 다른 사람의 마음이나 생각을 읽으려는 태도가 타인으로 하여금 불편함을 느끼게 할 수 있기 때문이다.

이상과 같이 어른 자아상태가 높은 사람들과 잘 지낼 수 있는 방법은 먼저 이해관계를 분명하게 하는 것이다. 실제로 이들은 자신에게 이득이 되는 일에만 관심을 보일 수 있기 때문에 각쟁이처럼 얄밉게 보일 수 있다. 그러나 이러한 특징을 잘 활용한다면 이들과 좋은 관계를 형성할 수 있다. 그러므로 이들과 좋은 관계를 맺고 싶으면 먼저 이들에게 무엇이 필요한지를 파악하고, 그와 관련된 정보를 제공하면 도움이 된다. 또한 이들은 분석에 탁월한 능력을 보이기 때문에 어설픈 농간을 부리기보다는 가능한 한 정확하고 구체적으로 대화를 전개하는 것이 도움이 된다(후쿠시마, 2003, 57).

### (3) 어른 자아상태가 낮은 사람들의 특징과 높이는 방법

어른 자아상태가 낮은 사람들의 특징 가운데 하나는 즉흥적이라는 점이다(우재현, 113). 실제로 어른 자아상태가 낮은 사람들은 어떤 일을 미리미리 계획하지 못하고 그때그때 처리하는 경우가 많다. 그러다 보니 계획성이 떨어지고 일관성이 없어 다른 사람들에게 신뢰를 주지 못하는 경우가 종종 발생한다. 또한 즉각적인 자신의 감정이나 생각에 따라 충동적으로 행동하는 경향도 지니고 있어 다른 사람들과 정상적인 교류를 어렵게 만들기도 한다. 이외에도 현실과 공상을 구별하지 못해 그릇된 판단을 내리거나 계획을 세워도 합리적으로 행동하지 못하는 경향이 있다.

어른 자아상태가 낮은 사람들의 두 번째 특징은 미시적이고 근시안적인 시야를 지니고 있다는 점이다(다마이, 1995, 87). 실제로 이들은 어떤 문제가 발생했을 때 그것을 전체적으로 파악하지 못하고 눈앞에 보이는 작은 현실에만 집착하는 경향이 있다. 또한 정확한 현실인식을 토대로 미래를 예측하는 것이 불가능하다. 그러므로 이들은 불안이나 공포와 같은 불필요한 정서적 상태를 초래할 수 있으며, 당면한 문제에 대한 이성적이고 합리적인 대처가 불가능할 수 있다. 이런 사람들은 회사의 대표나 조직의 리더로서는 적합하지 않을 수 있다.

어른 자아상태가 낮은 사람들의 세 번째 특징은 생각하는 것 자체를 어려워한다는 점이다. 특히 분석적 사고가 부족한 이들은 현실에 대한 왜곡된 인식과 더불어 당면한 문제에 대해 안일한 대응을 할 가능성이 크다. 또한 다른 사람들의 이야기를 비판적으로 검토하지 못하고 액면 그대로 받아들여 문제를 야기하기도 한다. 실제로 이들은 잘못된 상황판단으로 인해 일을 그르치거나 잦은 실수를 범하게 된다. 또한 이단 및 사이비 종교의 광신자가 되기도 한다. 긍정적으로는 계산하지 않는 순수함이 인간적으로 비칠 수 있으나 그에 비해 너무 많은 것을 잃어버릴 수 있다. 그러므로 이들은 좀더 긍정적인 삶을 살아가기 위해 어른 자아상태를 높일 필요가 있다.

어른 자아상태가 낮은 사람들이 어른 자아상태를 높이기 위해서 사용할 수 있는 방법은 여러 가지가 있다. Dusay(1993, 165~168)는 이를 위해 과학적 사고와 흑판의 사용, 그리고 정규 학습을 제안한다. 과학적 사고는 관찰, 가설, 실험, 결론 등 네 가지 형태를 취하게 되는데, 이러한 형태들은 모두 어른 자아상태를 높이는데 긍정적인 영향을 미친다. 흑판의 사용 역시 마찬가지이다. 흑판은 어른 자아상태의 사고를 끌어들이는 "갈고리"(hooker)와 같은 역할을 함으로써 어른 자아상태를 강화하게 된다. 또한 형식화된 정규학습은 데이터를 처리하는 훈련을 통해서 어른 자아상태를 활성화하게 된다.

이외에 어른 자아상태를 높이기 위해서 읽기쓰기, 신문읽기, 메모하기 등의 방법이 효과적이다. 일기쓰기는 감정적인 면보다는 자신이 한 일을 중심으로 기술하는 것이 효과적이며, 신문읽기는 흥미 위주의 정보를 제공하는 내용보다 사설을 보는 것이 좋다. 메모하기는 자연스럽게 사고의 기능을 향상하고 보조하는 역할을 한다. 또한 어른 자아상태를 높이기 위해서 모든 일을 계획하고 분석하는 훈련을 할 필요가 있으며, 특히 "화성인의 입장에서 생각하기"가 도움이 될 수 있다. 이것은 어떤 사람이나 사건을 제3자의 관점에서 바라보는 것으로 주관성을 배제하고 객관성을 확보하는데 도움이 된다(Dusay, 1993, 165). 또한 TV를 시청할 때 예능프로그램보다는 뉴스나 다큐멘터리를 본다거나, 다른 사람의 이야기를 들을 때 그대로 수용하기보다 잠깐 멈추고 생각하는 습관을 들이거나 이유 없는 대가를 받지 않는 것들이 어른 자아상태를 높이는 역할을 할 수 있다.

어른 자아상태를 높이고자 할 때 한 가지 기억해야 하는 것은 순응하는 어린이 자아상태가 저항할 수 있다는 점이다(Dusay, 1993, 169). 왜냐하면 순응하는 어린이 자아상태 자체가 스스로 생각하는 것보다는 다른 사람들의 말이나 주어진 현실에 따르는 경향을 지니고 있기 때문이다. 특히 순응하는 어린이 자아상태가 높은 경우는 생각하는 것 자체를 어려워할 수 있고 의존적인 성향이 자아의 독립을 방해할 수 있다. 또한 어린이 자아상태가 지나치게 높은 경우 자기를 비하하는 경향이 있기 때문에 어른 자아상태를 활성화하는 것이 더욱 어렵게 될 수 있다.


(4) A와 신앙생활


일반적으로 교류분석에서 가장 중요하게 생각하는 자아상태가 바로 A이다. A는 이미 상술한 바와 같이 성격의 지휘자로서 다른 자아상태와 밀접한 관련성을 지니고 있으며, 다른 자아상태에 커다란 영향을 미친다. 그래서 교류분석은 다른 어떤 자아상태보다 A를 우위에 높고 모든 사람이 A를 높일 필요가 있다고 주장하는 경향이 있다. 그러나 이러한 주장에도 불구하고 A가 높은 사람이 반드시 건강한 또는 성숙한 사람이 아니라는 사실을 기억할 필요가 있다.

교회 안에서 A가 높은 사람들은 다른 사람들의 말에 귀를 기울이며, 모든 일을 합리적으로 해결하려는 경향을 지니고 있다. 그러나 현실적인 어려움에 부딪혔을 때 가장 부정적인 언급을 할 수 있는 사람들 가운데 한 부류가 바로 A가 높은 사람들이다. 이들의 현실인식은 존중할만하다. 그러나 그러한 인식이 믿음과 어떤 상관관계를 지니고 있느냐는 별개의 문제라고 할 수 있다. 실제로 이들은 문제에 부딪혔을 때 가장 현실적인 해결방안을 찾아낼 수 있는 사람들이지만, 그것이 하나님을 배제한 해결책이 될 가능성을 간과할 수 없다.

교회 안에서 A가 낮은 사람들은 믿음의 허세를 지닌 사람들이거나 막연한 기대감 속에서 몽환적인 이상에 사로잡혀 있을 가능성이 큰 사람들이다. 믿음의 허세를 지닌 사람들은 교회에서 무엇을 하고자 할 때 현실에 근거하지 않고 믿음만을 강조하는 경향이 있다. 이렇게 될 경우 교회는 크고 위대한 일을 하는 것처럼 인식될 수 있지만 현실적으로는 굉장히 커다란 어려움에 봉착할 수 있다. 또한 막연한 기대감 속에서 몽환적인 이상에 사로잡혀 있는 사람들은 그들의 이상이 성경에 근거하지 않고 자신의 생각이나 다른 사람들에 의해서 주입된 사고에 근거하고 있을 가능성이 크다. 이럴 경우 그러한 세계에 대한 막연한 기대감은 존재할 수 있으나 성경에 근거한 이상을 현실적으로 실현하고자 하는 노력은 간과될 수 있다.

### 4) 다른 자아상대와의 관계

교류분석에서 어버이 자아상태는 주로 타인과의 관계와 연관이 있으며, 어린이 자아상태는 주로 자기와의 관계와 연관이 있다. 그러므로 CP와 NP는 모두 다른 사람들과의 관계를 이해하는데 도움이 된다고 볼 수 있다.

어버이 자아상태는 주로 부모와의 관계 속에서 외부에서 일어난 사건이 기록된 것이라면, 어린이 자아상태는 주로 자기와의 관계 속에서 내부에서 일어난 사건이 기록된 것이라고 할 수 있다(Harris, 2008, 47). 그런데 이런 기록은 주로 만 5세가 되면 멈추게 되고, 이후의 삶을 통해서 강화되거나 변화를 경험하게 된다.

성격의 지휘자로 불리는 어른 자아상태는 마치 관제탑과 같은 역할을 수행하기 때문에 그 어느 자아상태보다도 성격에 중요한 영향을 미친다. 특히 어른 자아상태가 다른 자아상태와 맺고 있는 관계는 한 사람의 성격을 이해하는데 결정적인 단서가 될 수 있다. 일반적으로 어른 자아상태가 다른 자아상태보다 높으면 다른 자아상태를 조절할 수 있는 기능을 소유하게 된다. 그렇게 되면 다른 자아상태를 억압하기도 하지만 상황에 따라 다른 자아상태를 활성화시킬 수도 있다. 그러나 어른 자아상태가 다른 자아상태보다 낮으면 그러한 기능을 발휘할 수 없기 때문에 바로 그러한 자아상태가 한 사람의 강한 성격적 측면을 형성하게 된다.

## (1) CP와 NP의 관계

먼저 CP가 높고 NP가 낮은 경우이다. 이런 사람들은 대부분 다른 사람들의 장점을 보기보다는 단점을 보는 경향이 있다. 그렇기 때문에 의도적으로 노력하지 않는 이상 다른 사람들의 장점이 잘 보이지 않게 되며, 결과적으로 다른 사람들을 칭찬하기보다는 비난하는 경향을 나타내게 된다. 특히 이런 사람들은 다른 사람들의 감정을 고려하지 않고 말하는 경향이 있기 때문에 다른 사람들에게 커다란 마음의 상처를 남길 수 있으며, 다른 사람들에 대해서 무감각하고 잔인한 사람으로 비칠 수도 있다. 또한 이런 사람들은 다른 사람들에 대한 부정적인 생각 때문에 다른 사람의 말을 따르기보다는 자기의 생각을 끝까지 고집하며 다른 사람들이 자기를 따라오기를 기대할 수도 있다(다마이, 1995, 84).

다음은 CP가 낮고 NP가 높은 경우이다. 이런 사람들은 다른 사람들의 단점보다는 장점에 민감한 사람들이다. 그렇기 때문에 다른 사람들에 대해서 부정적이기보다는 긍정적으로 생각하는 경향이 있으며, 다른 사람들이 잘못했음에도 불구하고 그것을 발견하지 못하거나 그러한 행동에 대해서 엄격하게 대처하지 못하는 경우가 많다. 또한 이러한 사람들은 다른 사람들에 대한 긍정적으로 생각하기 때문에 자기를 돌아보지 않고 다른 사람들에게 지나치게 헌신적으로 될 수 있으며, 자기의 삶에 대해 엄격성이 부족하고 자기주장을 잘하지 못해 다른 사람들에게 이용당하거나 속임을 당하기가 쉽다. 긍정적으로는 따뜻하고 친근감 있는 사람이라는 소리를 들을 수 있지만 부정적으로는 쉬운 사람 또는 무른 사람이라는 이야기를 들을 수도 있다(다마이, 1995, 84~85).

세 번째는 CP와 NP가 동일하게 높거나 낮은 경우이다. 일반적으로 CP와 NP가 모두 높은 사람들은 어버이 자아의 특성을 가장 잘 반영하는 사람들이라고 볼 수 있다. 이러한 사람들은 윤리와 도덕을 중요하게 생각하고 사회규범을 잘 준수하는 경향을 보인다. 특히 사회적인 통념을 여과 없이 받아들여 그러한 통념에서 벗어나는 것을 잘 용납하지 못하는 경향이 있으며, 많은 사람들이 상식으로 받아들이고 있는 사실들을 매우 존중한다. 그러므로 이러한 사람들은 상식에서 벗어나는 일이 거의 없으며, 완고하고 고지식하기는 하지만 신념을 가지고 세상을 살아간다. 아마도 지금의 사회가 유지되는 이유 가운데 하나는 바로 이러한 사람들이 사회 곳곳에 자리를 잡고 있으면서 자기의 역할을 충실히 하고 있기 때문일 것이다(후쿠시마, 2003, 48~49). 그러나 CP와 NP가 모두 낮은 사람들은 CP와 NP가 높은 사람들과 정반대의 성향을 지니게 된다. 이러한 사람들은 다른 사람들에 대한 책임이나 상식이 없으며, 그들의 삶을 이끌어가는 규범이 없기 때문에 긍정적으로는 자유로운 인생을 사는 사람들이라고 할 수 있지만, 부정적으로는 목표 없이 반사회적이며 자기중심적인 삶을 살아가는 사람들이라고도 할 수 있다.

(2) CP와 FC의 관계

CP와 FC가 모두 높은 사람은 일과 놀이 사이에 갈등이 많은 사람이라고 할 수 있다. CP가 높은 사람은 기준도 높고 책임감이 강하기 때문에 일에 대한 열정이 있는 반면, FC가 높은 사람은 사회적 규범을 넘어 인생을 즐기려는 욕구를 가지고 있는데, 이러한 두 가지 요소가 충돌하기 때문이다. 또한 CP와 FC가 모두 높은 사람은 자신 있게 자기를 잘 표현하는 사람이라고 볼 수 있다. 그러나 지나치게 되면 자기의 생각을 다른 사람들에게 일방적으로 강요할 가능성이 있는 사람이다. 실제로 자기가 하고 싶은 말을 거침없이 할 수 있는 사람이기도 한다(후쿠시마, 2003, 49).

CP가 높고 FC가 낮은 사람은 인생을 즐기는 법을 모르고 의무감에만 사로잡혀 있을 가능성이 크다. 자기의 생각은 잘 표현할 수 있을지 모르나 자기의 욕구나 감정은 간과함으로써 자기를 돌보지 않고 일에만 매달려 살아갈 수 있다. 또한 거칠고 어두운 인상의 소유자일 확률이 높아 다른 사람들이 대하기를 꺼리기 쉽다. 그러나 감정에 좌우되지 않고 자기 일에 최선을 다하는 모습은 다른 사람들의 귀감이 되기도 한다.

CP가 낮고 FC가 높은 사람은 매사에 구분이 불분명하고 자기의 책임을 다하지 않으면서 자기의 필요만을 채우려고 할 가능성이 크다. 실제로 일은 제대로 하지 않으면서 노는데 시간을 허비하는 사람들일 수 있다. 특히 자기가 원하는 것을 강력하게 주장하기 때문에 다른 사람들의 눈에는 의무는 다하지 않고 권리만을 주장하는 사람으로 비칠 수 있다. 그러나 명랑하고 활달한 모습은 사람들과의 관계 속에서 때때로 업무의 부족함을 채워줄 수 있을 것이다.

CP와 FC가 모두 낮은 사람은 책임감도 삶에 대한 의욕도 없는 사람이다. 기준이 낮기 때문에 무엇이 잘못되었는지조차 알지 못할 수 있으며, 그렇다고 해서 삶을 즐기려고 하지도 않는다. 이러한 사람들은 무엇인가에 쫓기지 않고 차분하게 문제에 대응하는 부분도 지니고 있지만, 무기력하고 게으른 사람으로 비칠 경우가 많이 있다. 이런 사람들은 조직이나 사회에 부적응할 수 있는 가능성이 높기 때문에 주의가 요망되며, 다른 요소들과의 관계성을 고려할 필요가 있다.

### (3) CP와 AC의 관계

CP와 AC는 인격의 요소 중 의(意)에 해당하는 것으로서 둘 다 주변 환경에 영향을 많이 받는 자아상태라는 점에서 공통점이 있으나 서로 반목하는 성질을 지니고 있다(후크시마, 2003, 30). CP는 주로 다른 사람들과의 관계 속에서 부정적인 태도를 지니며, AC는 주로 자신과의 관계 속에서 부정적인 태도를 취한다.

CP와 AC가 모두 높은 사람들은 대부분 다른 사람들과 자기 자신을 모두 믿지 못하기 때문에 고민이 많고 스트레스가 쌓이기 쉽다. 또한 자기 자신에 대해서 자신이 없으면서 다른 사람들에게도 비판적인 성향을 나타내게 된다. 특히 과거에 연연하면서 부정적으로 생각하는 경향이 있기 때문에 전형적인 어두운 성격의 소유자라고 할 수 있다. 또한 이들은 높은 이상을 지니고 있어 열등감을 느끼기 쉽기 때문에 어떻게 해야 할지 몰라 우왕좌왕하는 일들이 비일비재하다. 또한 사람들을 대하는 태도가 비판과 순응을 오고 가기 때문에 다른 사람들을 당황하게 만들 수 있으며, 스스로 감정이 통제되지 않아 대인관계에 어려움을 겪기도 한다(후쿠시마, 2003, 50).

CP가 높고 AC가 낮은 사람들은 독단적이면서 비판적인 경향을 지니기 쉽다. CP가 높은 이 사람들은 기본적으로 높은 기준과 강한 책임감을 가지고 있기 때문에 자기뿐만 아니라 다른 사람들의 잘못을 쉽게 발견하는 경향이 있다. 또한 AC가 낮은 이 사람들은 다른 사람들의 말을 잘 듣지 않고 자신이 원하는 대로 일을 처리하는 경향이 있다. 그러므로 이러한 사람들은 다른 사람들의 잘못을 쉽게 발견하고 그것을 지적하면서 다른 사람들의 말은 들으려고 하지 않는 사람들이라고 할 수 있다. 그러나 또한 이러한 사람들은 자신이 옳다고 생각하는 일, 또는 반드시 해야 한다고 생각하는 일을 이루기 위해서 다른 사람들의 견해에 흔들리지 않고 최선을 다하는 사람들이라고도 할 수 있다. 이러한 사람들은 완벽주의를 버리고 다른 사람의 입장에서 그 사람을 이해하려고 노력할 필요가 있다.

CP가 낮고 AC가 높은 사람들은 자신의 책임은 다하지 않으면서 다른 사람들의 눈치만 살피는 사람들일 수 있다. CP가 낮은 이 사람들은 다른 사람들의 잘못에 대해 관용적이기는 하지만 매사에 구분이 불분명하고 규율을 지키지 않는 특성이 있다. 또한 AC가 높은 이 사람들은 매사에 조심스러우면서 의존적인 경향이 있다. 그러므로 이러한 사람들은 옳고 그름이 분명하지 않으며 환경의 변화에 따라 또는 다른 사람의 비위에 따라 자신의 행동이나 태도를 바꾸게 된다. 그러나 또한 이러한 사람들은 환경이나 상황 그리고 변화에 민감하게 반응하며 융통성을 가지고 잘 적응하는 사람들이라고도 볼 수 있다. 이러한 사람들은 자기의 책임을 분명하게 인식하고 다른 사람들의 분위기에 상관없이 그것을 다하기 위해 노력해야 할 필요가 있다.

CP와 AC가 모두 낮은 사람들은 책임감도 없으면서 고집만 센 사람들이라고 할 수 있다. 긍정적으로는 다른 사람들에게 관용적이면서 자신의 주관이 뚜렷한 사람이라고도 할 수 있다. 그러나 이러한 모습이 불분명한 태도와 독단적인 모습에서 비롯된다는 점에서 문제가 있다. 또한 무엇이 잘못되었는지도 모르고 다른 사람의 이야기를 들으려고도 하지 않기 때문에 인생에서 커다란 위험에 노출될 가능성이 크다는 점에 주의할 필요가 있다. 그러므로 이러한 사람들은 주어진 현실을 직시하고, 그러한 현실을 바로 볼 수 있는 사람들을 찾아 그들의 말에 귀를 기울일 필요가 있다.

### (4) CP와 A의 관계

CP와 A가 모두 높은 사람들은 현실적인 비판이 가능한 사람으로서, 합리적이면서 이상과 책임감을 동시에 갖춘 사무형 인간이라고 볼 수 있다. 이러한 사람들은 다른 사람들의 이목을 중요하게 생각하며, 상식을 지키고 자신에게 주어진 의무를 다함으로써 다른 사람들로부터 인정받고자 하는 욕구가 있다. 그러나 이러한 사람들은 '이미 정해진 것에만 손을 대기 때문에 다른 사람들에게는 모난 인상'을 줄 수 있다. 또한 언제나 냉정하고 침착하게 행동하기 때문에 안정감은 있을 수 있지만, 주위 사람들에 대한 배려나 따뜻함은 느끼기 어렵다는 점에서 단점을 찾아볼 수 있다(후쿠시마, 2003, 49).

CP가 높고 A가 낮은 사람들은 인생의 분명한 기준과 책임감을 가지고 살아가기는 하지만, 실제로 그러한 기준을 현실에 적용하거나 주어진 책임을 다하기는 어려운 사람이라고 할 수 있다. 실제로 이들은 현실을 정확하게 바라볼 수 있는 능력이 부족하기 때문에 가지고 있는 기준을 제대로 적용하지 못하거나 자신이 인식하고 있는 책임을 구체적으로 실행하는 일에 어려움을 겪는다. 즉, 분명한 기준 때문에 비판의식은 왕성할 수 있으나 실행능력은 떨어지는 사람들이라고 할 수 있다. 특히 이들은 다른 사람들에 대해서 비판적인 경향을 지니고 있는데, 현실감각이 부족하고 그러한 경향을 통제하지 못하기 때문에 자신의 말이나 행동을 후회하는 경우가 종종 발생한다.

CP가 낮고 A가 높은 사람들은 매사에 구분이 불분명하고 책임감이 없으면서도 자신에게 이익이 되는 일에는 열심을 낼 수 있는 사람들이라고 할 수 있다. 이들은 옳고 그름에 대한 기준이 분명하지 않다. 그렇기 때문에 이들은 자신이나 다른 사람들의 잘못을 인식하지 못하며 관용적인 태도를 지니게 된다. 그러나 이들은 현실적이고 합리적인 태도를 지니고 있다. 그렇기 때문에 이들은 자신들에게 이익이 된다고 판단되면, 때로는 부당한 일이라고 할지라도 합리성을 부여하여 그 일을 하게 된다. 때때로 이들은 필요에 따라 매우 높은 기준을 제시하고 책임감을 갖기도 하는데, 이것은 자신들의 이익에 부합하는 한에서라고 할 수 있다.

CP와 A가 모두 낮은 사람들은 다른 사람들에 대해서 관용적이며, 계산적으로 사람을 대하지 않기 때문에 매우 인간적인 사람들로 비칠 수 있다. 그러나 모든 일에 대한 불분명한 태도와 현실감각의 부재는 다른 사람들로 하여금 답답함을 느끼게 할 수도 있다. 실제로 이들은 삶에 대한 기준이나 책임감이 없기 때문에 하루하루를 되는대로 살아갈 수 있으며, 현실을 제대로 인식하지 못하기 때문에 그러한 자신의 삶을 깨닫지 못할 수 있다. 아마도 이러한 사람들은 의도하지는 않는다고 하더라도 다른 사람들에게 부담스러운 존재가 될 가능성이 있다.

### (5) NP와 FC의 관계

NP와 FC는 인격의 3요소라고 불리는 '지(知), 정(情), 의(意)' 가운데

'정'에 해당한다. NP는 주로 타인과의 관계와 연관이 있고, FC는 주로 자기와의 관계와 관련이 있기 때문에 때로는 서로가 충돌하기도 하며, 때로는 상승작용을 일으키기도 한다(후크시마, 2003, 30)

NP와 FC가 모두 높은 사람은 대부분 자기와 타인에 대해 긍정적인 관계를 형성하면서 다른 사람의 감정을 잘 받아주고 자기의 감정 또한 자유롭게 표현하는 사람이라고 할 수 있다. 이들은 다른 사람들의 욕구에도 관심을 기울이면서 자기의 욕구에도 충실한 사람들이다. 또한 이들은 밝고 명랑하며 친절하고 다른 사람들을 잘 보살피는 사람들이다. 그러나 감정의 기복이 심해 그렇지 않은 사람들이 불편해할 수 있으며, 불안정한 사람들처럼 보일 수도 있다. 청소년의 경우 다른 자아상태가 모두 낮을 경우 비행 청소년이 될 수도 있다(후쿠시마, 2003, 51).

NP가 높고 FC가 낮은 사람은 다른 사람의 마음을 잘 받아주고, 다른 사람의 필요를 채우는 일에도 적극적이지만, 자기 자신에 대해서는 그렇지 않은 경향이 있다. 즉 자기의 감정이나 필요에 대해서는 무관심한 경우이다. 그러나 이러한 사람은 다른 사람에게 준 만큼 받고자 하는 마음이 있기 때문에 실제로는 이러한 욕구가 감추어져 있다고 볼 수 있다. 만약 상대방이 이러한 욕구에 알아서 응답하지 않으면 불만이 축적되어 어느 날 갑자기 부정적인 감정이 폭발할 수도 있다.

NP가 낮고 FC가 높은 사람은 다른 사람의 감정이나 필요에 대해서는 냉담하면서도 자기의 감정이나 욕구는 강력하게 드러내는 사람이라고 할 수 있다. 이 사람들은 자기주장이 강하고 다른 사람들과 명랑하고 쾌활하게 지내면서도 정작 다른 사람들의 감정이나 필요에는 반응하지 못하는 사람들이다. 이런 경우 처음 이미지와 실제 모습의 차이 때문에 다른 사람들이 당황해할 수 있다. 또한 이들은 다른 사람들에게 끌려다니지 않고 자기의 주장을 분명하게 할 수 있는 장점이 있다.

NP와 FC가 모두 낮은 사람은 자기에게도 무관심하고 다른 사람에게도 냉담한 사람이라고 할 수 있다. 이런 사람들은 다른 사람에 대한 동정심이 없으며, 그렇다고 해서 자기를 위해 유쾌한 시간을 갖지도 않는다. 결국 NP와 FC가 모두 낮은 사람들은 긍정적인 대인관계를 형성하지 못하며 고립될 가능성이 크다. 특히 이 사람들은 무력감 속에서 환경을 탓하거나 다른 사람들에게 책임을 전가함으로써 다른 사람들과의 거리를 더 멀어지도록 만드는 경향이 있을 수 있다(다마이, 1995, 87).

### (6) NP와 AC의 관계

NP와 AC가 모두 높은 사람들은 어떤 사람에게든지 잘 보이고 싶어하는 마음이 있으며, 그것을 위해서라면 자신을 희생하는 것도 괜찮다고 생각하는 사람들이다. 이 사람들은 그들에 대한 다른 사람들의 생각이나 반응에 매우 민감하며 자신들의 생각을 좀처럼 말하지 않는 경향이 있다. 이러한 경향은 다른 사람을 돕고자 하는 마음과 다른 사람들로부터 지지를 받고 싶은 마음이 공존하기 때문에 발생한다. 그러므로 이들은 모든 사람을 웃는 얼굴로 대하면서 싫은 것을 내색하지 못한다. 그렇게 했다가 도움을 주지 못하거나 지지를 받지 못하는 것이 두렵기 때문이다. 이러한 태도는 다른 사람들에게 이용당하기 쉬운 여지를 제공하게 된다. 그러나 이들은 다른 사람들을 잘 돌보며 붙임성이 좋고 다른 사람들의 마음에 들려고 노력하기 때문에 다른 사람들로부터 호감을 사는 경우가 많다(후쿠시마, 2003, 52).

NP가 높고 AC가 낮은 사람들은 다른 사람들의 요청에 대해서 긍정적인 반응을 보이는 듯하지만, 반드시 다른 사람들의 요청에 응하지는 않는다. 왜냐하면 이들의 낮은 AC가 다른 사람들의 요구보다는 자기가 원하는 것에 더 초점을 두기 때문이다. NP가 높은 이 사람들은 다른 사람들을 돌보기를 좋아하며 그 속에서 존재감을 얻는다. 그러나 AC가 낮은 이 사람들은 다른 사람들의 의사나 반응과 관계없이 자신들이 생각하는 것을 고수하는 경향이 있다. 그렇기 때문에 이들은 다른 사람의 요구에 반응하더라도 자신이 생각하는 범위를 넘어서지는 않는 경향이 있다. 실제로 이들이 먼저 범위를 설정하고 어떤 결정을 내렸다면 그것을 바꾸는 것은 거의 불가능하다.

NP가 낮고 AC가 높은 사람들은 다른 사람들이 처해 있는 상황이나 그들이 느끼는 감정에 대해서는 별로 관심이 없으나 그 사람들이 자신들을 어떻게 생각하고 평가하는지에 대해 예민하게 반응한다. 이들이 이렇게 행동하는 이유는 낮은 NP 때문에 다른 사람들에 대해서는 냉담하지만 높은 AC 때문에 다른 사람들의 반응에 대해서는 예민하기 때문이다. 이들은 높은 AC 때문에 그들이 원하지 않는 일을 할 수도 있다. 반면에 다른 사람들의 반응에 신경을 쓰면서도 실제로는 아무것도 하지 않고 있을 수도 있다. 어떤 것이든 이 사람들에게는 불편한 일일 수밖에 없다. 긍정적인 측면으로는 다른 사람들에게 잘 협조하면서 감정적으로는 매이지 않는 장점이 있기도 하다.


NP와 AC가 모두 낮은 사람들은 다른 사람들의 감정을 상하게 하면서도 아무렇지도 않게 생각할 수 있다. 실제로 이들은 다른 사람들에게 공감하는 능력이 부족할 뿐만 아니라 다른 사람들의 요구나 반응에 대해서도 거의 신경을 쓰지 않는다. 특히 이들은 다른 사람들의 감정적인 호소에도 불구하고 그들에게 공감하지 않을 뿐만 아니라 귀조차 기울이지 않을 수 있다. 게다가 이들은 이러한 사람들에게 자신의 생각만을 강하게 내세울 수 있다. 그러나 이들은 절대로 동정심 때문에 다른 사람들에게 사기를 당하거나 그로 인한 어려움을 겪지 않는다.

### (7) NP와 A의 관계

NP와 A가 모두 높은 사람들은 합리적이면서도 다른 사람들에게 헌신적인 삶을 살아가기 때문에 신앙생활에 심취하거나 봉사활동에 열심을 내는 사람들이 많다. 이들은 현실에 기초한 이타심을 지니고 있기 때문에 세상의 이치를 중요하게 생각하며, 자신의 이름을 알리고자 하는 생각은 없다. 이러한 성격은 사업가보다는 종교인이나 사회사업을 하는 사람들에게 많이 나타나며, 의외로 많은 샐러리맨들이 여기에 해당한다 (후쿠시마, 2003, 51).

NP가 높고 A가 낮은 사람들은 다른 사람들에게 헌신하는 정도가 지나쳐 간섭이나 참견이 될 수 있는 사람들이라고 할 수 있다. 이러한 현상이 나타나는 이유는 다른 사람들에 대한 마음이 현실적으로 검토되지 않기 때문이다. 이럴 경우 다른 사람의 필요를 알아서 채워주기보다는 자신이 생각하는 다른 사람의 필요를 채우려는 경향이 나타날 수 있다. 또한 상대방이 원하지 않음에도 불구하고 일방적으로 영향을 미치려고 하기 때문에 상대방에게 불편함을 느끼게 할 수 있다. 결국 다른 사람을 도우려고 한 일이 도리어 다른 사람에게 피해를 끼치게 되고, 좋은 일을 하고도 좋은 소리를 듣지 못하는 결과를 초래할 수 있다.

NP가 낮고 A가 높은 사람들은 합리적이며 담백한 성격의 소유자로 인정받을 수 있는 반면에, 다른 사람들의 감정이나 필요에 무감각하고 지나치게 냉정하며 계산적인 사람으로 인식될 수도 있다. 이러한 경향이 나타나는 이유는 이성적인 태도 때문에 다른 사람의 감정을 이해하거나 배려하는데 한계가 있으며, 현실적인 태도 때문에 다른 사람의 필요보다는 자신의 필요에 더 초점을 맞추게 되기 때문이다. 그러나 이러한 사람들은 자신들의 역할이나 필요에 따라 다른 사람들을 따뜻하게 대하거나 그들을 도와주는 것이 가능할 수 있다.

NP와 A가 모두 낮은 사람들은 다른 사람들의 삶에 관여하거나 다른 사람들이 자신들의 삶에 관여하는 것을 달갑게 생각하지 않는다. 특히 이들은 다른 사람들의 삶뿐만 아니라 자신들의 삶에 대해서도 방임적으로 된다. 그 이유는 이들이 자신들의 삶에 대해서 진지하게 생각하지 않기 때문이다. 그렇기 때문에 이들은 자기 일이건 다른 사람의 일이건 즉흥적이고 무계획적으로 대처하며, 그것을 어떻게 하면 잘 할 수 있는가에 별로 관심이 없다. 긍정적인 측면에서 이들은 이기적이지 않은 담백한 성격의 소유자로 볼 수 있다.

### (8) FC와 AC의 관계

FC와 AC가 모두 높은 사람들은 어린이 자아상태가 강하기 때문에 유아적인 성향을 나타내는 경향이 있다. 이들은 제멋대로 생활하는 아이들에 가까우며, 혼자 있지 못하고 항상 다른 사람들과 함께 있으려고 한다. 특히 이들은 스스로 무엇인가 책임 있는 행동을 하기보다는 다른 사람들에게 의존해서 편하게 살아가려는 경향도 있다. 자유로운 삶을 살아가는 FC와 순응하는 삶을 살아가는 AC가 모두 높다는 사실은 매우 모순적인 상황이다. 이런 사람들은 다른 사람들의 말이나 행동에 쉽게 상처를 받으면서도 자기의 욕구를 충족시키는 데 최선의 노력을 기울인다. 또한 이들은 한때 한 장소에서 주위를 의식하지 않고 버릇없이 행동하거나 지나치게 주눅 들어 할 수도 있기 때문에 다른 사람들을 당황하게 만들 수도 있다(후쿠시마, 2003, 53). 또한 FC와 AC가 지나치게 높으면 주어진 책임을 지불유예하려는 모라토리움적 경향이 나타날 수 있으며, 이 때문에 다른 사람들에게 비난을 받기도 한다.

FC가 높고 AC가 낮은 사람들은 주위 사람들을 의식하지 않고 자기가 원하는 대로 행동하며, 다른 사람들의 말에도 주의를 기울이지 않기 때문에 제멋대로라는 평가를 듣는 경우가 종종 있다. 또한 이들은 다른 사람들의 평가에 대해서 신경을 쓰지 않기 때문에 때때로 안하무인으로 행동할 수도 있다. 그러나 이들은 어떤 상황 속에서도 자기 자신에 대해서 긍정적으로 생각할 수 있다는 점에서 긍정적으로 평가될 수 있다. 이러한 모습 때문에 이들은 혹 실패를 경험한다고 하더라도 쉽게 좌절하지 않으며, 그것에 매여 다른 일을 그르치거나 자기 자신을 비난하지도 않는다(다마이, 1995, 85). 오히려 어떤 반응에도 불구하고 다시 일어설 수 있는 힘이 있는 사람들이다.

FC가 낮고 AC가 높은 사람들은 자신들의 욕구에 대해서 둔감하며 표현력이 부족한 경우가 많다. 이들은 대부분 자기 자신을 신뢰하지 못하고, 자기가 하고 싶은 일이 있지만 생각만 할 뿐 그것을 실행에 옮기지는 못한다. 이들이 이렇게 행동하는 이유는 다른 사람들을 지나치게 신경 쓰기 때문이다. 게다가 이들은 자기들이 하고 싶은 일을 하지 못한 것에 대해서 나중에 후회하거나 그것을 자신을 비난하는 근거로 삼기도 한다. 또한 이들은 인생을 즐기지 못하고 스트레스를 받는 경우가 많이 있으며, 의존성과 열등감이 강하게 나타나기도 한다(다마이, 1995, 86).

FC와 AC가 모두 낮은 사람들은 인생을 즐기지 못하며 완고하고 융통성이 없기 때문에 인간적으로 재미가 없는 사람에 해당한다. 이러한 사람들은 자신의 욕구를 표현하지 않을 뿐만 아니라 다른 사람들의 반응에도 크게 신경 쓰지 않는다. 이들은 FC가 낮기 때문에 자신의 감정을 잘 표현하지 못하며 어두운 인상을 주기 쉽고, AC 또한 낮기 때문에 일방적으로 되기 쉬우며 접근하기 어려운 인상을 줄 수도 있다. 이들은 어린이 자아상태가 전체적으로 낮기 때문에 유아적인 성향을 찾아볼 수 없으며, 다른 자아상태가 모두 높을 경우 인생의 즐거움을 찾지 못하고 일에만 매여 생활할 수 있다.

### (9) FC와 A의 관계

FC와 A가 모두 높은 사람들은 자신이 원하는 일을 하되, 다른 사람들에게 비난을 받지 않는 경향이 있다. 실제로 이들은 이기적인 성향을 지니고 있으나 영리하기 때문에 이러한 모습이 드러나지 않는다. 또한 이들은 인생을 즐길 줄도 안다. 단순히 현실적이고 이성적인 것만을 추구하는 것이 아니라 자신의 욕구를 충족하는 방법을 알고 있기 때문에 일중독에 걸리지는 않는다(후쿠시마, 2003, 52). 또한 이들은 현실에 근거한 합리적인 창조성을 만들어 내기도 한다(Dusay, 1993, 164).

FC가 높고 A가 낮은 사람들은 현실은 고려하지 않고 지나치게 유흥을 추구하는 사람이라고 할 수 있다. 실제로 이들은 현실감각이 부족하기 때문에 일을 해서 돈을 저축하기보다는 있는 것을 가지고 최대한 즐기는데 마음이 있다. 특히 자신이 처한 상황이나 다른 사람에 대한 고려 없이 자신이 원하는 것을 강력하게 주장하기 때문에 많은 사람들에게 비난을 받을 여지가 있다. 특히 생각 없이 하는 말들이 문제를 일으켜 후회할 일들이 생기게 된다. 이러한 사람들은 자신이 원하는 것을 취하는 것도 중요하지만 그것을 할 수 있는 현실적인 여건을 형성하는 것이 선행되어야 할 것이다.

FC가 낮고 A가 높은 사람들은 대부분 자신의 인생을 즐기지 못하고 일에만 빠져 살아가는 경향이 있다(우재현, 2007, 113). 실제로 이들은 자신의 감정이나 욕구에 둔감하며 그것을 인식한다고 하더라도 의식적으로 간과하는 경향이 있다. 왜냐하면 개인적인 감정이나 욕구가 객관적이고 현실적인 요소들에 도움이 되기는커녕 오히려 혼란만 야기할 수 있기 때문이다. 그러므로 이들은 자신이 원하는 것, 생각하는 것은 감추고 오로지 객관적인 것만을 표현하는 경향 때문에 자기 자신을 돌보지 못하는 경향이 나타날 수 있다.

FC와 A가 모두 낮은 사람들은 대부분 비현실적인 사고에 근거해 자신을 억압하고 있을 가능성이 크다. 이들은 자신들의 감정이나 욕구를 억압하기 때문에 늘 욕구불만에 시달릴 수 있다. 그러나 현실적인 사고마저 결여되어 있기 때문에 왜 자신이 그렇게 하고 있는지도 제대로 알지 못한다. 이것은 FC가 낮고 A가 낮은 사람들이 어떤 목적 때문에 의식적으로 자신의 감정과 욕구를 억압하는 것과는 차이가 있다. 그러나 현상적으로 그러한 욕구가 충족되지 못하기 때문에 나타나는 폭발적인 현상은 동일하다.

### (10) AC와 A의 관계

AC와 A가 모두 높은 사람들은 머리로 생각은 많이 하지만 그것을 스스로 실천에 옮기지 못하는 사람들이라고 할 수 있다. 이들은 의존적이며 심하면 자기비하까지 하기 때문에 아무리 좋은 생각이 있어도 그것을 실행하는데 어려움을 겪는다. 실제로 이들은 결단력과 실행력이 부족해 바깥세상을 향해서 나가지 못하며 집 안에 틀어박혀 있기 일수이다. 특히 겁이 많아 움츠리고 있는 이들은 자신의 활동 영역을 점점 축소하는 경향이 있다(후쿠시마, 2003, 52~53). 그러나 만약 이들을 지지하고 믿어주는 누군가가 함께해 줄 수 있다면 쉽지는 않겠지만 상황은 달라질 수 있을 것이다.

AC가 높고 A가 낮은 사람들은 자신의 현실을 고려하지 않고 다른 사람들의 눈치를 보면서 그들이 하자는 대로 무작정 따라가는 경향이 있다. 특히 계획성이 없는 이들은 구조화되지 않은 생활시간을 다른 사람들이 채워주는 것에 대해 오히려 감사할지도 모른다. 그러나 자신의 삶에 대한 주체성을 상실하고 있기 때문에 그러한 삶이 초래하는 결과는 대부분 후회일 것이다. 특히 이성적이고 합리적인 판단의 과정이 생략되었기 때문에 예기치 못한 손해를 보게 되는 경우도 종종 발생할 수 있다.

AC가 낮고 A가 높은 사람들은 매우 합리적이면서 동시에 자주성이 강하고 자신의 페이스를 잘 유지하는 경향이 있다. 그러나 매우 현실적이어서 다른 사람의 의견이나 입장은 고려하지 않고 오직 자신에게 이익이 되는 방향으로만 움직일 수 있다. 특히 이러한 일방성과 냉정함은 다른 사람들로 하여금 접근하기 어렵다는 인상을 줄 수 있다. 그러나 이들의 냉정함은 냉철함이 될 수도 있다. 그럴 경우 현실에 근거한 미래의 예측에 근거하여 다른 사람들의 견해에 좌우되지 않고 자신뿐만 아니라 다른 사람들도 더 건강한 미래를 향해서 나아갈 수 있도록 하는 강점이 있다.

AC와 A가 모두 낮은 사람들은 자신의 현실과 직면하는 사람들의 의견을 모두 무시하는 경향이 있다. 그렇게 될 경우 이들의 삶은 구제받을 가능성이 없게 된다. 실제로 이들은 정확한 현실인식이 어렵고 무계획적이기 때문에 자신의 삶을 어떻게 살아야 할지 알지 못하는 경우가 많다. 그런데다가 자신을 도우려는 사람들의 견해까지 애써 무시한다면 그러한 삶이 초래하는 결과는 굳이 생각할 필요도 없다. 물론 긍정적으로 볼 수 있는 측면이 없는 것은 아니지만 그보다는 부정적인 측면이 강하게 나타날 가능성이 크다.


## 2. 오염, 배제, 편향


지금까지 파악한 다섯 가지 자아상태의 결과를 다음과 같은 공식을 활용하여 P-A-C의 도형으로 나타내면 이 부분의 내용을 자신과 연결하여 이해하는데 도움이 될 것이다. 여기서 다루게 되는 내용은 자아상태의 오염(contamination), 배제(exclusion), 편향(propensity)이다. 이러한 요소들을 정확하게 파악하기 위해서는 전문적인 과정이 필요하지만, 간략하게나마 이 도형의 모양만으로 어느 정도 미루어 짐작이 가능하다. 아래의 내용을 참고한다면 전개될 본문의 내용과 관련된 자신의 모습을 어느 정도 짐작할 수 있을 것이다.

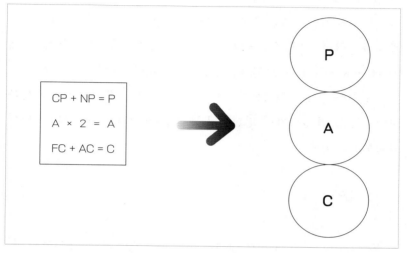

**그림 2** 기능분석에서 구조분석으로 전환

- P가 클 경우 :      P에 의한 A의 오염, 일관된 P, P 편향.
- A가 클 경우 :      A에 의한 오염, 일관된 A, A 편향.
- C가 클 경우 :      C에 의한 A의 오염, 일관된 C, C 편향.
- P와 A가 클 경우 :  P에 의한 A의 오염/A에 의한 P의 오염, A에 의한 C의 오염, C 배제, P-A 편향
- P와 C가 클 경우 :  A의 이중오염, A 배제, P-C 편향
- A와 C가 클 경우 :  C에 의한 A의 오염/A에 의한 C의 오염, A에 의한 P의 오염, P 배제, A-C 편향

교류분석에서는 '건강한 P-A-C'라는 표현을 사용한다. 이것은 인간의 성격을 형성하는 세 가지 자아상태가 서로 균형을 유지하고 있는 상태를 가리킨다. 이때 각 자아상태는 자유롭게 다른 자아상태와 교류하며, 서로의 영역을 침범당하지 않는 가운데 본연의 역할을 잘 감당한다. 특히 이 가운데 A는 P의 정보와 C의 정보, 그리고 현실세계의 정보를 수집하여 어떤 행동을 할 것인지를 결정하는 중요한 역할을 하게 된다(Harris, 2008, 154). 오염, 배제, 편향은 이러한 건강한 모습에서 어느 정도 탈선한 상태를 의미한다. 편향은 한 사람의 치우친 성격적 경향을 보여주며, 오염과 배제는 정신적인 문제를 수반한다. 이제부터 하나씩 살펴보도록 하자.

### 1) 오염

Berne(1961, 27)은 오염과 배제를 정신병리적인 측면에서 다룬다. 특히 그는 기능적인 측면에서 오염과 배제를 다루고 있으며, 이것들이 카섹시스(cathexes)의 유연성과 자아경계의 침투와 관련되어 있다고 본다. 이 가운데 카섹시스의 유연성과 관련된 것이 배제이며, 자아경계의 침투와 관련된 것이 바로 오염이다. 오염은 자아경계가 약해지거나 파괴되어 나타나는 현상을 가리킨다. 이 때문에 각 자아상태의 경계가 무너져 하나의 자아상태에 다른 자아상태가 스며들어 가게 되며, 그 결과 한 사람의 사고와 감정과 행동에 혼란이 발생한다.

오염이 어떻게 발생하는지 대해 명확한 가설이 없다. 혹자는 어버이 자아상태나 어린이 자아상태가 형성될 때, 건강하지 못한 경험이 영향을 미쳤을 것이라고 보지만 확실한 것은 아니다(다마이, 1995, 184). 단지

현상적으로만 파악해 본다면, 오염은 어린이 자아상태와 어버이 자아
상태의 정보가 어른 자아상태의 것으로 오인되는 것이라고 할 수 있다
(Stewart & Joines, 1993, 50). 이러한 오염은 마치 감염과 비슷하며, A의 오
염과 A에 의한 오염 등 크게 두 가지로 나누어 설명할 수 있다. Berne은
다른 자아상태에 의한 A의 오염만을 언급하고 있으며, 후에 A에 의한
다른 자아상태의 오염이 추가되었다.

### (1) A의 오염

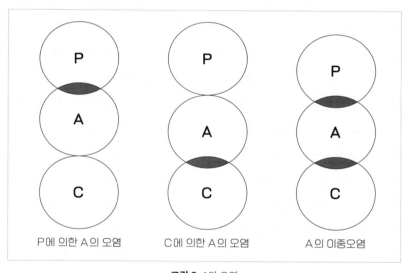

**그림 3** A의 오염

### 가. P에 의한 A의 오염(Parent contamination)

P에 의한 A의 오염은 어린 시절 부모나 중요한 타자로부터 받아들

인 가치관이나 규범을 현실적으로 점검하지 않고 그대로 유지하는 것을 가리킨다. 이때 P에서 비롯된 내용들은 주로 학습된 신념들이며, 지금도 그것이 유효한가에 대한 점검을 거치지 않았기 때문에 시대에 뒤떨어지거나 현재 조화를 이룰 수 없는 내용들이 대부분을 차지하게 된다. 그럼에도 불구하고 현실적이고 불변의 진리인 것처럼 각인되어 실제 삶에서 문제를 야기하게 된다. 이와 관련된 대표적인 현상으로서는 편견, 맹신, 과보호 등이 있다.

편견(prejudice)은 객관적인 데이터에 의해서 현실적인 점검이 이루어지지 않았음에도 고수하고 있는 견해를 가리킨다. 이것이 문제가 되는 이유는 대인관계에서 편견이 제일 먼저 반응을 보이기 때문이다. Harris(2008)는 이러한 편견이 안전과 연결되어 있다고 본다. 그리고 이러한 편견이 부모와 건강하지 못한 의사소통에서 비롯되었다고 주장한다. 즉, 부모와 자녀와의 대화에서 부모가 특정한 주제에 대해서 과민한 반응을 보이는 경우가 있는데, 이것이 자녀들의 정상적인 질문과 사고를 가로막아 편견이 발생한다고 보는 것이다. Harris(2008, 141)는 이러한 편견을 제거하기 위해서 먼저, 부모의 의견을 반박해도 더 이상 위험하지 않으며, 현실적인 검토를 통해서 새롭게 적립된 사고가 오히려 더 안전하다는 사실을 알려주어야 한다고 본다. 또한 이를 위해 P와 A를 분리하여 경계선을 분명히 해야 한다고 주장한다.

필자는 이 시점에서 우리의 신앙의 문제를 한번 짚고 넘어가고자 한다. 신앙은 신념(belief)이 아니다. 그러나 신앙은 신념 없이 구체화될 수 없다. 그렇기 때문에 신앙은 언제나 신념과 함께하며, 다양한 신념을 통해서 하나의 신앙이 여러 가지 모양으로 표현된다. 이때 중요한 것은 신념이 편견이 되지 않도록 해야 한다는 사실이다. 만약 우리의 신앙적 신념이 성경에 근거하고 있지 않다면 그것은 신념이 아니라 하나의 편견에 불과하다. 그러므로 우리는 성경이라는 객관적 근거를 통해서 우리의 신념을 늘 점검해야 할 필요가 있다. 만약 그렇게 하지 않는다면, 우리의 신앙적 신념은 하나의 편견이 되어 성경에서 지지하는 다른 수많은 건강한 신념들은 배척하며, 그것을 깨뜨리지 않기 위해, 그러한 편견을 고수하는 일에만 몰두하게 될지도 모른다. 현재 우리가 지닌 신앙적 신념은 성경이라는 객관적 증거를 통해서 지지받을 수 있는가? 그렇지 않다면, 그것은 신앙도 신념도 아닌 맹신(blind acceptance)에 불과하게 된다. 또한 그러한 현상은 과보호(overprotection)라는 형태를 통해서 나타날 수도 있다.

### 나. C에 의한 A의 오염(Child contamination)

C에 의한 A의 오염은 어린 시절의 감정이나 체험이 현재의 삶을 지배하여 현실에 대한 인식을 방해하고 혼란을 야기하는 상태를 가리킨다. 이때 C에서 비롯된 내용들은 주로 어린 시절에 형성된 신념들로서 현실적인 점검을 거치지 않았기 때문에 현실과 동떨어진 내용으로 구성되었을 가능성이 크다. 이러한 C의 내용들은 A의 기능을 제대로 발휘하지 못하도록 하여 망상이나 환각 또는 미신을 불러일으키는 경향이 있다.

망상(delusion)은 C에 의한 A의 오염의 대표적인 현상이다. 망상은 주로 두려움 때문에 발생하게 되는데, 어린 시절의 공포스러운 경험이 하나의 신념으로 굳어져 현실인식을 왜곡하여 발생하는 현상이다. 이러한 망상은 폐소공포나 고소공포와 같이 장소에 대한 공포, 뱀이나 벌레와 같이 특정 대상에 대한 공포 등 여러 가지 공포증과 관련되어 있으며, 불안을 야기한다. 환각(hallucination)은 극심한 스트레스를 받았을 때 나타나는 현상으로 과거의 공포스러운 경험을 현실에서 감각적으로 재현한다. 이러한 환각이나 망상에서 벗어나기 위해서는 어린 시절의 경험이 현재 외부세계에 더 이상 존재하지 않는다는 사실을 인식하는 것이 중요하다(Harris, 2008, 142~143).

C에 의한 A의 오염에서 한 가지 간과할 수 없는 현상 가운데 하나는 미신(superstition)이다. C에 의해 A가 오염된 사람들은 정확한 현실인식이 불가능하기 때문에 불안에 시달리며, 그러한 불안에서 벗어나고자 한다. 이를 위해 나름대로 신념체계를 형성하게 되는데 이것이 바로 미신이다. 어떤 사람들은 자신을 지나치게 신뢰하기도 하고 애니미즘(animism)에 빠지기도 하며, '13일의 금요일'이나 '4'와 같이 특정 숫자나 요일에 의미를 두기도 한다. 이러한 현상은 교회에서도 발생할 수 있다. 즉, 자발적인 신앙생활이 아니라 공포에 근거한 율법적 생활방식이 여기에 해당될 수 있다. 예를 들면, 벌을 받을까봐 주일성수를 하는 신앙인이 여기에 해당할 수 있다.

### 다. P와 C에 의한 이중오염(double contamination)

P와 C에 의한 A의 이중오염은 P에 의한 A의 오염과 C에 의한 A의 오염을 모두 수반한다. 특히 최근에는 모든 오염을 이중오염으로 보는 경향이 있는데, 그 이유는 P에 의한 A의 오염이든, C에 의한 A의

오염이든 결국 A의 현실검토능력을 상실하게 만들기 때문에, A가 다른 자아상태를 통제하기 어렵게 되어 결과적으로 다른 자아상태의 기능까지도 오염시킬 가능성이 크기 때문이다. 이러한 이중오염은 편견과 망상이라는 P에 의한 A의 오염과 C에 의한 A의 오염의 모든 증상을 수반하게 된다.

P와 C에 의한 A의 이중오염은 부모로부터 주어진 P의 슬로건을 재연하면서 어린 시절의 경험과 감정을 통해서 형성된 C의 신념으로 이것에 동의할 때 발생한다(Stewart & Joines, 1993, 52). 예를 들면, "남자들은 믿을 수 없어"라는 말을 부모로부터 듣고 자란 사람이 그런 생각을 받아들이고, 그것을 신념화하여 "나는 모든 남자를 믿지 않을거야"라고 결단하는 것과 같다. 이러한 사람들은 P와 C에 의해서 오염되어 있기 때문에 언행의 불일치가 뚜렷하게 나타날 수 있다. 즉, 밖에서는 여성을 존중해야 한다고 주장하면서 집에서는 아내를 폭행하는 양면성이 나타날 수 있는 것이다. 이러한 모습은 "지킬박사와 하이드"에서 잘 찾아볼 수 있다. 또한 이러한 사람들은 생각이나 태도를 자주 바꾸게 된다. 실제로 이들은 어떤 사람에 대해서 한번은 이상화했다가 다음에는 아무렇지도 않게 비방하는 모습을 보인다(스기다, 2000, 55).

### (2) A에 의한 오염(Adult contamination)

A에 의한 오염은 'A에 의한 P의 오염'과 'A에 의한 C의 오염' 그리고 'A에 의한 이중오염' 등 크게 세 가지로 나눌 수 있다. 이러한 오염은 비교적 후대의 것으로 학문적으로 완전히 적립된 것이 아니기에 여기서는 간략하게만 언급하고 넘어가고자 한다. 이외에 'P에 의한 C의 오

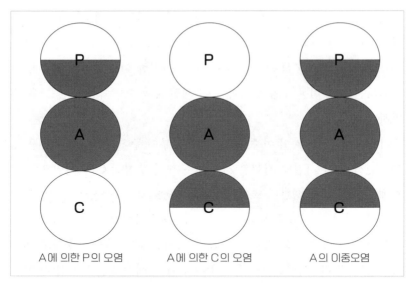

A에 의한 P의 오염　　　　A에 의한 C의 오염　　　　A의 이중오염

**그림 4** A의 의한 오염

염', 'C에 의한 P의 오염' 그리고 'P와 A에 의한 C의 오염'(이도영 외 4인, 1999, 52), 'C와 A에 의한 P의 오염' 등이 논리적으로 가능하지만 여기서는 특별히 언급하지 않고자 한다.

### 가. A에 의한 P의 오염

A에 의한 P의 오염은 크게 두 가지 형태로 나타난다. 첫 번째는 합리화(rationalization)이다. 합리화는 주로 어버이 자아상태 가운데 CP와 관련된 것으로서, 선악과 도덕적인 것을 제대로 구분하지 못하고, 잘못했더라도 그것을 논리적으로 정당화하려는 경향과 관련되어 있다. 이러한 현상은 도둑이 남의 집의 물건을 훔치고도 자신이 잘못했다고 생각

하지 않고 오히려 문단속을 제대로 하지 않은 집주인을 탓하는 경우를 가리킨다고 할 수 있다.

A에 의한 P의 오염의 두 번째 형태는 냉정(calmness)이다. 냉정은 주로 어버이 자아상태 가운데 NP와 관련된 것으로서, A에 의한 오염으로 인해 NP 본연의 역할을 상실하는 것을 가리킨다. 자아상태 가운데서 NP는 특히 다른 사람들에 대한 배려나 헌신과 관련되어 있는데, 이것이 A에 의해서 오염될 경우 그 사람은 지나치게 차갑게 사람을 대하거나 냉정한 모습이 되어 사람들에게 상처를 입히는 상황이 종종 발생하게 된다.

### 나. A에 의한 C의 오염

A에 의한 C의 오염은 일반적으로 무감각(insensibility)이라는 형태로 나타난다. C는 세 가지 자아상태 가운데 감정부분을 담당한다. 그러나 이것이 논리적인 A에 의해서 오염되면, 희로애락의 풍부한 감정을 표현하지 못하게 된다. 이렇게 되는 이유는 A 때문에 실제 감정을 느끼지 못하기 때문이다. 예를 들면, TV에서 잔인한 장면이 나오거나 슬픈 장면이 나올 때, 무감각하게 되어 그것에 대한 정서적인 반응을 하지 못하는 사람들이 이에 속한다. 또한 실제 삶의 영역에서도 그렇기 때문에 정서적으로 건강하지 못한 삶을 살아갈 가능성이 크다.

### 다. A에 의한 P와 C의 이중오염

A에 의한 P와 C의 이중오염은 A에 의한 P의 오염과 A에 의한 C

의 오염이 함께 나타나는 현상을 가리킨다. 이 경우 한 사람은 합리화나 냉정, 그리고 무감각이라는 현상이 동시에 나타나게 된다. 이러한 사람들의 경우 자신의 잘못된 행동에 대해서 양심의 가책을 느끼지 못할 뿐 아니라 다른 사람에 의해서 동요되지 않고 그런 일을 할 수 있으며, 그런 상황에서 어떤 정서적 반응도 일으키지 않을 수 있다.

### (3) 정화

한 사람의 성격에서 오염을 정화하는 방법은 두 가지 측면에서 살펴볼 수 있다. 먼저 A의 오염의 경우이다. 이 경우는 P나 C에 의해서 A의 오염이 이루어지기 때문에, 무엇보다도 먼저 P나 C를 A와 분리하는 것이 중요하다. 이를 위해서 A의 기능을 강화할 필요가 있다. 강화된 A는 P의 생각이나 C의 감정을 현실적인 정보를 바탕으로 점검하여 그것이 정말 그러한지에 대해서 성찰할 필요가 있다. 만약 P의 생각이나 C의 감정이 현실적으로 지지를 받을 수 없다면, 그때 A는 새로운 결단을 통해서 그러한 생각이나 감정을 변화시킬 필요가 있다. 그러나 이 과정은 오래 동안 몸에 밴 것을 바꾸는 과정이기 때문에 그렇게 손쉽지 않으며, 많은 인내를 요구하게 될 것이다.

두 번째는 A에 의한 오염이다. 일반적으로 교류분석은 A를 긍정하며, A를 자유롭고 건강하게 하는 것을 가장 중요한 목표로 삼는다. 그러나 이러한 A가 건강한 차원을 넘어 필요 이상의 자리를 차지하고 그러한 모습을 드러낸다면, A는 성격의 조정자 차원을 넘어 다른 자아상태의 폭군으로 등장하여 다른 자아상태의 기능을 마비시킬 수 있다. A에 의한 오염의 실제적인 문제는 이를 통제할 방법이 없다는 점이다. 이미 다른 자아상태가 그 밑에 복종되어 있기 때문이다. 그러므로 한 사람은 자기 자신에 대한 성찰을 통해서 A에 의한 오염현상이 자신에게 나타나고 있는지를 늘 살펴볼 필요가 있다. 또한 그러한 문제가 관찰된다면, 그때는 지나치게 현실적으로 되거나 기계적으로 되는 경향을 어느 정도 내려놓는 것이 좋다. 특히 이때 개인의 생존을 위해 최선의 방법으로 선택했던 합리화나 냉정, 그리고 무감각을 도덕적인 측면과 정서적인 측면에서 점검해야 하며, 어느 정도의 불안전한 상황을 견디고자 하는 의식적인 노력이 필요하다.

## 2) 배제

배제는 자아상태의 유연성과 관련이 있는 현상이지만, 실제로는 유연성보다는 경직성과 관련된 개념이다. 배제는 하나 또는 두 개의 자아상태가 묶여 있는 경직된 자아상태를 가리킨다. 이 경우 하나 또는 두 개의 자아상태를 사용하지 못하게 되기 때문에, 성격의 모습 역시 한쪽으로 치우친 경향을 지니게 된다. Berne(1961, 27)은 배제를 방어적인 측면에서 이해했다. 즉 자아상태의 배제는 처음에 다른 자아상태를 보호하기 위해서 이루어졌다가 시간이 지나면서 그 배제가 강화되는 현상을 보인다는 것이다. 그러나 Stewart와 Joines(1993, 54)는 이러한 배제가 모든 상황에서 항상 그렇게 되는 것이 아니라고 주장한다. 그들은 배제가 어떤 특정한 상황에서 등장하며, 그러한 상황에서 벗어나면 배제는 해제된다고 본다. 어떤 입장을 취하든 배제로 인한 행동은 예측이 가능하고 정형화되는 특성을 지닌다. 배제는 자아상태 가운데 하나가 배제되느냐, 두 개가 배제되느냐에 따라 단순히 '어떤 자아상태의 배제'라고 표현하기도 하고 '일관된 어떤 자아상태'라고 말하기도 한다.

### (1) 하나의 자아상태 배제

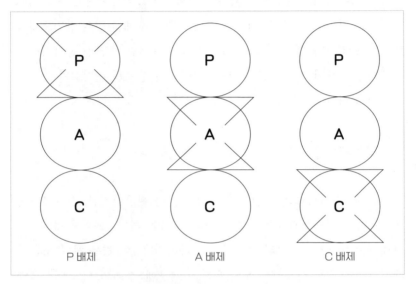

**그림 5** 하나의 자아상태 배제

### 가. P 배제

P 배제는 A와 C가 스스로 보호하기 위하여 취한 조치라고 할 수 있다. 이때 A와 C가 제 기능을 발휘할 수도 있지만, 스스로 보호하는 측면이 강하다는 점을 고려할 때, A에 의해서 C가 오염되거나 C에 의해서 A가 오염되어 있는 상황을 가정해 볼 수 있다. 그렇지 않고 A와 C가

건강한 상태에서 P를 배제하기는 어렵기 때문이다. Harris(2008, 45~47) 는 P 배제를 C에 의한 A의 오염이라는 측면에서 설명한다. 즉 A가 C 에 의해서 완전히 오염되어서 P를 차단한 상태라는 것이다. 이러한 현상은 부모가 CP나 NP가 지나치게 강한 상태에서 아이를 양육했을 때 나타날 수 있다. 이 경우 아이는 자기부정, 타인긍정의 태도를 지니게 되는데, 여기서 벗어나기 위해 P의 메시지를 거부하고 자기긍정, 타인부정의 태도를 지니게 된다. 그러나 이렇게 이루어진 P 배제의 문제는 P의 순기능까지 제거한다는 점에 있다.

이러한 사람은 P가 배제되어 수치심이나 양심의 가책을 느끼지 못하며, A가 오염되었기 때문에 현실을 제대로 인식하거나 검증할 수 있는 능력을 상실했고, 건강하지 못한 C의 지배를 받아 C가 시키는 대로 제멋대로 행동할 가능성이 높다. 이러한 사람은 히스테리적인 성격을 지니고 있으며, 때로는 충동적이고 심하면 반사회적인 성격을 형성하기도 한다. 특히 나쁜 일을 해도 그것에 대한 감각이 전혀 없다는 점을 고려한다면, A에 의한 P의 오염의 사람들과 유사한 모습도 지니고 있다고 볼 수 있다. 또한 이러한 사람은 이미 세상 가운데 존재하는 규칙 없이 살아가기 때문에 그때그때 상황에 따라 규칙을 만들어 살아가는 경향이 있다. P가 배제된 사람은 정치가, 사업가, 마피아 두목 등 수환이 있는 사람들 가운데서 많이 찾아볼 수 있다.

나. A 배제

P와 C가 스스로 보호하기 위해 A를 차단한 A 배제는 P와 C에 의한 A의 이중오염을 생각해 볼 수 있다. 그러나 P와 C가 동시에 A를 배

제하기 때문에 이러한 성격은 다른 성격에 비해 유난히 혼란스러울 수
있다. 실제로 이들은 A가 기능을 발휘하지 못하기 때문에 현실적인 사
고가 불가능하고, P와 C가 있는 모습 그대로 출현하게 된다. 특히 P와
C는 조정기능을 하는 A가 존재하지 않기 때문에 균형보다는 끊임없는
갈등을 유발하게 되고, 그 결과 사고와 감정과 행동에 끝없는 혼란을 야
기해 정신질환을 초래하기도 한다.

　A가 배제된 사람은 A의 부재로 인해 현실을 떠난 삶을 살아갈 가능
성이 크다. 오로지 P가 제공한 편견을 따라 살아가거나 C가 제공한 망
상 속에서 시간을 보내기도 한다. 또한 A가 배제된 사람은 끝없는 권태
에 시달리기도 한다. 그 이유는 P와 C에 남겨진 기록이 무미건조해서
이들에 삶에 어떤 활력이나 흥미를 제공하지 못하기 때문이다. 그래서
이러한 사람은 컴퓨터 인간처럼 세상을 살아가며 지루함이나 우울을 경
험하기도 한다. 이러한 사람이 권태에 시달리는 또 다른 이유는 어린 시
절의 호기심이 제대로 충족되지 않았기 때문이다. 호기심 때문에 다른
사람들에게 질문을 던지고 답을 구해 보지만, 제대로 된 답이 돌아오지
않거나 돌아오는 답변이 오히려 혼란만 가중시킬 때, 사람들은 그러한
호기심을 스스로 내려놓고 무미건조한 삶을 선택하게 된다(Harris, 2008,
152~153).


　　다. C 배제 : 일중독형(일관된 P-A)


　C 배제는 P와 A가 스스로 보호하기 위하여 취한 조치로서, 주로 P
에 의해서 A가 오염되거나 P에 의해서 A가 오염된 상태와 관련이 있다.
상황적으로는 P에 의한 A의 오염 때문에 제 기능을 발휘하지 못하는 A

가 취한 조치라고 볼 수 있다. 이런 사람들은 주로 일중독자의 모습을 취한다. P의 명령으로 늘 최선을 다해 일하고 그 속에서 만족감을 얻는다. 책임감이 강하기 때문에 늦게까지 남아서 주어진 일을 완수하며, 완고하고 엄격한 모습을 지니고 있다. 이런 사람은 P의 명령을 거스르는 것이 어렵기 때문에 결과적으로 C를 차단하는 결과를 가져오게 된다.

C가 차단된 사람은 어린 시절이 기억을 잘 떠올리지 못하는 경향이 있다. 실제로 이들은 어린 시절을 어떻게 지냈냐는 질문에 기억이 나지 않는다고 답하는 경우가 많으며, 혹 어린 시절의 기억이 떠오른다고 하더라도 모른다고 하거나 스스로 거부하는 경우가 많다. 이러한 현상은 어린 시절의 유쾌한 기억보다는 고통스러운 기억이 많기 때문이라고 볼 수 있다. 혹 좋은 기억이 있다고 하더라도 그것이 현재의 일을 방해한다면, 그것은 가치 없는 것으로 치부되어 간과된다. 또한 이들은 삶을 즐기지 못하고 감정을 표현하는 일에 서투르다. 일반적으로 이들은 감정 표현 대신 머리로만 반응하며, 좋은 감정을 제대로 드러내지 못하기 때문에 쌀쌀맞은 사람이나 비사교적인 사람으로 인식될 가능성이 크다. 그러나 C는 완전히 차단할 수 없기 때문에 음주 등을 통해서 P를 잠깐 멈추고 C가 움직이도록 해 주기도 한다. 이 사람은 흔히 말하는 A타입의 성격과 유사하여 강박증, 심인성질환 등을 지니고 있을 수 있다.

### (2) 두 개의 자아상태 배제

Berne(1961, 31)은 일관된 자아상태를 표시하기 위해 "constant" 대신에 "excluding"을 사용했다. 즉 이것을 일관된 자아상태로 보기보다는 다른 자아상태를 배제하는 자아상태로 본 것이다. 그래서 '일관된 어버

이'는 '제외하는 어버이'(the excluding parent)로, '일관된 어른'은 '제외하는
어른'(the excluding adult'으로, '일관된 어린이'는 '제외하는 어린이'(the excluding
child)로 명명했다. 여기서는 이렇게 두 개의 자아상태가 차단된 배제를
살펴보고자 한다.

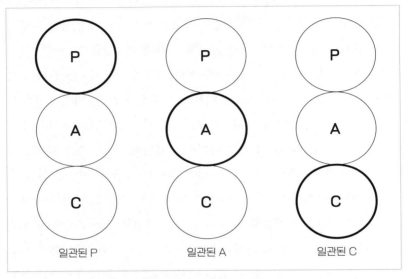

**그림 6** 두 개의 자아상태 배제

### 가. 일관된 어버이(Constant Parent) : 엄부형

일관된 어버이는 그 안에 내재되어 있는 P의 규칙만을 엄수한다. 이
러한 사람들은 스스로 묻고 스스로 답하며 자신의 문제를 해결해 나간
다. 그러나 현실적인 정보를 점검하지 않았기 때문에 오히려 문제를 악
화시킬 수 있으며, 자신의 감정에 무감각하기 때문에 문제를 해결하는

과정에서 자신을 해칠 수도 있다. 이러한 사람은 '다른 사람을 돌봐주는 것을 즐기는 사람, 근면하고 의무감이 강한 사람, 다른 사람에 대해서 지시적이고 교육적이며 징벌하는 사람, 지배적이고 편견적이며 권위적인 사람, 변함없는 양육자' 등에서 찾아볼 수 있으며, 주로 의사결정의 패턴이 "~ 해야 한다, ~ 하지 않으면 안 된다"는 식의 당위론적이고 과거지향적으로 된다.

### 나. 일관된 어른(Constant Adult): 뉴스해설형

일관된 어른은 인생을 즐길 줄 모르는 사람이다. 이들에게는 외부에서 주어지는 어떤 기준이나 지침보다는 현실에 근거한 객관적인 지침이나 기준을 따른다. 또한 이들은 자신의 감정이나 느낌보다는 현재의 사실을 중요하게 생각한다. 그렇기 때문에 이들은 다른 사람에게 휘둘리거나 감정에 치우치지 않으며 정확하게 자신에게 주어진 역할을 감당한다. 그러나 이들은 타인의 말에 공감하거나 타인을 인정하는 모습이 부족하며, 다른 사람들까지도 무미건조하게 만드는 경향이 있다. 또한 이들은 "~ 할 필요가 있다"는 식의 현실지향적이며 필요에 근거한 의시결정을 한다.

### 다. 일관된 어린이(Constant Child): 피터팬형

일관된 어린이는 P와 A는 배제한 체 오로지 C에 따라서만 생각하고 느끼고 행동한다. 그렇기 때문에 이들은 직면한 문제에 대해서 감정적으로 반응하며, 자신을 있는 그대로 드러내기보다는 포장하는 경향이 있다. 이러한 모습은 다른 사람들로 하여금 이들을 미성숙한 사람이나 히스테리적인 사람으로 보이게 한다. 또한 이들은 성장을 거부하는 어린이와 같은 모습으로 비춰진다. 실제로 이런 특징을 나타내는 어린이는 신경성 식욕부진 증세를 보이며 신체적인 성숙을 거부한다. 또한 이들은 자신에게 주어진 책임을 거부하며 자기애적인 성향을 보이기도 하고, P와 A가 결여되어 현실인식이나 양심이 전혀 없는 사람처럼 보이기도 한다. 또한 어떤 사람이나 물건을 지나치게 추구하여 중독적인 성향을 보이기도 한다. 이들은 "이렇게 하고 싶다, 저렇게 하고 싶다"는 식의 욕구충족적이고 미래지향적인 의사결정을 한다.

### 3) 편향(propensity)

편향은 배제와 유사하다. 차이가 있다면, 배제는 병적인 상태라고 할 수 있으며, 편향은 병적이지는 않지만, 한쪽으로 치우쳐 균형감각을 어느 정도 상실한 상태라고 할 수 있다. 일반적으로 편향은 배제와 유사한 문제를 지니고 있지만, 배제만큼 심각하지는 않다. 또한, 편향은 세 개의 자아상태 가운데 하나 또는 두 개의 자아상태를 상대적으로 많이 사용하지만, 나머지 자아상태를 완전히 배제하지는 않는다. 편향은 다른 말로, '주도' 또는 '비대'라고 칭하기도 한다. 여기서는 편향을 배제와 마찬가지로 '하나의 자아상태 편향'과 '두 개의 자아상태 편향'으로 구분하여 설명하고자 한다. 편향은 아래와 같이 발달단계별 특징을 반영하기도 한다.

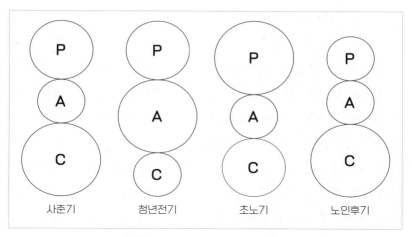

**그림 7** 인생발달과 편향(우재현, 2007, 73)

## (1) 하나의 자아상태 편향

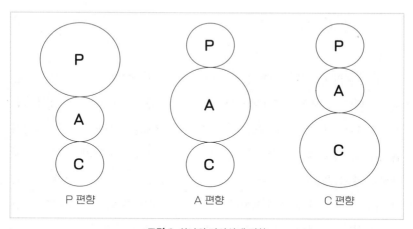

**그림 8** 하나의 자아상태 편향

## 가. P 편향

P 편향의 사람들은 어른 자아상태(A)나 어린이 자아상태(C)에 비해 어버이 자아상태(P)를 많이 사용하고 있는 사람들이다. 이 사람들은 다른 사람들에 대해서 지배적이며 권위적이다. 특히 이들은 "~ 해야만 한다"는 강박적인 사고와 자신의 견해만이 옳다는 생각을 하고 있을 수 있는데, 이러한 경향으로 인해 위궤양, 편두통, 고혈압 또는 우울증에 시달릴 수도 있다. P 편향의 사람들은 지나치게 책임감이 강해 자신의 인생을 즐기지 못하고 늘 긴장감 속에서 살아갈 수 있다. 또한, 이것을 다른 사람들에게도 강요할 가능성이 있기 때문에, P 편향의 사람들은 자녀들을 엄격하게 양육하거나 자녀들의 모든 일에 시시콜콜 간섭하는 부모들에게서 찾아볼 수 있다. 이러한 모습은 'P에 의한 A의 오염' 또는 '일관된 P'의 특징을 지닌 사람들과 유사하다.

## 나. A 편향

A 편향의 사람들은 어버이 자아상태나 어린이 자아상태보다 어른 자아상태를 상대적으로 많이 사용한다. 이 사람들은 어른 자아상태의 영향을 많이 받고 있기 때문에, 다른 자아상태들의 모습은 찾아보기가 쉽지 않다. 설혹 다른 자아상태를 찾아볼 수 있다고 하더라도 건강한 자아상태의 모습보다는 어른 자아상태에 오염된 모습일 가능성이 높다. 이 사람들은 매사에 객관적이다. 또한, 합리적인 태도를 유지하려고 한다. 그 결과 이 사람들은 인간미 있는 모습보다는 딱딱하고 무미건조한 모습을 지니고 있을 가능성이 높다. 또한, 이 사람들이 지니고 있는 계

산적인 태도 때문에, 타인에 대한 배려가 부족해 보일 수 있으며, 대인관계가 원활하지 않을 수 있다. 특히 이 사람들은 자신이 마땅히 해야할 일을 간과하거나 자신의 감정을 인식하지 못할 수도 있다. 이러한 A 편향의 사람들은 'A에 의한 오염' 또는 '일관된 A'의 모습과 유사한 경향을 나타낸다.

### 다. C 편향

C 편향의 사람들은 어버이 자아상태나 어른 자아상태에 비해 어린이 자아상태를 상대적으로 많이 사용하는 사람들이다. 이러한 사람들은 자기를 사랑하고, 자기가 원하는 것을 추구하며, 충동적일 가능성이 높다. 또한, 이 사람들은 다른 사람들에게 의존적이며, 유치하게 행동할 가능성도 높다. 이 사람들은 다른 사람들의 관심을 받기 위해 허풍을 떨거나 히스테리를 부리는 등 유별난 행동을 하기도 한다. 또한 이 사람들은 다른 사람들에 비해 애정 욕구가 강한 편이다. 그러나 애정 욕구와 양육적 어버이 자아상태의 따뜻함을 구분하지 못하기 때문에, 권위 있는 이성과의 관계를 성적인 관계로 발전시킬 가능성이 높다. 또한, 이 사람들은 다른 사람들로부터 자신에 대한 특별한 호의를 기대하면서도 다른 사람들의 필요에 대해서는 민감하지 못하며, 오히려 자신의 필요를 위해 다른 사람들을 이용하기도 한다. 또한, 자신의 기분에 따라 상대방을 지나치게 이상화하거나 비하할 수 있다. 이러한 C 편향의 사람들은 'C에 의한 A의 오염' 또는 '일관된 C'의 사람들과 비슷한 모습을 나타낼 수 있다.

(2) 두 개의 자아상태 편향

두 개의 자아상태 편향은 하나의 자아상태의 배제나 두 개의 자아상
태에 의한 하나의 자아상태의 오염과 깊은 관련이 있다. 실제로 병적이
냐 아니냐에 따라 차이가 있겠지만, 기본적인 특징이나 성향은 많이 유
사하다. 여기서는 이러한 두 개의 자아상태 편향을 두 자아상태의 조화
와 갈등이라는 측면에서 살펴보고자 한다.

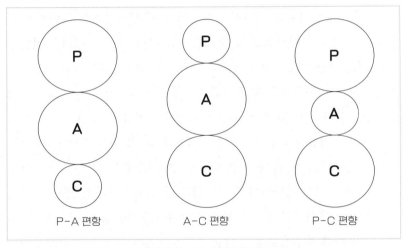

**그림 9** 두 개의 자아상태 편향

가. P-C 편향

P-C 편향의 사람들은 어버이 자아상태와 어린이 자아상태가 그들
의 인생에서 주도적으로 되고, 어른 자아상태가 자기의 역할을 제대로

감당하지 못하기 때문에, 'A 배제' 또는 'P와 C에 의한 A의 이중오염'의 특징을 나타낼 수 있다. 그러므로 P-C 편향의 사람들은 심각한 수준은 아니라고 할지라도 편견 또는 망상의 모습을 나타낼 수 있으며, 현실감각이 현저하게 떨어져 일상적인 삶에 혼란을 초래할 수 있다.

### ㄱ. P-C 조화형

P-C 조화형은 크게 두 가지 측면에서 살펴볼 수 있다. 첫 번째는 비판적 어버이 자아상태와 순응하는 어린이 자아상태의 조화이다. 이러한 사람들은 강한 책임감과 의무감을 지니고 있으며, 여기에 순응하는 삶을 선택한다. 이러한 사람들은 일반적으로 부모나 주위에 있는 사람들의 기대에 부응하려고 노력한다. 그러나 지나치게 순종적인 태도 때문에 자기 자신의 인생을 스스로 개척하기에는 무기력한 사람일 수 있다. 이러한 사람들은 자기주장이 약하고, 그냥 착한 아이로만 살아갈 가능성이 높다. 두 번째는 양육적 어버이 자아상태와 자유로운 어린이 자아상태의 조화이다. 이러한 사람들은 따뜻한 관심과 배려를 지니고 있으며, 이에 상응하는 천진난만함을 지니고 있다. 이러한 사람들은 다른 사람들의 욕구와 자신의 욕구에 민감하게 반응한다. 이 사람들은 두 욕구가 충돌할 경우 어느 하나를 선택하기보다는 두 가지 욕구를 모두 충족시키려고 노력할 가능성이 높다. 그러나 이러한 모습은 어버이 자아상태의 당위성이나 어른 자아상태의 합리적 결정에 따른 것이 아니라 본능을 따른 것이기 때문에, 그 결과는 그렇게 좋지 않을 가능성이 높다.

ㄴ. P-C 갈등형

P-C 갈등형은 비판적 어버이 자아상태와 자유로운 어린이 자아상태의 갈등에서 비롯되는 것으로 볼 수 있다(스기다, 2000, 47). 먼저 비판적 어버이 자아상태의 요구에 순응하는 어린이 자아상태가 받아들인다. 이때, 어버이 자아상태의 요구는 어린이 자아상태에 대한 억압이 된다. 그 결과 어린이 자아상태는 실제 자신의 욕구를 억압하게 된다(순응하는 어린이 자아상태). 그러나 어린이 자아상태는 계속해서 어버이 자아상태의 억압 속에서 지내는 것을 거부한다. 그때 자유로운 어린이 자아상태가 고개를 들기 시작을 하는데, 이것이 바로 어린이 자아상태의 저항이며, 이러한 저항으로 인해 비판적 어버이 자아상태와 갈등이 유발된다. 이렇게 되면 어느 한쪽도 주도권을 지닐 수 없다. 결과적으로 두 자아상태가 타협을 하게 되는데, 이러한 타협은 두 자아상태의 긴장감을 초래하게 된다.

나. P-A 편향

P-A 편향의 사람들은 어버이 자아상태와 어른 자아상태가 인생을 주도하고, 어린이 자아상태가 자기의 역할을 제대로 감당하지 못하기 때문에, 'C 배제' 또는 'P와 A에 의한 C의 이중오염'의 특징을 나타낼 수 있다. 그러므로 P-A 편향의 사람들은 'C 배제'의 사람들과 유사하게 일중독자의 모습을 나타내거나 어린 시절을 잘 기억하지 못할 수 있으며, 지나치게 감정을 억제할 수 있다. 또한, 이 사람들은 'P에 의한 C의 오염'과 유사하게 "희망적 사고를 가로막는 방해"가 일어날 수 있으며, 'A

에 의한 C의 오염'과 같이 무감각해질 수도 있다(이도영 외 4인, 1999, 52).

### ㄱ. P-A 조화형

P-A 조화형의 사람들은 어버이 자아상태에서 얻은 정보와 어른 자아상태의 합리적인 판단이 일치하는 경우라고 할 수 있다. 이 경우 어버이 자아상태의 메시지가 현실적이기 때문에, 이 사람들은 그 메시지를 따라서 살아가게 된다. 또한, 어버이 자아상태와 어른 자아상태가 이들의 삶에서 주도적이기 때문에 이들은 자연스럽게 어린이 자아상태를 배제하게 된다. 물론 이들은 'C 배제'의 사람들처럼 감정이 완전히 배제되지는 않지만, 감정이 많이 억압되어 있고, 인생을 즐기지 못하는 경향이 있을 수 있다. P-A 조화형의 가장 나쁜 상황은 자아상태의 오염으로 인해 어버이 자아상태의 편견을 어른 자아상태가 합리화하는 경우이다.

### ㄴ. P-A 갈등형

P-A 갈등형의 사람들은 어버이 자아상태와 어른 자아상태가 갈등을 일으키는 경우이다. 즉, 어버이 자아상태에서 주어진 정보와 어른 자아상태의 현실적인 판단이 일치하지 않기 때문에 내면에 갈등이 유발되는 것이다. 이때, 어버이 자아상태가 좀 더 우위를 점유하게 되면, 'P에 의한 A의 오염' 현상과 유사한 편견이 주도권을 잡을 수 있으며, 어른 자아상태가 좀 더 우위를 점유하게 되면, 'A에 의한 P의 오염' 현상과 유사한 합리화가 주도권을 잡을 수 있다. 문제는 갈등을 해결하는 시점에 건강한 모습보다는 자아상태의 오염 현상이 나타날 가능성이 높다는 것이

다. 이 상황에서 비교적 적은 공간을 차지하고 있는 어린이 자아상태는 내적인 혼란과 갈등으로 인해 주로 부정적인 감정을 표출할 가능성이 많아진다.

### 다. A-C 편향

A-C 편향의 사람들은 부모들의 가르침이 크게 영향을 미치지 못하는 사람들이다. 이들은 주로 자신의 현실적 판단과 어린 시절의 정서에 깊은 영향을 받으며 생활한다. 이들의 경우 'P 배제'의 사람들 또는 'A에 의한 P의 오염'이나 'C에 의한 P의 오염'의 사람들과 같이 자신의 책임보다는 자신의 이익을 위한 삶을 살아갈 가능성이 높으며, 합리화를 통해 자신의 책임감을 다하지 못한대서 오는 수치심이나 양심의 가책을 잘 느끼지 못할 수 있다.

### ㄱ. A-C 조화형

A-C 조화형의 사람들은 어린이 자아상태에서 추구하는 욕구와 어른 자아상태의 현실적 판단 사이에 갈등이 없는 경우이다. 이 경우 혼란은 발생하지 않으며, 어린이 자아상태가 원하는 것을 현실적인 토대 위에서 추구하게 된다. 문제는 어른 자아상태가 어린이 자아상태에 의해서 오염되거나 어린이 자아상태가 어른 자아상태에 의해서 오염된 경우이다. 전자의 경우 A-C 조화형의 사람은 망상에 사로잡혀 현실이 아닌 것을 현실로 착각하며 살아갈 수 있다. 후자의 경우는 무감각하게 되어 아무런 감정도 느끼지 못한 채 자신의 현실적인 이익만을 추구할 수 있

다. 이러한 부정적인 형상은 어버이 자아상태가 제 기능을 담당하지 못하기 때문에 발생한다.

### ㄴ. A-C 갈등형

A-C 갈등형의 사람들은 어린이 자아상태의 본능적 욕구와 어른 자아상태의 현실적 판단이 충돌하고 있는 사람들이다. 이 경우 어린이 자아상태의 하고 싶은 마음과 어른 자아상태의 하면 안 된다는 생각이 갈등을 일으킨다. 그러나 이러한 갈등이 어버이 자아상태의 당위성에서 비롯되는 것이 아니라 어른 자아상태의 현실적 판단에서 비롯된다. 즉, 하고 싶은 대로 하는 것보다 그렇지 않은 것이 자신에게 더 유익하기 때문에 이러한 현상이 나타난다. 만약 어른 자아상태가 우세하게 되면, 어느 정도 시간이 지난 후에 어린이 자아상태가 반항을 일으키게 되고, 어린이 자아상태가 우세하게 되면, 현실적인 필요에 의해 어른 자아상태가 어린이 자아상태를 억압하게 된다.

## 3. 성격의 변화

### 1) 환경에 의한 변화와 자기결단에 의한 변화

성격의 변화는 크게 환경에 의한 변화와 자기결단에 의한 변화로 나눌 수 있다. 환경에 의한 변화는 본인의 의지와 상관없이 환경의 영향에 의해 강제적으로 이루어지기 때문에 스트레스가 증가한다. 그러나 자기결단에 의한 변화는 본인의 의지로 변화를 결정하고 이끌어가기 때문에, 스트레스가 발생하더라도 크게 문제가 되지는 않는다. 특히 자기결단에 의한 변화는 자신이 원하는 방향으로 변화를 이끌어갈 수 있다는 점에서 강점이 있다.

환경에 의한 변화에 직면하는 사람들은 별다른 문제가 발생하지 않는 한 지금까지의 생활방식을 고수한다. 그러나 환경의 변화로 인해 현재의 삶에 불편함이 증가하고, 좀 더 나아가 생계가 위협을 받을 경우 어쩔 수 없이 자신의 변화를 시도한다. 물론 이들은 적극적으로 환경의 변화에 대처하지 않는다. 오히려 이들은 마지못해 끌려가는 모습으로 환경의 변화에 적응한다. 이러한 모습은 변화로 인한 스트레스를 배가시킨다. 그러나 이들은 어느새 그러한 변화에 익숙해져 언제 그랬냐는 듯이 일상을 살아가게 된다. 이러한 사람들은 변화의 과정 속에서 자기 자신을 상실할 가능성이 높다.

자기결단에 의한 변화를 추구하는 사람들은 환경이 변화하기 이전에 환경의 변화를 예측하고, 그것에 비추어 자기 자신을 점검한다. 그러나 무조건적으로 환경의 변화에 맞춰 자기 자신을 변화시키는 것이 아니라, 그러한 변화에도 불구하고 자신의 변하지 말아야 할 부분과 변해야 할 부분을 점검한 후 능동적인 변화를 추구한다. 또한, 이러한 사람들은 환경의 변화가 예측되지 않더라도 자신들이 추구하는 이상을 향해 자기 자신의 변화를 추구한다. 이때, 그들의 변화의 방향이 분명하며, 그것을 목표로 자신의 삶을 변화시킨다. 이것은 마치 그리스도인의 모습과 흡사하다. 그리스도인들은 환경의 변화에 민감하기보다는 하나님 앞에서 자신의 변화에 민감한 사람들이다. 이들은 '그리스도의 장성한 분량'을 목표로 끊임없이 자신의 변화를 추구하며, 결과적으로 자신의 변화뿐만 아니라 이로 인한 환경의 변화를 추구한다. 이러한 사람들의 경우 환경의 변화에 끌려다니며 불평을 하기보다는, 오히려 스스로 자신의 변화 목표를 설정하고, 능동적이며 주도적으로 자신의 변화를 추구해 간다.

  교류분석에서 강조하는 것은 자기결단에 의한 변화이다. 좀 더 분명하게 말한다면, 환경의 영향으로 인해 어그러진 자신의 모습을 자기결단에 의해서 참된 자신의 모습으로 회복하는 것이 교류분석에서 추구하는 것이다. 이것은 마치 죄로 인해 하나님의 형상이 어그러진 인간이 예수 그리스도를 구주와 주님으로 영접함으로써 참된 하나님의 형상이 회복된 인간으로 거듭난 그리스도인의 모습과 유사하다. 교류분석에서 강조하는 변화의 방향은 어버이 자아상태와 어린이 자아상태의 정보를 취합하여 현실적인 판단을 내리는 어른 자아상태를 강화하는 것이다. 이것은 변화의 주체로서 인간을 지나치게 강조한 나머지 하나님을 간과하게 만드는 우를 범할 수 있다. 그러나 변화에서 하나님의 주도권을 인정하고, 하나님의 인도 하심에 대한 인간의 순종으로서의 자기결단을 강조한다면, 이러한 잘못에서 벗어날 수 있다.

### 2) 이고그램을 통한 자아상태의 변화

  다음에서는 지금까지 언급했던 자아상태를 이고그램으로 나타내는 방법과 이고그램에 대한 해석, 그리고 이고그램을 개선하는 방법을 통해서 자아상태를 변화시킬 수 있는 방법을 모색해 보고자 한다.

### (1) 이고그램 작성

이고그램을 작성하기 위해서는 먼저 다섯 가지 자아상태를 파악하는 것이 필요하다. 제일 간단한 방법은 질문지를 사용하는 것이다. 필자가 지금까지 제시했던 간단한 질문지를 활용해도 되지만, 신뢰도와 타당도가 검증된 질문지를 사용한다면 더 유용할 것이다. 또는 교류분석과 관련된 책에 여러 종류의 질문지가 있으니 이것을 활용해도 좋다. 또는 한국교류분석협회 홈페이지에 가면 스스로 검사하고 그 결과를 확인할 수 있다. 또 한 가지 방법은 직관을 활용하는 것이다. 이미 다섯 가지 자아상태에 대해서 설명했기 때문에, 그것에 근거해서 이고그램을 작성해도 좋고, Stewart 와 Joines 가 제시하는 방법을 따르는 것도 좋다. 여기서는 Stewart 와 Joines 의 방법을 제시하고자 한다.

Stewart 와 Joines(1993, 26~29)는 *TA Today* 에서 직관을 사용해서 자아상태를 파악하는 방법을 제시했다. 이러한 방법은 자아상태에 대한 이해를 전제로 한다. 첫 번째는 다섯 가지 자아상태 가운데 본인에게 가장 뚜렷하다고 생각하는 자아상태를 표시하는 것이다. 두 번째는 가장 높은 자아상태와의 차이를 염두에 두고 가장 낮은 자아상태를 표시하는 것이다. 그리고 세 번째로, 가장 높은 것과 가장 낮은 것을 염두에 두고 그 상관관계 속에서 나머지 자아상태를 그리는 것이다. Stewart 와 Joines 는 각 자아상태 별로 긍정적인 것과 부정적인 것을 표시하라고 하고 있는데, 여기서는 이 부분을 생략하고자 한다.

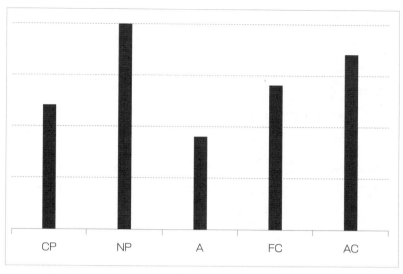

**그림 10** 이고그램

## (2) 이고그램의 해석지침

이고그램의 장점은 그 결과를 그래프로 분명하게 볼 수 있으며, 그래프의 모양을 통해서 한 사람의 성격을 비교적 쉽게 파악할 수 있다는 점이다. 그러나 이고그램을 읽고 해석하는 것은 그렇게 만만한 일이 아니다. 기본적인 해석지침을 이해하고 있어야 하며, 그러한 지침을 따라 많은 이고그램을 해석해 보아야 한다. 여기서는 이고그램의 간단한 해석지침을 제공하고자 하며, 그에 따른 세부사항들은 앞의 내용들을 참고하길 바란다. 물론 이것을 제대로 해석하기 위해서는 교류분석이론에 대한 이해가 반드시 선행되어야 한다.

이고그램을 해석하는 첫 번째 원칙은 이고그램의 우위 타입을 결정하는 것이다. 이것은 다섯 가지 자아상태 가운데 제일 높은 것을 선택하면 된다. 그러나 우위 타입이 하나가 아닌 경우가 있다. 이 경우는 둘 또는 그 이상의 자아상태를 조화롭게 해석하면 된다. 일반적으로 우위 타입은 그 사람의 대표적인 성격적 특성을 나타낸다.

이고그램을 해석하는 두 번째 원칙은 낮은 타입을 결정하는 것이다. 이것은 다섯 가지 자아상태 가운데 제일 낮은 것을 선택하면 된다. 이것 역시 둘 또는 그 이상일 수 있는데, 이 경우도 그러한 자아상태들을 조화롭게 해석하면 된다. 특히 높은 타입과 낮은 타입을 해석할 때, 기억해야 하는 원리는 높은 것은 장점을 위주로, 낮은 것은 단점을 위주로 해석하는 것이며, 높은 자아상태가 좋은 것이기는 하지만, 지나치게 낮으면 오히려 단점이 될 수 있다는 점을 유의하는 것이다.

이고그램을 해석하는 세 번째 원칙은 이고그램의 양쪽 날개의 상관관계를 살펴보는 것이다. 먼저 왼쪽 날개인 CP와 NP를 비교하는데, 이때 CP가 높고 NP가 낮은 경우와 CP가 낮고 NP가 낮은 경우를 살펴보아야 한다. 또한, 부차적으로 똑같이 낮거나 똑같이 높은 경우도 마찬가지이다. 해석의 내용은 이미 연재한 내용을 참고하면 된다. 필자의 경우 20점을 기준으로 이고그램을 작성하고 있는데, 이때 CP와 NP의 높낮이에 대한 비교 해석은 적어도 3~4점 이상의 점수 차이가 있어야 유의미하다. 또한, 이고그램을 ABC로 구분했을 때, 구간의 차이가 있어야 그 의미가 더욱 분명해진다. 오른쪽 날개인 FC와 AC의 경우도 동일한 방법으로 해석하면 된다.

이고그램을 해석하는 네 번째 원칙은 어른 자아상태를 고려하는 것이다. 일반적으로 어른 자아상태는 다른 자아상태를 통제하는 경향을 지니고 있다. 그러나 어른 자아상태보다 낮은 자아상태는 통제가 가능하지만, 높은 자아상태는 통제가 불가능하다. 그러므로 한 사람의 성격적 특성은 주로 어른 자아상태보다 높은 자아상태에서 두드러진다고 볼 수 있다. 특히 양쪽 날개의 경우 일반적인 해석이 틀릴 수 있는데, 그러한 경우 대부분은 어른 자아상태의 위치 때문이다.

이고그램을 해석하는 다섯 번째 원칙은 편향, 오염, 배제를 고려하는 것이다. 이 경우 다섯 가지로 나누었던 자아상태를 다시 세 가지 자아상태로 바꾸어 주어야 한다. 이를 위해 CP와 NP는 더하고, A는 2를 곱하고, FC와 AC는 더해주면 된다. 이것을 다시 양적으로 표현한 후, 자기 탐색 또는 내담자와의 대화를 통해서 편향이나 오염 또는 배제의 가능성을 확인해야 한다. 물론 이것을 분명하게 편향, 오염, 배제라고 진단하는 데는 어려움이 있다. 그러나 자아상태의 모양을 통해서 최소한의 경향성을 파악할 수 있다는 점에서 장점이 있다.

이고그램을 해석하는 여섯 번째 원칙은 이고그램과 인생태도(오케이그램)를 비교하는 것이다. 이때, CP는 U-와 NP는 U+와, FC는 I+와 AC는 I-와 상관관계가 있기 때문에 이것을 중심으로 이고그램과 인생태도의 관계를 살펴보면 된다. CP가 높고 U-가 낮은 경우, CP가 낮고 U-가 높은 경우, NP가 높고 U+가 낮은 경우, NP가 낮고 U+가 높은 경우, FC가 높고 I+가 낮은 경우, FC가 낮고 I+가 높은 경우, AC가 높고 I-가 낮은 경우, AC가 낮고 I-가 높은 경우와 같이 단순하게 비교하는 방법과 이것을 응용하여 좀 더 복잡하게 해석하는 방법이 있다.

이고그램을 해석하는 일곱 번째 원칙은 이고그램을 통해서 자아상태의 개선전략을 강구하는 것이다. 이것은 다음에서 설명하도록 하겠다.

### (3) 이고그램 개선지침

이고그램 개선지침은 자아상태의 개선방법을 포함한다. 이것은 크게 세 가지 원칙을 따른다. 첫 번째는 목표를 명확하게 하는 것이다. 자신의 성격을 바꾸기 위해서는 무엇보다도 먼저 자신의 성격을 인식하는 것이 중요하다. 이미 이고그램 해석을 통해서 자신에 대한 일차적인 인식이 완성되었기 때문에 이것을 토대로 자신이 원하는 성격의 모습을 그려볼 수 있다. 교류분석에서 성격을 바꾼다는 것은 자아상태의 에너지 배분을 바꿔주는 것을 의미한다. 왜냐하면, 교류분석의 기본적 전제 가운데 하나가 한 사람의 전체 에너지의 양은 변하지 않는다는 것이기 때문이다. 즉, 한 사람의 전체 에너지의 양이 불변하기 때문에, 변화가 가능한 것은 자아상태별 에너지의 양이 된다.

두 번째는 높은 자아상태는 낮추고, 낮은 자아상태는 높이지만, 주로 낮은 자아상태를 높이는 데 집중해야 한다는 것이다. 이렇게 하는 이유는 높은 자아상태가 이미 한 사람의 성격에서 주도권을 지니고 있기 때문에, 이것을 낮추려고 할 때 강력한 저항에 부딪히기 때문이다. 그러므로 개인의 성격을 바꾸고자 할 때, 저항이 강한 것 보다는 낮은 쪽을 선택하는 것이 좋다. 또한 이렇게 할 때, 에너지 불변의 원칙에 따라 높은 자아상태가 상대적으로 낮아지게 된다. Dusay(1993)는 자신이 더 갖고 싶은 자아상태를 높이는 것이 이고그램을 변화시키는 최고의 방법이라고 주장한다.

　세 번째는 이러한 변화과정에서 나타날 수 있는 저항을 미리 예측하며 구체적인 행동계획을 수립하는 것이다. Dusay(1993, 139~155)는 이러한 일련의 과정을 "재결단"이라고 칭하면서, 이것을 실천하는 과정 속에서 부딪히게 되는 "내적 저항"과 "외적 저항"에 대해서 언급한다. 특히 그는 이러한 저항을 이겨내기 위해서 끊임없는 연습과 인내가 필요하다고 주장한다. 특히 인내는 자기 변화 과정에서 가장 중요한 요소가 될 수 있을 것이다. 이것은 다른 표현으로 새 옷을 입고 새 신을 신는 '불편함을 견디는 것'이라고 할 수 있다.

3장

교류분석의
대화이론:
대화분석

# 3장

# 교류분석의 대화이론: 대화분석

∽

　대인관계에서 가장 중요한 요소 가운데 하나는 커뮤니케이션이다. 이것이 어떻게 이루어지느냐에 따라서 일이 되기도 하고 안 되기도 하며, 관계가 좋아지기도 하고 나빠지기도 한다. 사람들은 자신들의 성격과 그들이 살아온 세월만큼 익숙한 형태에 따라서 커뮤니케이션을 한다. 즉, 자기 나름의 커뮤니케이션 패턴을 지니고 있다. 그러나 많은 사람들은 이것을 잘 모르거나 혹 안다고 하더라도 그것을 변화시키려고 하지 않는다. 이번 장에서는 사람들의 커뮤니케이션 패턴을 분석하고 개선하는 방법을 교류분석이론에 근거하여 살펴보고자 한다. 교류분석은 커뮤니케이션의 형식을 상보교류(complementary transaction), 교차교류(crossed transaction), 이면교류(ulterior transaction) 등 크게 세 가지로 분류하며, 이것은 모두 커뮤니케이션 법칙과 관련되어 있다. 교류분석은 이러한 분석을 가리켜 교류분석이라고 칭한다. 실제로 이름이 동일하기 때문에 교류분석 안의 교류분석을 구분하기 위해 교류패턴 분석 또는 대화분석이라는 이름을 사용한다. 필자는 대화분석이라는 이름을 사용할 것이다. 여기서 전제가 되는 것은 교류분석의 자아상태이론이다.

## 1. 교류와 대화분석

교류분석은 인간의 성격을 어버이 자아상태, 어른 자아상태, 어린이 자아상태 등 세 가지 자아상태로 구조화한다. 각 사람은 이러한 세 가지 자아상태를 모두 지니고 있으며, 각 사람이 지닌 이러한 자아상태는 서로 자극과 반응을 주고받게 되는데, 이것을 가리켜 교류(transaction)라고 한다. 즉, 교류란 "어떤 사람의 하나의 자아상태에서 보내지는 자극에 대하여 다른 사람의 하나의 자아상태에서 되돌아오는 것"이라고 정의할 수 있다.

Berne(1961)은 '교류'에 대한 아이디어를 트럼프에서 얻었다. 트럼프를 하는 사람들은 그것을 하면서 미묘한 심리적 흥정을 한다. 사람들은 트럼프를 교환하고 주고받으며 흥정하거나 책략을 꾸미기도 한다. Berne은 이러한 모습을 경계용어인 '교류'라는 단어로 표현했다. 즉, 두 사람 또는 그 이상의 사람들 사이에서 이루어지는 유형 또는 무형의 흥정이 단순히 경제적 차원을 넘어 심리적 차원에서, 그리고 일상생활에서 이루어지고 있다고 본 것이다(스기다, 1993, 103). 교류는 '사회적 대화의 기본단위'이다(Berne, 1961).

교류는 사람들이 상호 간에 메시지를 주고받을 때 일어난다. 이때 메시지를 전달하는 수단은 사람들이 사용하는 말뿐만 아니라 그들의 몸짓, 눈빛, 표정, 말투, 자세, 태도 등 다양한 형태로 나타난다. 이러한 요소들이 바로 교류의 수단이다. 그러므로 사람들의 교류를 분석하기 위해서는 사람들이 사용하는 언어적 요소뿐만 아니라 비언어적 요소에도 주의를 기울여야 한다. 교류분석은 이러한 분석을 용이하게 하기 위해서 벡터(vector)라는 개념을 사용한다. 벡터는 커뮤니케이션의 방향을 가리키는 교류분석의 용어로 화살표로 표시하며, 방향에 따라 오른쪽은 'S'로 자극(stimulus)을 가리키고, 왼쪽은 'R'로 반응(response)을 가리킨다.

사람들이 교류하는 목적은 자신들의 욕구를 충족시키기 위해서이다. 교류분석은 사람들이 가지고 있는 욕구를 자극에 대한 욕구, 구조화에 대한 욕구, 태도에 대한 욕구 등 크게 세 가지로 언급한다. 이러한 욕구들은 각각 교류분석의 이론과 관련되어 있다. 자극에 대한 욕구는 스트로크 이론, 구조화에 대한 욕구는 시간의 구조화 이론, 태도에 대한 욕구는 인생태도 이론과 각각 관련되어 있다. 사람들은 자신의 욕구를 채우기 위해 자신의 자아상태에서 다른 사람의 자아상태로 자극을 보낸다. 이렇게 하는 이유는 자신이 원하는 반응을 이끌어내기 위해서이다. 대화분석은 이러한 자극과 반응을 분석하는 것을 가리키며, 이러한 분석을 통해서 커뮤니케이션의 문제를 파악하고 그것을 개선하여 커뮤니케이션을 원활하게 하는 것을 목적으로 한다. 이를 위해 대화분석은 자극과 반응이 일어날 때 각각의 자아상태가 어떤 역할을 하는지를 파악하고 이것을 개선할 방안을 모색한다(Harris, 2008, 101).

## 2. 교류의 종류

### 1) 상보교류 : 커뮤니케이션 제1 법칙

상보교류는 두 개의 자아상태가 관련된 교류로서 발신자가 자극을 보낼 때 기대한 반응이 수신자의 자아상태로부터 오는 것을 가리킨다. 이러한 경우는 두 사람이 주고받는 자극과 반응이 평행선을 이루며 특별한 문제가 없는 한 대화가 지속된다. 그러나 이러한 대화가 계속해서 지속되는 것은 아니다. 왜냐하면, 사람들은 이러한 대화에 싫증을 느끼며 전환을 시도하기 때문이다. 그럼에도 불구하고 이러한 대화는 상호 보완적이며, 지속될 가능성이 높고, 세 가지 교류 가운데 가장 건전하고 건설적인 교류라고 할 수 있다. 이러한 상보교류는 이론적으로 9가지가 가능하다(Berne, 2004a, 16).

**표 6** 상보교류

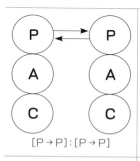
[P → P] : [P → P]

### 1. P와 P의 상보교류
P와 P에서 이루어지는 상보교류는 주로 두 사람이 함께 다른 사람을 비난하거나 사회를 비판하게 이루어지는 교류이다. 또한, 이러한 상보교류를 제3자에 대한 동정이나 위로를 포함하기도 한다.

S : 요즘 애들은 어른을 공경할 줄 몰라요.
R : 우리가 젊었을 때는 안 그랬는데 요즘 애들은 정말 버릇이 없어요.

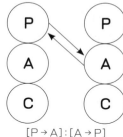
[P → A] : [A → P]

### 2. P와 A의 상보교류
P와 A에서 이루어지는 상보교류는 발신자가 비판적인 태도나 안타까운 마음에서 수신자로부터 사실이나 정보를 수집하거나 제공하려는 교류이다.

S : 오늘 왜 이렇게 늦었니? 많이 걱정했잖아.
R : 학교에서 모임이 있어서 늦었어요. 죄송해요.

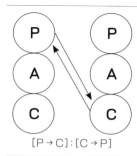
[P → C] : [C → P]

### 3. P와 C의 상보교류
P와 C에서 이루어지는 상보교류는 칭찬하거나 나무라는 사람과 그에 따라 기가 죽거나 기가 사는 사람 사이에서 일어나는 교류이다.

S : 자네 일 그것밖에 못 하나.
R : 죄송합니다.

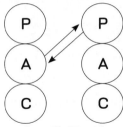

[A → P] : [P → A]

### 4. A와 P의 상보교류

A와 P에서 이루어지는 상보교류는 한 사람이 다른 사람에게 사실에 근거해서 원조나 조언을 구하는 상황에서 일어나는 교류이다. 이러한 교류는 주로 상사와 부하 직원 또는 학생과 교수 사이에서 일어난다.

S : 지금 보고서를 작성하고 있는데 모르는 부분이 있습니다. 조언을 좀 해주시겠습니까?

R : 한번 봅시다. 어느 부분을 도와드리면 되지요?

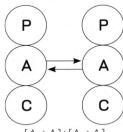

[A → A] : [A → A]

### 5. A와 A의 상보교류

A와 A에서 이루어지는 상보교류는 사실을 묻고 사실을 대답하는 교류로서, 정보교환, 질의응답, 원인파악, 계약관계 등에서 나타나며 일상적인 인사도 여기에 포함될 수 있다.

S : 지금 몇 시입니까?

R : 아홉 시입니다.

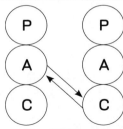

[A → C] : [C → A]

### 6. A와 C의 상보교류

A와 C에서 이루어지는 교류는 한 사람이 다른 사람의 감정을 묻는 것으로서 대답하는 사람은 C상태에서 상대방에게 정보를 제공하게 된다.

S : 지금 기분이 어때요?

R : 그렇게 좋지는 않습니다. 슬프고 우울해요.

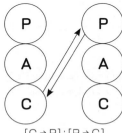

[C → P] : [P → C]

### 7. C와 P의 상보교류

C와 P에서 이루어지는 상보교류는 주로 한 사람이 다른 사람에게 어린아이와 같은 모습으로 상대방의 원조를 구하거나 분노를 자극하는 교류이다.

S : 정말 힘들다.

R : 걱정 마, 내가 해줄게.

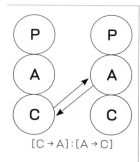

[C → A] : [A → C]

## 8. C와 A의 상보교류

C와 A에서 이루어지는 상보교류는 발신자가 어린아이와 같은 모습으로 수신자에게 자신의 정보를 제공하면, 수신자는 그 정보를 근거로 발신자의 감정에 자극을 보내는 교류이다. 이러한 교류는 주로 상담자와 내담자 또는 초등학교 저학년 학생과 교사 사이에서 일어난다.

S : 요즘 일이 많아져서 너무 힘들어요.

R : 요즘 일이 많아져서 너무 힘드시군요. 그만두고 싶은 심정이시겠어요.

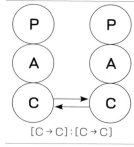

[C → C] : [C → C]

## 9. C와 C의 상보교류

C와 C에서 이루어지는 상보교류는 발신자와 수신자가 모두 어린아이와 같은 상태에서 행하는 교류이다. 사이좋은 연인이나 즐겁게 같이 노는 친구들 사이 또는 비관적이고 우울한 사람들 사이의 교류에서 찾아볼 수 있다.

S : 오늘 놀러 갈까?

R : 좋아! 어디로 가지?

상보교류가 이루어졌을 때 대부분의 사람들은 마음이 편안하고 따뜻해진다. 왜냐하면, 상대방이 자신의 이야기를 진지하게 들어주고 자신이 원하는 반응을 보여주었기 때문이다. 그러나 모든 상보교류가 반드시 그런 것은 아니며, 발신자와 수신자 모두가 항상 그렇게 되는 것도 아니다. 그럼에도 불구하고 상보교류는 긍정적이다. 왜냐하면, 상보교류를 통해서 발신자의 욕구가 충족되었기 때문에 발신자와 수신자 사이의 관계가 더 좋아질 수 있기 때문이다. 실제로 화는 내는 상사의 말을 부하 직원이 진지하게 들어주고 반응해주면 상사의 화가 누그러지게 되고 서로 따뜻한 교류를 할 수 있는 가능성이 커지게 된다. 이런 의미에서 상보교류는 가장 긍정적인 차원의 교류라고 할 수 있다.

상보교류를 촉진하기 위해서는 먼저 상대방의 이야기를 진지하게 들어주어야 한다. 이 과정에서 상대방은 자신이 수용 받고 있다고 느끼며 자신의 이야기를 좀 더 편안하게 이야기하게 된다. 이때 수신자는 상대방이 무엇을 이야기하고 있는지, 어떤 자아상태에서 어떤 자아상태로 말하고 있는지를 정확하게 파악해야 한다. 그런 다음 상대방이 원하는 자아상태에서 상대방이 원하는 반응을 보내주면 된다. 그러나 이러한 상보교류가 항상 최선은 아니다. 왜냐하면, 상보교류가 오랫동안 지속되면 의미 없는 대화가 비생산적으로 이루어질 수 있기 때문이다. 그러므로 상보교류를 할 때 꼭 필요한 것은 A의 기능을 최대한 활용하는 것이며, 상대방의 반응과 관계없이 긍정적인 태도를 유지하는 것이다.

커뮤니케이션의 첫 번째 법칙은 벡터, 즉 자극과 반응이 평행선을 이룰 때 커뮤니케이션이 계속될 수 있다는 것이다. 그러나 항상 그런 것은 아니며, 이러한 커뮤니케이션의 첫 번째 원칙은 상보교류와 일치한다.

### 2) 교차교류 : 커뮤니케이션 제2 법칙

교차교류는 세 개 또는 네 개의 자아상태가 관련있는 교류로서 수신자의 반응(자아상태)이 발신자의 기대와 다르게 나타나는 교류이다. 이 경우 두 개의 벡터가 수평을 이루지 않고 교차하기 때문에 이것을 가리켜 교차교류라고 한다. 그러나 두 개의 벡터가 교차하지 않고 수평을 이루는 교차교류도 있다. 이런 경우는 네 개의 자아상태가 관여하고 있으며 수신자의 반응이 발신자의 기대와 다르다는 점에서 교차교류라고 할 수 있다. $[A \rightarrow A]:[C \rightarrow C]$, $[P \rightarrow P]:[C \rightarrow C]$ 등과 같은 교류가 이에 해당한다. 이러한 교차교류는 인간관계에서 갈등을 유발하는 것으로서 교차교류는 이론상 72가지가 나올 수 있다(Berne, 2004a, 20).

Berne(2004a, 18-19)은 문제가 될 수 있는 교차교류의 형태를 전이반응(transference response)과 역전이반응(counter-transference response) 등 두 가지로 분류했다. 전이반응은 [A→A]:[C→P]의 교류로서, 발신자가 수신자로부터 정보를 수집하기 위해 [A→A]의 자극을 보냈으나 수신자가 발신자의 기대와 달리 [C→P]의 반응을 보이는 경우이다. 역전이반응은 전이반응과 마찬가지로 발신자가 [A→A]의 자극을 보냈으나 수신자가 [P→C]의 반응을 보이는 경우이다. 이외에 실생활에서 자주 등장하는 교차교류의 형태는 [C→P]:[A→A](화나게 하는 반응, exasperating response)와 [P→C]:[A→A](뻔뻔한 반응, impudent respond)가 있다. 이것을 포함한 기억할만한 교차교류의 형태는 다음과 같다.

**표 7** 교차교류

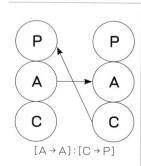

[A → A]:[C → P]

**1. [A→A]와 [C→P]의 교차교류**

이러한 교차교류는 발신자가 단지 사실을 이야기하고 있을 뿐인데 수신자가 이에 대해 감정적인 반응을 하는 경우를 가리킨다. 수신자는 발신자의 자극에 화를 내거나 토라지며, 발신자의 말을 비꼬기도 하고, 발신자에게 어린아이와 같이 응석을 부리며 원조를 구하기도 한다.

S : 지금 하는 일은 잘되어 가고 있나요?

R : 말도 마세요. 너무 힘들어서 죽을 지경입니다. 좀 도와주세요.

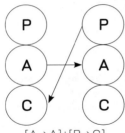

[A → A] : [P → C]

## 2. [A→A]와 [P→C]의 교차교류

이러한 교차교류는 발신자가 사실을 알리거나 사실에 대한 질문을 할 때, 수신자가 이에 답변하기보다는 오히려 발신자의 의견을 무시하고 마치 질책하는 듯이 반응하는 경우를 가리킨다.

S : 지금 몇 시인가요?

R : 시간 신경 쓰지 말고 공부나 열심히 해!

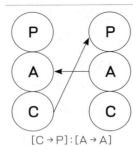

[C → P] : [A → A]

## 3. [C→P]와 [A→A]의 교차교류

이러한 교차교류는 발신자가 수신자로부터 동정이나 원조를 구하기 위해 자극을 보냈을 때, 수신자가 동정이나 원조 대신 사실에 근거한 반응을 보이는 경우를 가리킨다. 이 때문에 발신자는 화가 나거나 초조해질 수 있다.

S : 정말 부탁인데요, 시간을 좀 더 주실 수 있겠습니까?

R : 그럴 수 없습니다. 마감 시간은 내일 다섯 시까지입니다.

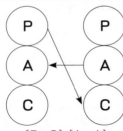

[P → C] : [A → A]

## 4. [P→C]와 [A→A]의 교차교류

이러한 교차교류는 발신자가 수신자에 대해 공격적인 태도를 보이거나 부드러운 태도를 보일 때, 수신자가 그러한 발신자에 대해서 사실에 근거한 냉정한 태도를 보이는 경우를 가리킨다. 이때 수신자는 매우 영리한 또는 철면피한 모습으로 비칠 수 있다.

S : 사람이 다쳤는데 어떻게 이러실 수가 있나요?

R : 보험회사에 연락했으니 담당자가 알아서 할 것입니다.

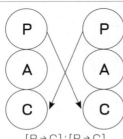

[P → C] : [P → C]

## 5. [P→C]와 [P→C]의 교차교류

이러한 교차교류는 두 사람의 의견이 서로 대립되어 서로를 비난하고 질책한다. 또한, 두 사람은 상대방의 인격을 무시하며 교류하기 때문에 서로에게 큰 상처를 남기고 합의점에는 이르지 못할 수 있다.

S : 당신 그 정도밖에 일 못 하겠어!

R : 당신은 일을 얼마나 잘하는데!

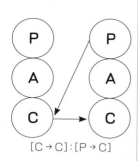

[C→C]:[P→C]

### 6. [C→C]와 [P→C]의 교차교류

이러한 교차교류는 한 사람이 어린아이와 같은 태도로 자극을 보냈을 때, 상대방이 이를 오해하여 예민하게 반응하는 경우가 여기에 해당한다. 이때 상대방은 발신자의 농담이나 유모를 개인적인 비난으로 받아들여 화를 내거나, 즐겁게 시간을 보내자는 제안을 한심하다는 듯이 취급할 수 있다.

S : 아 배고프다, 식사하고 갑시다!

R : 자네는 생각이 있는 건가 없는 건가. 아직 근무시간이 지 않나.

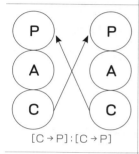

[C→P]:[C→P]

### 7. [C→P]와 [C→P]의 교차교류

이러한 교차교류는 서로가 서로에게 불만(요구사항)이 있는 경우나 엄살을 부리는 사람들 사이에서 나타나는 교류이다.

S : 요즘 힘들어서 못 살겠어.

R : 자네보다는 내가 더 심할걸. 내가 어떻게 지내는지 아나?

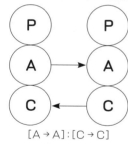

[A→A]:[C→C]

### 8. [A→A]와 [C→C]의 교차교류

이러한 교차교류는 두 사람이 서로에게 구하는 것이 아주 다르거나 진지한 질문에 대해서 농담으로 응답하는 경우가 해당한다.

S : 한 시간 정도 지나면 서울에 도착하겠네.

R : 피곤하니 잠이나 자자고.

교차교류가 이루어졌을 때 사람들은 당황하게 된다. 왜냐하면, 자신들이 원하는 교류가 이루어지지 않았기 때문이다. 이런 경우 사람들은 무시를 당했다는 생각 때문에 잠시 정체 상태에 빠졌다가 대화를 단절하거나 화를 내기 일쑤이다. 그러므로 교차교류가 일어났는지를 확인하려면 대화 중에 당혹감이나 실망감 또는 화가 나려고 하는지를 점검하면 된다. 이러한 교차교류는 결과적으로 대인관계를 어렵게 만들거나 단절시킨다(다마이, 1995, 209).

교차교류를 하지 않기 위해서는 먼저 상보교류를 촉진하는 방법과 마찬가지로 상대방의 이야기를 진지하게 들어야 한다. 이때 NP와 A를 사용해서 커뮤니케이션 하는 것이 필요하다. 다음으로는 자극을 보낸 사람의 기대에 맞는 반응을 보일 필요가 있으며, 이를 위해 자신의 자아상태를 바꾸어줄 필요가 있다. 이때 주의할 것은 부정적인 CP를 사용하지 않도록 노력하는 것이며, 상대방이 계속해서 교차교류를 해도 A를 사용하여 상보교류가 되도록 노력해야 한다.

커뮤니케이션의 두 번째 법칙은 벡터, 즉 자극과 반응이 교차할 때 커뮤니케이션이 멈추게 된다는 것이다. 그러나 벡터 자체가 교차하지 않더라도 커뮤니케이션은 멈출 수 있으며, 이러한 커뮤니케이션의 두 번째 원칙은 교차교류와 일치한다.

### 3) 이면교류 : 커뮤니케이션 제3 법칙

이면교류는 특별한 교류의 형태라기보다는 일상적으로 이루어지는 무의식적인 교류의 한 형태라고 할 수 있다. 이러한 이면교류는 상보교류나 교차교류와 달리 사회적 수준(social level)의 메시지와 심리적 수준(psychological level)의 메시지가 동시에 전달되는 교류이다. 즉, 겉으로 드러나는 수준의 교류 외에 숨겨져 있는 수준의 교류가 함께 전달되어 표면적인 대화에서 드러난 의미 외에 다른 의미를 포함하고 있다. 그러므로 이면교류에서 특히 중요한 것은 숨겨져 있는 심리적 수준의 메시지를 발견하는 것이며, 이것을 위해 상대방의 말 자체보다는 그에 동반되는 상대방의 표정과 행동 그리고 목소리의 톤 등에 주의를 기울여야 한다. 교류분석에서는 사회적 수준과 심리적 수준의 벡터를 구분하기 위해 사회적 수준은 직선으로, 심리적 수준은 점선으로 표시한다.

Berne(2004a, 21)은 이면교류를 크게 이중적 교류(duplex transaction, duplex ulterior type)와 각이진 교류(angular transaction or single ulterior type)로 구분한다. 이중적 교류는 상이한 한 쌍의 교류가 숨어 있는 것으로서 네 개의 자아상태가 관련되어 있으며, Berne(2004a, 23)는 이러한 이중적 교류가 이론적으로 6,480가지가 있다고 본다. 이러한 이중적 교류는 주로 사랑하는 연인 사이에 이루어지는 다툼이나 서로를 걱정하는 노모와 딸 사이에서 이루어질 가능성이 높다. 각이진 교류는 한 개의 자아상태에서 겉과 속이 다른 두 가지 메시지가 발신되고 상대방은 하나의 자아상태에서 반응하는 것으로서 세 개의 자아상태가 관여하게 된다. Berne(2004a, 24)은 이러한 이면교류가 이론적으로 36가지가 가능하다고 보고 있으며, 이러한 이면교류는 주로 속마음을 속이고 대화하는 사람들의 대화에서 찾아볼 수 있다.

**표 8** 이면교류

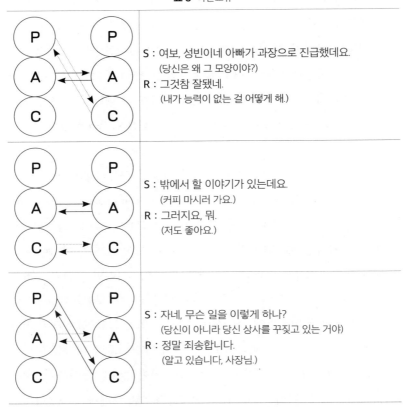

S : 여보, 성빈이네 아빠가 과장으로 진급했데요.
   (당신은 왜 그 모양이야?)
R : 그것참 잘됐네.
   (내가 능력이 없는 걸 어떻게 해.)

S : 밖에서 할 이야기가 있는데요.
   (커피 마시러 가요.)
R : 그러지요, 뭐.
   (저도 좋아요.)

S : 자네, 무슨 일을 이렇게 하나?
   (당신이 아니라 당신 상사를 꾸짖고 있는 거야)
R : 정말 죄송합니다.
   (알고 있습니다, 사장님.)

**표 9** 각이진 교류의 예

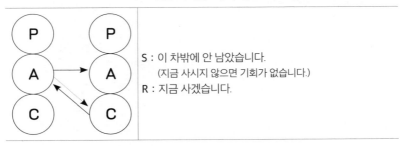

S : 이 차밖에 안 남았습니다.
   (지금 사시지 않으면 기회가 없습니다.)
R : 지금 사겠습니다.

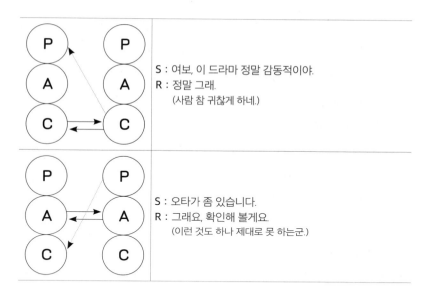

S : 여보, 이 드라마 정말 감동적이야.
R : 정말 그래.
　　(사람 참 귀찮게 하네.)

S : 오타가 좀 있습니다.
R : 그래요, 확인해 볼게요.
　　(이런 것도 하나 제대로 못 하는군.)

　　일반적으로 이면교류는 사람과 사람 사이에 건강한 교류를 방해한다. 이면교류를 하는 사람들은 본심을 숨기고 커뮤니케이션을 하기 때문에 그들과 대화하는 사람들은 그들의 의도를 파악하기 위해 노력할 수밖에 없으며, 겉으로 드러난 말의 의미를 그대로 받아들이지 못하게 된다. 결국, 그러한 교류에 익숙해지면 다른 사람들의 말을 있는 그대로 받아들이는 데 어려움을 겪게 되고, 이것은 사람과 사람 사이의 건강한 교류를 방해하게 된다. 실제로 이면교류를 많이 사용하는 가정에서 자라거나 그러한 환경에 노출되어 있는 사람들은 다른 사람들의 말을 있는 그대로 받아들이지 못하고 다른 사람들의 눈치를 보며 노심초사하는 경우가 많다.

　　그러나 이면교류가 이렇게 항상 부정적인 것만은 아니다. 왜냐하면,

사회라는 곳이 숨겨진 메시지 없이 정직한 교류만으로 살아가기에는 어려움이 많은 공간이기 때문이다. 그러므로 우리는 때때로 우리의 본의를 숨기며 위선적으로 말하거나 행동하게 된다. 실제로 이러한 이면교류는 사회생활에 많은 유익을 주기도 한다. 또한, 이면교류는 정직이 초래할 수 있는 문제를 예방해 주기도 한다. 실제로 정직은 때때로 누군가에게 폭력이 될 수도 있으며, 속에 있는 이야기를 직접 하게 될 때 누군가는 상처를 받기도 한다. 그러므로 정직의 폭력성 제거와 원활한 인간관계를 위해 때때로 우리는 선택적 이면교류를 해야 할 필요가 있다.

그럼에도 불구하고 이면교류는 건강한 교류가 아니다. 그러므로 꼭 필요한 상황이 아니라면 피하는 것이 좋다. 필요에 따라 선택적으로 이면교류를 하는 것은 좋지만, 무의식적이며 습관적으로 이면교류를 하는 것은 피해야 한다. 이면교류를 멈추기 위해서는 먼저 자기 자신을 이해하는 것이 필요하다. 왜냐하면, 많은 사람들은 실제로 자신들이 이면교류를 하고 있는지조차 모르고 있기 때문이다. 자신이 이면교류를 하고 있다는 사실을 발견했다면, 그다음은 정직을 위한 용기가 있어야 한다. 자신이 이면교류를 하고 있음을 솔직하게 인정하고 자신의 교류에서 심리적 차원의 메시지에 해당하는 것을 숨기지 말고 있는 그대로 표현할 수 있도록 노력해야 한다. 이것을 위해서 전제가 되어야 하는 것은 자신과 타인에 대한 신뢰이다. 이것이 기초가 되지 않으면 어느 누구도 결코 이면교류에서 벗어날 수 없다. 만약 타인이 이면교류를 하고 있다면, 그때는 그 사람의 심리적 수준의 메시지를 분명하게 파악하고 그 사람이 그것을 드러낼 수 있는 받아주는 환경을 조성해 주는 것이 좋다.

커뮤니케이션의 세 번째 법칙은 사회적 수준의 교류에만 초점을 맞추면 다른 사람의 행동을 예측할 수 없으며, 반드시 심리적 수준의 교류에도 초점을 맞추어야 한다는 것이다. 이러한 법칙이 존재하는 이유는 이면교류가 특별한 교류가 아닌 일반적인 교류의 형태이기 때문이다.

### 3. 교류의 방향

벡터는 이미 언급한 바와 같이 화살표로 표시된다. 이러한 사실은 교류가 일정한 방향을 지니고 있음을 보여준다. 특히 교류는 출발지점과 도착지점이 있으며, 이러한 것들은 모두 자아상태와 직접적으로 연결되어 있다. 그러므로 교류가 어느 자아상태에서 시작되어 어느 자아상태로 향하고 있는지를 파악하는 것은 대화 분석에서 참으로 중요하다. 만약 우리가 이것을 제대로 파악할 수 있다면, 우리는 그러한 방향에 맞는 반응을 선택할 수 있으며, 의도적으로 다르게 반응할 수도 있다. 여기서는 발신자의 발신 자아상태와 발신자의 목표 자아상태를 살펴보고자 한다.

### 1) 발신자의 발신 자아상태

수신자로서 발신자의 자아상태는 발신자의 언어적 신호와 비언어적 신호를 관찰하는 것을 통해서 파악할 수 있다. 또한, 우리가 발신자가 될 경우는 의도적으로 우리가 원하는 자아상태에서 발신하기 위해 그에 맞는 언어적 신호와 비언어적 신호를 선택할 수 있다. 여기서는 각각의 자아상태에서 발신하게 될 때 어떤 특징들이 나타날 수 있으며, 발신자

의 자아상태에 따라 일어나기 쉬운 교류가 무엇인지에 대해서 언급하고
자 한다(이도영 외 4인, 235; 스기다, 2000, 95~96).

먼저 P에서의 발신이다. P에서의 발신은 기능분석에서 살펴보았던
것처럼 CP와 NP의 특징을 염두에 두면 파악이 용이하다. 즉, P에서의
발신은 부모 또는 양육자의 모습을 통해서 자극을 보내는 것으로, CP의
비판적이고 통제적인 특징이나 NP의 양육적이고 보호적인 특징을 나
타내는 언어적, 비언어적 자극을 보내는 것이라고 할 수 있다. 이때 CP
에서의 발신은 AC의 반응을 유발하게 된다. 즉, CP로부터 발신된 메
시지를 받은 수신자는 자신을 부정적으로 보게 되어 위축되거나 열등감
에 사로잡힐 수 있으며, 발신자에 대해 반발이나 저항을 할 가능성이 높
아진다. 또는 발신자의 자극에 대해서 안절부절못하며 무반응으로 있을
수도 있다.

이때 수신자는 발신자가 자신을 무시하고 있으며, 매우 비판적이고
무서운 사람이라고 생각할 수 있고, 그의 말에 따르지 않으면 안 될 것
같은 중압감을 느낄 수도 있다. 반면 NP에서의 발신은 FC의 반응을 유
발하게 된다. 즉, 수신자는 긴장이 이완되어 자신의 감정을 쉽게 표현할
수 있게 되며, 자신과 타인에 대해서 긍정적인 생각을 갖게 된다. 그러
나 반대로 자기 자신을 너무 신뢰하거나 지나친 낙관주의에 빠져 정확
한 현실인식을 결여할 수도 있다. 이때 수신자는 발신자가 따뜻하고 부
드러운 사람이라고 생각할 수 있으며, 자신을 소중하게 생각해 주고 인
정해 준다고 느낄 수 있다.

A에서의 발신은 성숙한 어른으로서의 특징을 반영한다. 즉, 자신

의 이성을 잘 활용하거나 활용할 수 있는 정보를 수집하기 위해서 발신을 한다. 이 경우는 발신자가 사실을 근거로 사물을 판단하거나 감정이나 편견에 치우치지 않고 있는 그대로를 냉정하게 다른 사람들에게 전달하게 된다. A에서의 발신은 수신자의 A를 작용하게 한다. 즉, 상대방은 자신의 편견이나 감정 대신 이성을 사용하게 되어 합리적인 특성을 나타내게 되며, 냉정하고 침착하게 자신의 문제를 생각할 기회를 얻게 된다. 이때 수신자는 발신자에 대해서 차갑고 재미는 없지만 착실하다는 인상을 받을 수 있다. 또한, 발신자와 같이 차분하게 대응해야 할 것만 같은 생각이 들게 된다. 이렇게 A에서의 발신은 상대방을 A에서 반응하도록 만들어 차분한 대화나 문제 해결을 가능하게 하는 장점이 있다. 그러나 발신자의 질문이 내담자의 사고를 한정하지 않도록 주의해야 할 필요가 있다.

C에서의 발신은 유아기 때의 행동을 되풀이하는 모습에서 찾아볼 수 있다. 즉, 어린 시절에 자신이 느끼고 행동했던 대로 언어적, 비언어적 자극을 보내는 것이다. P에서의 발신과 같이 C에서의 발신 역시 FC와 AC의 두 가지 형태로 나타나며, FC의 자유로움이나 AC의 순응적 태도로 나타난다. 이때 C에서의 발신은 타인의 영향에 좌우되지 않고 자신의 감정에 충실한 자극 또는 다른 사람의 마음을 상하지 않게 하기 위해 눈치를 보며 행동하는 자극으로 나타난다. FC에서의 발신은 수신자 FC의 반응을 유도한다. FC의 자극을 수신한 상대방은 뭔가 할 수 있을 것 같은 자신감이 생기고, 인생을 즐기고 싶어지고, 광대와 같은 행동이나 모험을 하고 싶은 마음이 생길 수 있다. 또한, 발신자에 대해서 정말 자유롭고 즐거운 사람, 같이 놀고 싶고 뭔가 함께 해보고 싶은

마음이 생기게 만드는 사람이라는 느낌이 들 수 있다. 이렇게 FC에서의 발신은 건강한 사람들 사이에서 웃음과 즐거움이 넘치는 교류를 만들게 된다. 그러나 일반적으로 AC에서의 발신은 사람들의 마음을 불편하게 만들 가능성이 높다. 실제로 먼저 상대방에게 발신하는 일이 드물며, 발신을 하더라도 소극적이고 눈치를 보며 발신할 수 있기 때문에 그러한 발신을 받는 사람들로 하여금 불편한 마음을 갖게 할 수 있다. 그러므로 AC에서의 발신에서 일어나기 쉬운 교류는 두드러지지는 않지만, CP의 반응을 이끌어낼 가능성이 높다.

### 2) 발신자의 목표 자아상태

발신자의 발신 자아상태는 발신자의 벡터가 어디서 출발하느냐에 대한 언급이다. 그러나 발신자의 목표 자아상태는 발신자가 목표로 하는, 벡터의 화살표가 지향하고 있는 수신자의 자아상태이다. 즉, 발신자의 목표 자아상태는 발신자가 반응을 기대하는 수신자의 자아상태라고 할 수 있다. 우리는 이것을 의식하고 있을 수도 그렇지 않을 수도 있다. 만약 우리가 이것을 의식하지 못하고 있다면, 여기서의 언급은 우리가 평소에 주로 어느 자아상태를 향해서 의사소통을 하고 있는지를 발견하는 데 도움을 줄 것이다. 만약 우리가 이것이 의식하고 있다면, 여기서의 언급은 우리가 의도적으로 교류의 방향을 결정하고 있다는 사실을 보여줄 것이다.

첫 번째는 P를 향한 발신이다. P는 교류분석에서 부모의 영향을 반영하고 있는 자아상태이다. Freud의 정신분석학에서는 '초자아'와 연결되어 있다. 그러므로 P를 향해서 발신한다는 말은 타인으로부터 어떤 원조나 조언을 구하고 있다는 사실을 의미한다. 또한, 수신자로부터 분명한 지시를 기대하고 있을지도 모른다. 좀 부정적으로 언급한다면, 수신자로부터 비난이나 꾸지람을 받고 싶을 수도 있으며, 지나친 간섭이 필요할 수도 있다. 이러한 부분은 각자가 처한 상황에 따라서, 지금까지 살아온 삶의 모습에 따라서 다르게 나타날 것이다.

두 번째는 A를 향한 발신이다. A는 교류분석에서 어른의 이성적인 판단을 수행하는 자아상태이다. Freud의 정신분석학에서는 무의식이 아닌 의식과 관련된 '자아'와 깊은 연관성을 지니고 있는 단어이다. 그러므로 A를 향해서 발신한다는 말은 타인으로부터 객관적인 사실에 대한 정보를 얻거나 그것에 근거한 판단을 요구하고 있다는 사실을 의미한다. 일반적으로 A를 향한 발신은 상대방으로부터 사실이나 정보를 수집하거나 그러한 것을 제공하고자 할 때, 그리고 상대방의 이성을 자극하여 수평적인 관계와 대화를 이끌고자 할 때 사용된다. 부정적인 측면에서는 상대방의 정서나 가치관을 인정하지 않는 것이 될 수 있어 불편한 관계를 초래할 가능성을 안고 있기도 하다.

세 번째는 C를 향한 발신이다. C는 교류분석에서 어린 시절의 기억과 경험을 담고 있는 자아상태이다. Freud의 정신분석학에서는 주로 '본능'과 관련된 부분으로서 무의식적인 측면과 관련되어 있다. 그러므로 C를 향해서 발신한다는 말은 상대방의 어린 시절의 기억과 경험을 되살리거나 그때의 반응을 되풀이하도록 만든다는 사실을 의미한다. 일반적으로 C를 향한 발신은 상대방의 감정을 자극하거나 호소하여 상대방의 감정을 움직이게 하는 데 목적이 있다. 이 경우 발신자가 어느 자아 상태에서 발신하는가에 따라 상대방은 좋은 감정을 갖기도 하고 의기소 침해지기도 하며, 어리둥절해지기도 한다.

## 4. 의도적 교류

의도적 교류는 발신자가 특별한 의도를 가지고 자신의 의사소통을 통제하는 것을 가리킨다. 이때 발신자는 자신이 원하는 목표를 이루기 위해 어느 자아상태에서 어느 자아상태로 메시지를 보낼지를 결정하게 된다. 물론 이때 자신이 어느 자아상태에 있는가는 굳이 결정해야 할 대상이라기보다는 이미 주어져 있는 상황일 수 있다. 어쨌든 발신자가 하나의 자아상태에서 분위기의 전환을 위해, 수신자가 발신자가 원하는 자아상태에서 반응할 수 있도록 발신자가 자신의 자극을 조절하는 것을 의도적 교류라고 한다. 이러한 교류는 생산성 없는 상보교류가 계속 되거나 상대방이나 자신에게 유익한 결과를 초래하기 위해 사용할 수 있다.

### 1) 기능분석에 근거한 의도적 교류

여기서는 기능분석에 근거하여 어떤 상황에서 어떤 의도적 교류를 사용할 수 있는지에 대해서 간략하게 살펴보고자 한다. 아래의 내용 은 스기다(2000, 95~98)가 제시한 내용에 필자가 AC의 내용을 추가한 것이다.

(1) CP

- CP → CP : 자신이 비판하고 있는 인물이나 상대에 대하여 상대편의 동의를 구할 때
- CP → NP : 자신의 비판이나 비난이 마음에 걸려 다소 지지가 필요할 때
- CP → A : 비판, 비난하면서 그 원인을 규명하고자 할 때
- CP → FC : 지도나 교육적 의도로 상대편을 칭찬하거나 기쁘게 할 때
- CP → AC : 상대편을 직접 비판하거나 비난할 때

(2) NP

- NP → CP : 비판하거나 비난하고 있는 상대편의 기분을 달래거나 편안하게 하거나 할 때
- NP → NP : 자신이 동정하거나 가련하게 여기는 사람에 대해서 상대편의 동의를 구할 때
- NP → A : 동정하거나 연민하면서도 그 원인이나 결과를 규명하려고 할 때
- NP → FC : 따뜻한 기분으로 직접 상대편을 칭찬하거나 사랑하거나 할 때
- NP → AC : 토라지거나 겁내거나 구애받거나 비뚤어진 태도를 나타낸 상대편을 받아들여 포옹할 때

## (3) A

- A → CP : 상대편의 비난, 비판에 휩쓸리지 않고 이들의 감정, 태도를 인지할 때
- A → NP : 상대편이 보내는 칭찬, 위로 등을 차갑게 받아들일 때
- A → A : 정보의 교환, 냉정한 대화를 할 때
- A → FC : 즐거운 일, 재미있는 일, 기발한 생각 등을 환영하면서도 한걸음 차이를 두고 접할 때
- A → AC : 토라지거나 물어뜯거나 하는 상대편의 비뚤어진 태도에 말려들지 않고 거리를 두고 접할 때

## (4) FC

- FC → CP : 상대편의 비판, 비난에 영향받지 않고 유머로 대응할 때
- FC → NP : 상대편에게 순진하게 응석을 부리거나 원조를 구할 때
- FC → A : 충실한 대화나 형식적인 분위기를 유머로 부드럽게 할 때
- FC → FC : 자유롭게 애정을 표현하거나 함께 놀거나 장난을 할 때
- FC → AC : 토라지거나 사양하는 상대편을 놀이나 오락으로 유도하거나 어두운 마음을 풀어주려고 할 때

(5) AC

- AC → CP :  계속해서 비난을 받는 상황에서 상대방을 비난
하여 분위기를 전환할 때
- AC → NP :  침체 되어 있는 상황에서 상대방의 원조나 따뜻
한 반응을 얻고자 할 때
- AC → A :  정상적인 사고가 어려운 상황에서 합리적인 생
각을 할 수 있도록 하기 위해
- AC → FC :  상대방의 비유를 맞추기 위해서 그 사람의 말을 따
를 때
- AC → AC :  침체 되어 있는 사람을 더 침체 되게 만들 때

## 2) 옵션에 근거한 의도적 교류

옵션(Option)은 Karpman에 의해서 제시된 이론으로 우리가 스스
로 우리의 교류를 선택할 수 있다고 보는 견해이다(Stewart & Joines, 1993,
69). 이러한 옵션은 비생산적인 교류에서 벗어나 생산적인 교류를 이루
고자 하는 의도적 교류의 한 부분이며, 이를 위한 몇 가지 방법을 제안
하고 있다. 특히 옵션은 발신자의 A를 사용하여 상대방의 자아상태를
A로 바꾸어주는 것을 목표로 한다. 이것이 가능하다고 보는 이유는 발
신자의 A가 자신의 다른 자아상태를 조절할 수 있으므로 상대방의 자
아상태를 파악하여 그것을 변화시킬 수 있다고 전제하기 때문이다. 물
론 이때 발신자의 자아상태는 다른 자아상태보다 상대적으로 강력해야
한다.

옵션은 크게 세 가지 종류가 있다. 첫 번째는 화제 바꾸기이다. 화제 바꾸기는 일반상담에서도 사용되는 기법으로 상대방의 이야기를 요약한 후 화제 바꾸기, 상대방의 마음을 공감한 후 화제 바꾸기, 상대방의 이야기를 평가한 후 화제 바꾸기가 있다. 이때 상대방의 이야기를 요약하거나 상대방의 마음을 공감하는 것 그리고 상대방의 이야기를 평가하는 것은 상대방으로 하여금 현재의 교류를 멈추게 하는 작용을 한다.

두 번째는 질문하기이다. 질문하기는 실제로 화제 바꾸기의 연속 선상에 있다고 할 수 있다. 실제로 상대방의 현재 교류를 멈추게 한 다음, 다음 화제로 넘어가기 위해서 하는 것이 바로 질문하기이다. 질문하기는 현재의 교류를 완전하게 끊어주고 새로운 화제에 대해서 생각할 기회와 시간을 제공한다. 이때 발신자는 자신의 강력한 A를 활용하여 상대방이 A의 상태로 생각할 수 있도록 도와야 한다. 이렇게 함으로써, 발신자는 상대방과의 비생산적인 교류를 멈출 수 있다.

세 번째는 강제로 대화 중단시키기이다. 이것은 두 사람의 대화가 끝도 없이 계속될 때 특히 유효하다. 이때 발신자는 비생산적인 교류를 끊기 위해 "좀 더 이야기하고 싶지만, 시간이 없네요. 약속이 있어서요. 기회가 되면 다음에 이야기하지요." 등과 같은 말로 현재 계속되고 있는 대화를 강제로 중단시킬 수 있다. 물론 이러한 방법은 약간의 무리가 따를 수 있다. 실제로 약속이 있으면 괜찮지만 그렇지 않을 경우는 이렇게 말할 수도 있다. "지금 우리가 하고 있는 이야기는 너무 지루하고 비생산적이라는 생각이 드는군요. 좀 더 생산적인 이야기를 할 수 없을까요? (또는 이제 그만하고 다음에 뵐까요?)"

### 3) 의도적 교류를 위한 어른 자아상태 유지하기

교류분석의 자아상태 이론에서 가장 중요한 역할을 하는 것으로 알려진 것은 A이다. A는 일명 성격의 지휘자로서 다른 자아상태로부터 오는 정보들을 수집하여 그것의 진위를 확인하고 합리적인 판단과 선택을 하도록 한다. 그러므로 A는 대화 상황에서도 역시 중요하다. 실제로 A는 한 사람의 대화를 합리적이고 합목적적으로 주도하고 이끌어나갈 수 있는 자아상태이다. 그러나 A는 다른 자아상태보다 상대적으로 늦게 발달하기 때문에 다른 자아상태들이 이미 차지하고 있는 영역을 침범하기가 쉽지 않다. 그러므로 A가 자신의 역할을 제대로 감당하기 위해서는 P와 C의 신호에 민감하게 반응해야 할 필요가 있다. Harris(2008, 138)는 대화 상황에서 A를 유지하기 위한 방법을 다음과 같이 요약하여 제시하고 있다.

(1) 어린이 자아가 보내는 신호를 파악하는 방법을 익힌다.
어린이 자아의 약점과 두려움이 무엇인지 그리고 그런 감정이 주로 어떤 방법으로 표현되는지를 알아둔다.

(2) 어버이 자아가 보내는 신호를 파악하는 방법을 익힌다.
어른 자아의 훈계와 명령, 습관처럼 굳어진 태도가 무엇인지 그리고 이런 훈계, 명령, 태도가 주로 어떤 방법으로 표현되는지를 알아둔다.

(3) 다른 사람의 어린이 자아에 민감하게 반응한다.
상대방의 어린이 자아와 대화를 나누고 스트로크를 행해주며 보호해준다. 상대방의 어린이 자아에 자기부정의 태도가 존재하지만, 그럼에도 불구하고 그 사람의 어린이 자아에는 창의성을 발휘하고 싶은 마음이 있다는 것을 이해해 준다.

**(4) 필요한 경우 숫자를 10까지 센다.**

이렇게 하면 어른 자아가 새로 입력되는 데이터를 처리하고 어버이 자아와 어린이 자아를 현실과 분리하기 위한 시간을 마련할 수 있다.

**(5) 의심스러울 경우에는 잠시 내버려 둔다.**

그렇게 하면 부적절한 반응이나 자극으로 인해 상처받는 것을 막을 수 있다.

**(6) 가치체계를 개발한다.**

중요한 결정을 내리려면 윤리적인 틀이 마련되어 있어야 한다.

# 4장

교류분석의
욕구이론:
스트로크

# 4장

# 교류분석의 욕구이론: 스트로크

~

## 1. 스트로크의 정의

"어린아이에게 가장 필요한 것은 무엇일까?" 미국 국립아동병원의
의사로 있었던 Rene Spitz는 버려진 아이들을 돌보며 이런 고민에 빠져
있었다(우재현, 2003, 224). Spitz가 양육하고 있었던 아이들은 비교적 위
생적인 환경에서 음식을 충분히 섭취했다. 그러나 그 유아들의 사망률
은 매우 높았다. Spitz는 이 원인을 찾지 못해 고민하고 있었다. 그러던
중 Spitz는 멕시코의 한 휴양지로 휴가를 갔다가 그 근교의 고아원에서
잘 먹지도 못하고 위생적이지 않은 환경에서 자라고 있는 아이들이 신
체적으로나 정서적으로 매우 건강하다는 사실을 발견하게 되었다. 이
러한 사실을 발견한 Spitz는 휴가도 반납하고 그곳에서 몇 달을 보내며
어떻게 이런 일이 일어날 수 있는지 그 이유를 찾아보기 시작했다. 오랜
시간 동안 Spitz가 그곳에 머물면서 밝혀낸 중요한 이유는 이웃 마을의
여인들이 매일같이 이곳에 와서 아이들을 안아주고, 이야기도 들려주
고, 노래도 불러주었다는 점이다. Spitz는 이러한 관찰 끝에 그의 한 저
서에서 '타인과 접촉을 많이 한 아이들이 건강하게 자란다'는 결론을 내

렸다.

유아들은 타인과의 접촉을 스스로 선택할 수 없다. 그때의 접촉은 철저하게 외부에 의해서 주어지는 것이다. 그러나 시간이 지나면서 아이는 스스로 접촉할 수 있게 되고, 접촉이 없을 경우 접촉을 요구하거나 타인의 접촉을 유도하는 행동을 하게 된다. 어떠한 식으로든지 아이에게 주어지는 접촉의 양이 많은지 적은지에 따라 또는 그것의 질이 좋은 것인지 나쁜 것인지에 따라 한 아이의 미래는 완전히 달라지게 된다. Spitz의 관찰 결과에서도 알 수 있듯이 일단 접촉이 많은 아이들은 생존 경쟁에서 살아남게 된다. 또한, 그 접촉이 양질의 것일 때 그 아이는 건강하게 된다. 실제로 이 두 가지 요건이 충족되어야만 아이들은 건강하게 자랄 수 있다. 처음에 했던 질문을 다시 한 번 던져보자. "어린아이에게 가장 필요한 것은 무엇인가?" 그 답은 바로 '타인과의 많은 양질의 접촉'이다.

만약 한 아이에게 이러한 양질의 접촉이 적절히 주어지지 않는다면 어떻게 될까? Spitz의 결론에 의하면 그 아이는 건강하게 자랄 수 없으며, 결국에는 생존까지도 위협을 받게 된다. 이렇게 생존에 위협을 느낀 아이는 살아남기 위해 자기만의 결단을 하게 된다. 즉 접촉이 없으면 죽는다는 것을 본능적으로 알고 있기 때문에 살아남기 위해 필사적으로 타인과의 접촉을 추구하게 된다. 이때 아이가 추구하는 것은 접촉 그 자체이며, 그것이 긍정적이든 부정적이든 관계가 없다. 생존을 위해 그저 접촉만 주어지면 되는 것이다. 그 때문에 아이는 양질의 좋은 접촉을 경험하지 못할 때 차선책으로 부정적인 행동을 통해서 나쁜 접촉이라도 받아서 살아남고자 한다. 이러한 예는 우리 생활 주변에서 자주 찾아볼 수 있다.

교류분석(Transactional Analysis Therapy)에서는 이러한 것을 가리켜 '스트로크(Stroke)'라는 개념을 사용한다. 스트로크는 "존재인정의 한 단위"로서 자신 또는 타인의 존재를 인정하게 하는 것이다. 이것은 언어적 또는 비언어적인 수단들을 통해서 자기 자신 또는 타인과 상호작용을 함으로써 그 목적을 달성하게 된다. 이런 점에서 볼 때 스트로크는 다른 사람에게만 줄 수 있는 것이 아니며, 자기 자신에게도 줄 수 있고, 다른 사람에게서만 받을 수 있는 것이 아니라 자기 자신에게서도 받을 수 있다.

## 2. 스트로크의 종류와 교환원칙

스트로크는 크게 세 가지로 구분이 가능하다(Stewart & Jones, 1993, 72). 첫 번째는 언어적인가 신체적인가 하는 것이며, 두 번째는 조건적인가 무조건적인가 하는 것이고, 세 번째는 긍정적인가 부정적인가 하는 것이다. 여기서 신체적인 스트로크는 신체적인 "접촉에 의해서 직접적"으로 주어지는 스트로크이며, 언어적 스트로크는 "말에 의해서 간접적"으로 주어지는 스트로크이다. 조건적 스트로크는 "행위나 태도에 대해서" 주어지는 스트로크이고, 무조건적 스트로크는 "존재나 인격에 대해서" 주어지는 스트로크이다(우재현, 2003, 223). 긍정적 스트로크는 "상대방이 좋게 느끼는" 스트로크이고, 부정적 스트로크는 "상대방이 나쁘게 느끼는" 스트로크이다(우재현, 2003, 222~223). 이 중에서 첫 번째는 기본으로 하고 두 번째와 세 번째의 구분이 스트로크의 종류를 구분하는 데 주로 사용된다.

### 1) 무조건적 긍정적 스트로크

스트로크 중에서 가장 중요하고 많이 주고받아야 하는 것은 "무조건적 긍정적 스트로크"이다. 이 스트로크는 한 사람의 존재나 인격을 조건 없이 수용하거나 긍정하는 스트로크로 예수 그리스도를 통한 하나님의 은혜의 사건과 관련이 있다. 하나님께서는 "우리가 아직 죄인 되었을 때에" 그리스도의 대속적인 죽음을 통해서, 또한 우리의 행위가 아니라 "은혜로 인하여 믿음으로 말미암아". 구원을 주심으로서 우리에게 이러한 무조건적이고 긍정적인 스트로크를 제공하셨다(롬 5:8, 엡 2:8). 그뿐만 아니라 하나님은 바울을 통해서 하나님께서 그렇게 하신 것처럼 우리도 그렇게 하라고 명령하시고 있다(롬 15:7, "이러므로 그리스도께서 우리를 받아 하나님께 영광을 돌리심과 같이 너희도 서로 받으라").

이러한 스트로크에 대한 예는 므비보셋에 대한 다윗의 행위에서 잘 나타나고 있다. 므비보셋은 다윗과 절친했던 요나단의 아들이다. 므비보셋은 그의 조부와 부친이 죽었다는 소식을 들은 유모가 안고 도망하다가 그만 떨어뜨려 절름발이가 되고 말았다(삼하 4:4). 이러한 현실 때문에 인생을 비참하게 살 수밖에 없었던 당시의 상황에서 므비보셋은 다윗이 왕이 되었을 때 왕궁으로 부름을 받는다. 거기서 그는 왕의 식탁에서 먹으며 마치 친아들과 같은 대우를 받는다(삼하 9:3~11). 물론 이러한 배경에는 다윗과 요나단이 맺은 약속과 그 약속을 잊지 않은 다윗의 신실함이 있었다. 그렇다고 해서 므비보셋이 그러한 대우를 받을만한 행위를 한 것은 아니었다. 그저 요나단의 아들이라는 이유 하나만으로 그러한 대우를 받았던 것이다. 이것은 므비보셋의 행위에 따른 것이 아니라 그의 존재에 따른 것으로, 무조건적 긍정적 스트로크라고 할 수 있다.

이러한 무조건적 긍정적 스트로크에 대한 추구는 "침례교인의 신앙과 메시지"(The Baptist Faith and Message)의 "인간"(Man)이라는 장에도 잘 나타나 있다. 여기서는 특히 모든 사람이 그러한 스트로크를 받을 자격이 있으며, 그리스도인들은 모든 사람에게 그러한 스트로크를 제공해야 할 의무가 있다고 주장한다. 그 이유는 인간의 인격이 신성하기 때문이며, 이러한 신성성의 근거는 "하나님이 인간을 하나님의 형상으로 창조했다는 것과 그리스도가 인간을 위해 죽었다는 사실"에 근거하고 있다고 한다. 이렇게 주어지는 무조건적 긍정적 스트로크는 '인간 상호 간에 신뢰감을 형성하는데 기초'를 이루게 된다.

### 2) 조건부 스트로크

조건적 스트로크는 조건적 긍정적 스트로크와 조건적 부정적 스트로크로 나뉜다. 이러한 스트로크들은 한 사람의 행위나 태도에 따라서 주어지는 것으로 긍정적일 때와 부정적일 때가 있다. 그러나 이 스트로크는 대부분 동시에 주어지는 것이 일반적이다. 이러한 스트로크는 성경에서 특히 시내산 계약이나 신명기 법전에서 그 전형적인 모습을 찾아볼 수 있다. 대표적인 구절은 신명기 11:26~28절이다. "내가 오늘날 복과 저주를 너희 앞에 두나니 너희가 만일 내가 오늘날 너희에게 명하는 너희 하나님 여호와의 명령을 들으면 복이 될 것이요, 너희가 만일 내가 오늘날 너희에게 명하는 도에서 돌이켜 떠나 너희 하나님 여호와의 명령을 듣지 아니하고 본래 알지 못하던 다른 신들을 좇으면 저주를 받으리라" 이러한 말씀에 근거하여 주어진 결과들을 가리켜 조건적 스트로크하고 할 수 있는 것이다.

신약으로 오면 달란트 비유가 나오는데 이것 역시 조건적 스트로크와 관련되어 있다. 이 스트로크는 그 사람이 누구냐가 문제가 아니라 그 사람이 무엇을 했느냐, 어떤 태도를 가지고 있느냐가 중요하다. 다섯 달란트 받은 사람과 두 달란트 받은 사람은 주인이 맡겨둔 것을 가지고 장사를 해서 그만큼을 더 남겼고, 한 달란트 받은 사람은 주인을 두려워하여 그 돈을 땅에 숨겨두고 아무것도 하지 않았다. 이러한 행동과 태도 때문에 전자는 칭찬과 그에 따른 보상을, 후자는 책망과 그에 따른 처벌을 받는다. 이러한 조건부 스트로크는 앞에서 언급한 무조건적 긍정적 스트로크와 더불어 하나님께서 일관되게 사용하시는 중요한 스트로크라고 할 수 있다.

여기서 한 가지 더 언급할 수 있는 것은 구원 이후의 삶에 대한 것이다. 하나님께서는 이미 설명한 바와 같이 구원에 있어서는 믿음 외에 어떠한 행위도 요구하시지 않는다. 우리 존재 자체를 긍정하시며 수용하신다. 우리의 구원을 위해 예수 그리스도를 통해 철저하게 무조건적 긍정적 스트로크를 제공하신다. 그러나 구원 이후의 삶에 대해서는 그렇지 않다. 구원에서는 없던 조건이 구원 이후에는 요구되어 진다. 에베소서 2:10에서 보면 구원 이후에 우리에게는 그에 합당한 행위가 요구된다는 것을 알 수 있다. 또한, 그것에 따라서 상급도 다르게 주어진다(고전 3:15).

이렇게 조건부로 주어지는 스트로크는 긍정적인 것을 강화하고 부정적인 것을 약화시키는 경향을 갖게 된다. 실제로 무조건적 긍정적 스트로크만을 받게 되면 할머니 밑에서 자라는 아이들처럼 버릇이 없고, 무엇을 해야 하는지 하지 말아야 하는지를 구별하지 못하게 된다. 은혜의 하나님이 좋기는 하지만 그 안에만 있어서는 신앙이 성장할 기회를 상실하게 될 뿐만 아니라 우리의 사명이 있는 이 땅에서 살아남는 것조차 힘들어질 수 있다. 그렇기 때문에 하나님께서도 조건부 언약을 통해서 우리가 어떻게 살아야 하는지를 말씀하시며 동시에 추동하고 있는 것이다. 결국, 조건부로 주어지는 스트로크는 신자의 교화와 성장을 위해 반드시 필요한 것이라고 할 수 있다.

### 3) 무조건적 부정적 스트로크

무조건적 부정적 스트로크는 어떤 행동이나 태도 때문에 주어지는 것이 아니라 근거도 없이 주어지는 부정적인 자극을 가리키는 것이다. 이것은 다른 말이 필요 없이 무조건 추방되어야 하는 스트로크이다. 이러한 스트로크는 한 사람의 인생을 송두리째 망가뜨릴 수 있다. 이러한 스트로크 앞에 신앙이 무너지는 것도 한순간이다. 실제로 많은 신앙인들이 사람이나 하나님으로부터 이런 스트로크를 받았다고 느낄 때 하나님을 부정하고, 신앙을 부정하게 되는 것이다. 이유를 알 수 없는 고통이 찾아올 때 우리는 신앙의 회의를 경험하게 된다.

성경에서는 이러한 예를 찾기가 쉽지 않다. 굳이 하나를 들자면 욥의 고난을 말할 수 있다. 욥은 하나님의 말씀대로 살았고, 그에 따라 많은 복을 받아서 누리고 있었다. 그러나 어느 한순간 그 모든 것들이 사라졌고, 대신 원인을 알 수 없는 고통이 찾아왔다. 욥은 자기에게 찾아온 고난의 이유를 알지는 못했지만 자기의 의를 굽히지는 않았다. 그러나 결국은 하나님의 등장으로 의로울 수 없는 자신을 발견하게 된다. 이렇게 본다면 욥에게 있어서 무조건적 부정적 스트로크로서의 고난은 '하나님 앞에서의 자기인식'이 그 이유라고 할 수 있다.

하나님은 무조건적 부정적 스트로크를 사용하시지 않는다. 그러나 어떤 목적을 가지고 아주 드물게 사용하실 수 있다. 그 부분은 하나님의 영역이기에 우리가 따져 물을 수 없다. 다만 우리에게 이러한 경험이 찾아올 때, 욥이 얻은 교훈처럼 하나님 앞에서 자신이 어떤 존재인지를 인식하고 하나님께서 그런 경험을 주시는 이유를 찾으며 그 시련을 견뎌야 한다. 그리고 그 시간이 지나면 우리는 부쩍 성숙해 있는 자신을 발견하게 될 것이다. 그러나 인간 사이에서 이러한 스트로크는 주어지지 않아야 한다. 특히 이유 없는 무조건적 부정적 스트로크는 추방되어야 한다.

성경에서는 이러한 스트로크를 받았던 사회적 약자에 대한 언급이 등장한다. 이 중에서 대표적인 부류가 바로 문둥병자들이다. 이들은 육체적인 고통뿐만 아니라 사회적으로 격리되는 고통을 겪었다. 그들은 성안에 거할 수 없었고, 사람들이 옆에 지나가면 "부정하다"고 스스로 외쳐야 했다. 이들이 겪었던 고통은 육체적 고통 이상의 것으로 스트로크를 주고받을 수 있는 환경이 원천적으로 봉쇄되어 있었다. 그러나 예수님은 이들을 그렇게 내버려 두지 않으셨다. 문둥병자가 예수님을 찾아왔을 때, 예수님은 그들을 거부하지 않으시고 찾아오는 자들을 맞아주셨다. 그리고 말씀과 더불어 직접 손을 데어 치료해 주셨다(마 8:1~4, 막 1:40~45, 눅 5:12~16). 즉 언어적 스트로크뿐만이 아니라 신체적 스트로크를 통해서 그들의 육체적 고통을 해결해 주셨다. 또한, 이러한 치유의 사건을 통해서 예수님은 그들을 스트로크를 주고받을 수 있는 성 안으로 되돌려 보내주셨다.

### 4) 스트로크 교환 원칙

스트로크를 주고받는 데는 몇 가지 원칙이 있다. 먼저 긍정적인 스트로크는 최대화하고, 부정적인 스트로크는 최소화하라는 것이다. 「칭찬은 고래도 춤추게 만든다」는 책에서 보여주는 것처럼 긍정적 스트로크는 사람을 변화시키는 힘이 있다. 다음 원칙은 조건적 스트로크와 관련된 것이다. 조건적 긍정적 스트로크는 '적절히' 제공되어야 하며, 특히 '구체적이고 풍부하게 타이밍을 맞추어서' 주어져야 한다. 조건적 부정적 스트로크는 '최소한으로 주되 행동과 영향은 명확히, 그리고 감정은 솔직하게' 제공되어야 한다. 마지막으로 무조건적 긍정적 스트로크는 최대로, 무조건적 부정적 스트로크는 주지 말아야 한다. 이러한 스트로크의 규칙이 지켜질 때 그 스트로크는 참된 힘을 발휘할 수 있게 된다.

### 3. 스크로크 독점가

스트로크 독점가(Stroke Monopolists)는 한 사람의 스트로크를 독점하고 있는 사람을 가리키는 것으로, 내가 누군가에게 스트로크 독점가가 될 수 있으며, 누군가가 내게 스트로크 독점가가 될 수 있다(우재현 편저, 2004, 127; Stewart & Jones, 1993, 78). 여기서는 사사기에 등장하는 삼손을 통해 이 개념을 설명하고자 한다.

일반적으로 스트로크를 충분히 받지 못한 사람은 자기 자신에게 스트로크를 제공하는 사람에게 빠른 속도로 깊이 빠져들게 된다. 이것과 관련된 성경의 예는 삼손을 통해서 찾아볼 수 있다. 삼손은 블레셋 시대에 20년간 이스라엘의 사사로 있었던 사람이다. 또한, 그는 성경에서 가장 잘 알려진 인물들 중의 한 사람이다. 그런데 독특한 점은 다른 사사들과 달리 삼손은 주로 여인들과의 관계 속에서 그의 이야기가 전개된다는 사실이다. 삼손의 주위에는 실제로 많은 여인이 있었을 것으로 보이는데, 성경에서는 그중 세 사람의 여인이 중요한 인물로 등장하고 있다.

삼손은 태어날 때부터 하나님께 바쳐진 나실인이었다. 돌계집이었던 어머니에서 나온 아들이었기에 삼손이 얼마나 애지중지 자랐을지는 미루어 짐작이 가능하다. 그러나 삼손은 애지중지 자라기는 했어도 많은 금기사항들을 가지고 있었다. 머리에는 삭도를 대지 못했고, 포도나무의 소산을 먹지 못했으며, 포도주와 독주, 그리고 부정한 것은 어떤 것이라도 입에 댈 수가 없었다. 그러나 실제로 삼손이 이렇게 살았는가에 대해서는 긍정적인 대답을 하기가 쉽지 않다. 삼손은 우리가 생각하는 종교지도자들과는 사뭇 다른 삶을 보여주고 있기 때문이다.

삼손에게 처음으로 등장하는 여인은 블레셋 사람이다. 삼손은 하고 많은 사람들 중에 그 여인을 좋아하게 되었고, 부모님께 결혼하게 해

달라고 요청한다. 그러나 부모님으로부터 이런 말을 듣는다. "네 형제들의 딸 중에나 내 백성 중에 어찌 여자가 없어서 네가 할례받지 아니한 블레셋 사람에게 가서 아내를 취하려 하느냐"(삿 14:3). 그러나 부모는 삼손의 뜻을 꺾을 수 없었다. 이러한 모습에 비쳐 보건대 삼손은 부모님의 무조건적 긍정적 스트로크의 과잉과 조건적 부정적 스트로크의 결핍으로, 좋고 나쁜 것, 해야 할 것과 하지 말아야 할 것에 대한 기준이 모호하게 되었을 뿐만 아니라 자기중심적인 성향을 띄었을 것으로 짐작해볼 수 있다.

삼손은 이 여인과 결혼하지만, 곧 실패하고 만다. 또한, 그 여인과 그녀의 가족들이 블레셋 사람들에게 무참하게 살해당하는 것을 경험한다. 여기에 아무리 하나님의 뜻이 있었다고 하더라도 한 사람의 인간으로서 삼손이 이것을 감당하기는 쉽지 않았을 것이다. 이 사건은 결과적으로 삼손을 이스라엘의 사사로 만들어주었지만, 사람과의 관계 속에서 정상적인 스트로크를 추구하는 것을 어렵게 만들기도 했다. 삼손은 아마도 이 사건의 충격으로 다시 결혼할 마음을 먹지 못했을 것이다. 그러다 보니 삼손은 사사의 신분임에도 불구하고 기생의 집을 기웃거리며 부족한 스트로크를 추구하게 된다. 가사의 기생은 삼손에게 두 번째 등장하는 여인이다. 그러나 삼손은 이 기생의 집에서도 좋지 못한 경험을 하게 된다. 그곳에서 자기를 죽이려는 사람들과 또다시 마주하게 되었던 것이다. 삼손은 이제 스트로크를 추구하는 것이 더 어렵게 되었다.

삼손의 세 번째 여인은 들릴라다. 삼손은 그녀를 사랑했으나 들릴라는 돈을 사랑했다. 결국, 돈을 사랑한 사랑하는 여인의 꾐에 넘어가 삼손을 힘을 잃었고 두 눈이 뽑혔으며, 블레셋의 연자 맷돌이나 돌리는 구경거리로 전락하고 말았다. 삼손이 이렇게 된 중요한 이유 중의 하나는 그동안 받지 못했던 스트로크를 들릴라를 통해서 경험했기 때문이다. 좋아했던 첫 여인의 비참한 죽음을 통한 스트로크 공급원의 상실, 두 번째 여인을 통한 또 한 번의 좌절, 이것을 들릴라가 모두 채워주고 있었던 것이다. 사사라는 그의 신분도 들릴라의 치마폭을 빠져나오게 하지는 못했다. 삼손은 어쩌면 결핍된 스트로크의 충족과 사랑을 혼동했었는지도 모른다. 어찌 되었든 결국 삼손은 그 속에서 모든 것을 잃고 말았다. 삼손에게 있어서 들릴라는 건강한 스트로크 제공자를 넘어 스트로크 독점가의 위치를 점위하고 있었기 때문이다. 결국, 삼손은 여인을 통해서 스트로크를 얻고자 했던 모든 시도가 좌절되었으며, 하나님 안에서만 그것이 가능함을 깨닫고 블레셋 사람들과의 죽음을 선택함으로써 마지막 자기의 사명을 다하게 된다.

평소 스트로크가 부족한 사람은 삼손과 같이 스트로크 독점가에게 빠른 속도로 깊이 빠져들게 되며, 자신도 모르는 사이에 그 사람에게 조종과 억압을 당하다가 결국 헤어 나오지 못하고 자신의 인생을 망치는 경우가 발생하게 된다. 이러한 사람들은 주로 어린 시절 부모나 의미 있는 타자로부터 긍정적인 스트로크를 받지 못했거나 현재 자신에게 그러한 스트로크를 제공해줄 수 있는 의미 있는 사람이 없거나, 아니면 있다 하더라도 그 사람으로부터 충분한 스트로크를 받지 못할 경우에 생겨나게 된다. 실제로 관계진척이 빠른 연인들이나 부적절한 관계를 맺고 있는 대부분의 사람들이 이러한 경우에 속한다고 보면 된다.
우리가 결핍된 스트로크를 충족시키고자 하는 욕구를 가지고 있는 것은 지극히 당연한 것이다. 그러나 건강한 스트로크 제공자를 통해서 그것을 충족하느냐 아니면 스트로크 독점가에게 사로잡히느냐는 전혀 다른 문제이다. 어렸을 때는 주로 부모가, 청소년기에는 주로 또래 친구가, 청년이 되어서는 이성 친구가, 성인기에는 주로 배우자가 건강한 스트로크 제공자나 스트로크 독점자의 역할을 감당하게 된다. 건강한 스트로크의 추구를 위해서 우리는 현재 나에게 스트로크를 제공하는 사람이 건강한 스트로크 제공자인지 아니면 스트로크 독점가인지를 구별할 수 있어야 한다. 또한, 내가 건강한 스트로크 제공자인지 아니면 스트로크 독점자인지도 생각해볼 필요가 있다.

## 4. 스트로크의 부정적 규칙

건강한 스트로크의 충족과 교류를 위해 우리는 다섯 가지 스트로크의 부정적 규칙(Stroke Economy)에 대한 지식이 필요하다(Stewart & Jones, 1993, 78-79). 이것은 주로 어린 시절 부모님이나 성장하면서 만나게 되는 의미 있는 타자를 통해서 학습하게 되는 것들이다.

### 1) "스트로크를 주어선 안 돼"

첫 번째 스트로크의 부정적 규칙은 "스트로크를 주어선 안 돼!"(Don't give strokes when you have them to give!)이다. 우리 내면에 자리 잡고 있는 이 규칙은 다른 사람에게 스트로크를 제공해야 하는 상황에서 그것을 못하도록 만드는 역할을 한다. 이 규칙은 주로 자신에게 안전감을 제공하거나 타인을 조종하는 기능을 가지고 있다. 다른 사람에게 주지 않음으로써 자신의 결핍을 막을 수 있고, 다른 사람을 내가 원하는 대로 조종할 수 있기 때문이다. 실제로 스트로크를 주어서는 안 되는 상황이 있는 것은 사실이지만 대부분의 경우는 그렇지 않기 때문에 이것은 건강한 스트로크의 충족과 교환을 방해한다.

어떻게 하면 이 규칙을 바꿀 수 있을까? 먼저 스트로크를 다른 사람에게 주더라도 내가 부족하게 되지 않는다는 사실을 인식해야 한다. 그렇게 함으로써 먼저 스트로크 결핍에 대한 자신의 불안을 해소할 수 있다. 또한, 이어서 내가 자유로운 존재이듯이 상대방도 그러한 존재라는 사실을 인정해야 한다. 이것을 통해서 나의 자유뿐만 아니라 타인의 자유도 존중되어야 한다는 것, 또한 그렇게 함으로써 나의 자유도 지켜질 수 있다는 것을 알아야 한다.

스트로크의 첫 번째 부정적 규칙은 이렇게 바꿀 수 있다. "상대방이 스트로크를 필요로 할 때 스트로크를 주어도 돼!" 이것은 상대방이 요구할 때 반드시 스트로크를 주어야 한다는 것을 의미하지 않는다. 다만 줄수도 있다는 사실을 열어 놓는 것이다. 그 스트로크는 부정적인 것이 될 수도 있고, 긍정적인 것이 될 수도 있다. 또한, 그것은 조건적인 것일 수도 있고, 무조건적인 것일 수도 있다. 중요한 것은 선입견 때문에 어떤 스트로크를 무조건 거부하지 말고 필요에 따라 선택적으로 스트로크를 제공할 수 있어야 한다는 사실이다.

### 2) "스트로크를 구해선 안 돼"

두 번째 스트로크의 부정적 규칙은 "스트로크를 구해선 안 돼!"(Don'

t ask for strokes when you need them!)이다. 이 규칙은 우리 내면에서 우리가 스트로크를 필요로 할 때 다른 사람에게 구하지 못하도록 만드는 역할을 한다. 이 규칙은 주로 타인에게 스트로크를 요구했다가 거절을 당한 경험이 있는 사람들이나 열등감을 가지고 있는 사람들에게서 나타난다. 거절 경험이 있는 사람들은 요구하지 않음으로써 다시 거절 경험을 하지 않아도 되지만 자기에게 필요한 스트로크의 지속적인 결핍을 감내해야 한다. 또한, 열등감을 가지고 있는 사람들은 자신이 부족한 사람이라는 것을 드러내지 않아도 되지만 그렇다고 해도 여전히 자신이 완전하지 못하다는 내면의 의식에서는 벗어날 수 없다.

이 규칙을 바꾸기 위해서는 다음과 같은 것들이 도움될 수 있다. 먼저 거절은 인간사에서 일상적인 일들 중의 하나이기에 누구나 거절당할 수 있고, 이러한 거절이 나의 존재를 부정하는 것은 아니라는 사실을 받아들이는 것이다. 이것은 거절에 대한 염려와 불안 그리고 두려움을 제거하는 데 도움이 된다. 다음으로는 자신의 유한성과 불완전성을 인정하는 것이다. 세상에는 완벽한 사람이란 존재하지 않으며, 완벽한 사람이 될 수도 없다는 사실을 받아들임으로써 열등감에서 조금이나마 자유로워질 수 있다.

스트로크의 두 번째 부정적 규칙은 이렇게 바꿀 수 있다. "내가 스트로크를 필요로 할 때 다른 사람에게 스트로크를 구해도 돼!" 이것은 스트로크가 필요할 때 항상 다른 사람에게 구해야 한다는 것을 의미하지 않는다. 먼저 그 스트로크가 정말로 필요한 것인지를 따져보고, 그것이 다른 사람을 통해서만 얻을 수 있는 것이라면 그때 그렇게 할 수 있는 가능성을 열어 놓는 것이다. 이러한 허용은 거절에 대한 불안과 열등감이 타인에 대한 적절한 요청을 차단하지 못하도록 하는 역할을 한다.

### 3) "스트로크를 받아들여선 안 돼"

세 번째 스트로크의 부정적 규칙은 "스트로크를 받아들여선 안 돼!" (Don't accept if you want them!)이다. 이 규칙은 우리가 원하는 스트로크가 제공될 때 그것을 거부하게 만드는 역할을 한다. 이러한 규칙은 자기가 원하는 스트로크를 받아들인 후에 부정적인 경험을 했거나 자신이 그것을 받아들이기에 적합하지 않다는 생각을 하는 사람들에게서 나타난다. 첫 번째의 경우는 그 스트로크를 받아들였을 때 또다시 원하지 않는 경험을 하지는 않을까 하는 염려에서 비롯되는 것이며, 두 번째의 경우는 낮은 자존감으로 인해 자신을 평가절하함으로써 나타나는 태도이다.

이러한 규칙을 가지고 있는 사람들은 다음과 같이 함으로써 그 규칙을 벗어날 수 있다. 먼저 자신이 원하는 스트로크를 받아들였을 때 항상 부정적인 사건들이 발생했는지를 살펴보는 것이다. 그렇지 않다면 그 거짓된 신념을 버리면 되고, 설사 그렇다고 하더라도 그 결과는 여전히 열려 있음을 인정하면 된다. 다음으로는 신앙인의 경우 자신을 하나님의 자녀로서 예수 그리스도가 나를 위해서 죽음을 선택할 정도로 가치 있는 존재라는 사실을 받아들이는 것이다. 하나님의 형상을 따라 지음받은 우리는 어느 한 사람도 평가절하될 수 없다.

스트로크의 세 번째 부정적 규칙은 이렇게 바꿀 수 있다. "나는 내가 원하는 스트로크가 주어질 때 그것을 받아들여도 돼!" 이것은 내가 원하는 스트로크가 주어질 때 항상 받아들이라는 의미가 아니다. 내가 원하는 모든 스트로크를 항상 거부하지는 않는다고 하더라도 그것을 받아들일 때 신중할 필요성이 있기 때문이다. 그러한 신중함이 없다면 그것은 또 다른 부정적인 경험을 야기할 수 있다. 우리는 이 새로운 규칙을 위해서 신중함과 가능성을 동시에 고려해야 한다.

### 4) "갖고 싶지 않은 스트로크를 거부해선 안 돼"

네 번째 스트로크의 부정적 규칙은 "갖고 싶지 않은 스트로크를 거부해선 안 돼!"(Don't reject strokes when you don't want them!)이다. 이 규칙은 우리가 원하지 않는 스트로크를 거절하지 못하게 만드는 역할을 한다. 이러한 규칙은 외부의 압력에 의해서 원하지 않는 것을 계속해서 수용해야 했던 경험을 있거나 갖고 싶지 않은 스트로크를 거부했다가 낭패를 경험한 사람들에게서 주로 나타난다. 이러한 사람은 원하지 않는 것을 계속해서 받아들이다가 간혹 거기에 익숙해져서 만성이 되기도 한다.

이러한 규칙을 가지고 있는 사람들은 다음과 같이 하는 것이 도움될 수 있다. 먼저 자신이 갖고 싶지 않은 스트로크를 거부해서는 안 되는 개인적인 이유를 탐색해 보는 것이다. 또한, 그 이유가 합당한 것인지 아닌지를 분석해 보고 합당한 것이라면 수용해야겠지만 그렇지 않다면 그 규칙을 스스로 파기해야 한다. 외부의 압력에 의해서 원하지 않는 것을 수용했던 사람들은 지금도 외부의 압력이 유효한지를 확인해 보아야 한다. 또한, 낭패를 경험한 사람들은 항상 그랬는지, 지금도 또 그렇게 될 것인지를 생각해보아야 한다.

스트로크의 네 번째 부정적 규칙은 이렇게 바꿀 수 있다. "갖고 싶지 않은 스트로크는 거부해도 돼!" 이것은 내가 원하지 않는 스트로크를 항상 거부하라는 의미는 아니다. 때로는 원하지 않는 스트로크를 받아들여야 할 때도 있다. 그러나 항상 그런 태도를 지녀서는 안 되며, 특별한 상황에서 예외적으로 그렇게 되어야 한다. 특히 거부해야 할 경우는 그 방법을 지혜롭게 하는 것이 필요하다.

### 5) "자신에게 스트로크를 주어선 안 돼"

다섯 번째 스트로크의 부정적 규칙은 "자신에게 스트로크를 주어선 안 돼!"(Don't give yourself strokes!)이다. 이 규칙은 다른 사람에게 스트로크를 주는 것을 방해하지는 않지만 자기 자신에게 스트로크를 주는 것은 거부하도록 만든다. 이런 경우는 자기가 자신에게 스트로크를 주지 못하도록 하면서, 다른 사람이 자기에게 주는 것조차도 거절하게 만드는 경향이 있다. 중요한 것은 이러한 규칙을 가지고 있는 사람들이 대부분 자기 자신의 존재를 인정하는데 매우 인색하다는 것이다.

이러한 부정적 규칙을 가지고 있는 사람들은 무엇보다도 자기를 사랑하는 법을 배워야 한다. 자기를 사랑하지 않는 사람은 다른 사람을 사랑할 수 없다. 사랑할 수 있다고 하더라도 곧 지치게 된다. 왜냐하면, 자신을 돌보지 않았기 때문이다. 자기를 충분히 사랑하고, 자신에게 충분한 스트로크를 제공하는 것은 타인을 적극적으로 사랑하게 되는 지름길이다. 또한, 이런 규칙을 가지고 있는 사람들은 스트로크가 외부로부터 항상 충분히 주어지는 것이 아니라는 사실을 기억할 필요가 있다. 그렇기 때문에 요구해서 그것을 얻기도 해야 하지만 동시에 스스로 그것을 공급해야 한다. 스트로크가 결핍되면 우리는 건강하게 살아갈 수 없다.

스트로크의 다섯 번째 부정적 규칙은 이렇게 바꿀 수 있을 것이다. "자기 자신에게 스트로크를 주어도 돼!" 그러나 스트로크를 항상 자기 자신을 통해서만 얻으려고 하는 것은 옳지 않다. 스트로크는 타인과의 교류를 통해서 주고받는 것이며, 그렇기 때문에 타인으로부터도 제공되어야 한다. 어떤 사람들은 스트로크에 대한 욕구를 자기 자신을 통해서만 해결하기도 한다. 그러나 이것은 곧 관계의 단절을 가져오며, 이로 인해 스트로크의 외부 공급자가 차단되기 때문에 지극히 고립적인 삶을 살아가게 된다.

우리는 누구나 스트로크의 부정적인 규칙을 가지고 있다. 다만 어느 것을 가지고 있는지, 몇 가지를 가지고 있는지만 다를 뿐이다. 이러한 차이는 각자가 성장해온 환경과 경험, 그리고 그것과 상호작용하면서 내렸던 결단의 차이에서 기인한다. 중요한 것은 우리가 이러한 부정적인 규칙을 가지고 있다는 것을 인식하는 것이며, 이 규칙을 긍정적으로 바꾸어 스트로크를 건강하게, 그리고 충분하게 추구하게 되는 것이다.

## 5. 스트로크의 기본개념들

스트로크는 다른 사람으로부터 나에게 주어지는 경우를 우선적으로 생각할 수 있다. 그러나 내가 다른 사람에게 주는 것도 동시에 고려돼야 한다. 왜냐하면, 사람은 기본적으로 혼자 살 수 없는 존재이며, 다른 사람들과 더불어 늘 상호교류를 해야 하는 존재이기 때문이다. 이런 경우 내가 다른 사람에 의해서 영향을 받듯이 다른 사람 또한 나에게 영향을 받는다는 사실을 늘 염두에 두어야 한다.

## 1) 스트로크 선호

내가 다른 사람에게 스트로크를 제공할 때, 또는 내가 다른 사람으로부터 스트로크를 받을 때 기억해야 하는 한 가지 사실이 있다. 그것은 바로 사람은 누구나 자신이 선호하는 스트로크가 있다는 점이다. 이것을 가리켜 "스트로크 선호"(Stroke Preference)라고 한다(이도영 외 4인, 1999, 82). 어떤 사람은 무조건적 스트로크를 선호하고, 어떤 사람은 조건적 스트로크를 선호한다. 어떤 사람은 긍정적 스트로크는 선호하고, 어떤 사람은 부정적 스트로크를 선호한다. 어떤 사람은 신체적 스트로크를 선호하고, 어떤 사람은 언어적 스트로크를 선호한다.

이렇게 각자가 선호하는 스트로크가 다른 이유는 그러한 종류의 스트로크가 자신에게 익숙해져 있기 때문이다. 우리가 건강한 상태에서 스트로크를 주거나 받는다면 당연히 좋은 것을 주고받고자 할 것이다. 그러나 실제로 스트로크를 주고받는 것을 살펴보면 꼭 그렇지만은 않다는 것을 알 수 있다. 그동안 살아오면서 자신에게 친숙하게 된 스트로크를 그것이 좋은 것인지 나쁜 것인지 판단할 겨를도 없이 무의식적으로 추구하게 되기 때문이다.

우리가 실제로 원하는 것은 긍정적 스트로크이다. 그러나 사람에 따라서는 그러한 스트로크가 주어질 때 내심 좋아하기는 하지만 그것을 하찮은 것으로 취급해 버리는 경우가 있다. 또한, 사람에 따라서는 자신이 그것을 원하고 있었다는 사실조차 부인하는 경우가 있다. 실제로 우리가 누군가에게 스트로크를 제공하고자 할 때 당황하게 되는 상황이 바로 이러한 경우인데, 이때 우리는 스트로크의 제공을 멈출 것이 아니라 그것을 그 사람에게 적합한 방식으로 제공하려고 노력해야 한다.

## 2) 스트로크 지수

모든 사람들이 좋아하는 스트로크가 있듯이 선호하는 스트로크 지수(Stroke Quotient)가 있기 마련이다(Stewart & Jones, 1993, 76). 같은 스트로크라도 개인에 따라 지수가 다를 수 있으며, 개인이 추구하는 스트로크 '지수' 자체가 있을 수 있다. 그러나 이 지수는 객관적으로는 측정될 수 없는 주관적인 것이다. 그러므로 서로 만족하는 지점이 다를 수 있으며, 나에게는 높은 질의 스트로크가 다른 사람에게는 낮은 질의 스트로크가 될 수도 있다.

실제로 연인들 사이에서 팔짱을 끼는 것과 손을 잡는 것으로 인한 미묘한 갈등이 있는 것을 종종 볼 수 있다. 물론 이것은 선호도의 차이이기도 하지만 지수의 차이라고도 말할 수 있다. 왜냐하면 한 사람에게는 팔짱이 높은 질의 스트로크를 주는 반면, 다른 한 사람에게는 팔짱을 끼는 것이 낮은 질의 스트로크를 제공할 수 있기 때문이다. 이렇게 스트로크 지수에서 서로 차이가 나는 경우, 실제가 자기가 선호하는 스트로크 지수와 일치하지 않는 스트로크를 받게 되면 많은 사람들이 그 스트로크를 무시하거나 하찮게 여기게 된다.

흔히 말하기를 사랑의 기본은 내가 원하는 것을 주는 것이 아니라 상대방의 필요를 알아서 채워주는 것이라고 한다. 그러나 좀 더 효과적인 차원의 사랑을 하고자 한다면, 상대방의 필요를 알고, 그것을 그 사람이 받을 수 있도록 주는 것이 중요하다. 스트로크 선호나 스트로크 지수는 바로 이것과 관련된 것이라고 할 수 있다. 이러한 것들이 고려되지 않는 다면 다른 사람을 향한 우리의 사랑은 평가절하되어 하찮은 취급을 받을지도 모른다. 실제로 사랑은 우리가 무엇을 했느냐가 아니라 그것을 어떻게 했느냐가 더 중요하다.

### 3) 스트로크 필터

스트로크에서 또 한 가지 중요한 개념은 "스트로크 필터"(Stroke Filter) 이다(Stewart & Jones, 1993, 76~77). 우리는 누구나 스트로크 필터를 가지고 있다. 그래서 외부 또는 내부에서 제공되는 스트로크를 그 필터를 통해 선택적으로 걸러내는 작업을 한다. 우리는 이 필터를 통해서 우리가 선호하는 스트로크의 지수와 일치하는 것은 받아들이고 그렇지 않은 것은 걸러내게 된다. 바로 이러한 필터링 때문에 우리는 때때로 나에게 주어지고 있는 스트로크를 인식하지 못하고 간과하게 되기도 된다. 또한, 이러한 과정을 통해서 현재의 자기 모습을 계속해서 유지하게 되기도 한다.

스트로크 필터는 한 사람의 삶의 여정을 반영한다. 사람은 어린 시절을 지나면서 다른 사람, 주로 중요한 타자와 스트로크를 주고받는 경험을 하게 되는데, 이때 자신의 생존을 위해 자신이 받아들일 스트로크와 받아들이지 않을 스트로크를 결단하게 된다. 이것이 바로 그 사람의 스트로크 필터로 남게 된다. 그러나 이렇게 형성된 스트로크 필터는 그 이후에 자신에게 주어지는 모든 스트로크에 영향을 주기 때문에 그렇게 긍정적이라고 보기는 어렵다. 그러므로 누구든지 가끔은 자신의 삶을 성찰하면서 자신의 스트로크 필터를 점검하는 것이 필요하다. 이 과정에는 반드시 다른 사람을 포함시켜야 한다.

스트로크 필터는 우리에게 있어서 부정적인 역할을 하는 경우가 많다. 이것은 우리로 하여금 다른 사람들이 제공하는 스트로크를 받아들이지 못하게 할 뿐만 아니라 때로는 인식조차도 불가능하게 만든다. 어떤 사람은 어린 시절의 아픈 경험을 통해서 부정적인 스트로크만을 추구하기로 작정했을 수도 있다. 만약 그렇다면 그 사람에게는 어떤 긍정적인 스트로크가 주어지더라도 평가절하되며, 실제로도 무용지물이 되고 만다. 또한, 스트로크를 안전하게 받을 수 없었던 사람은 자기에게 주어지는 스트로크를 외면하게 되는데, 이러한 스트로크 필터를 청소하지 않는다면 그 사람은 계속해서 고립된 상태에 머무르게 된다.

### 4) 스트로크 은행

스트로크와 관련하여 마지막으로 한 가지 더 언급할 개념은 "스트로크 은행"(Stroke Bank)이다(우재현, 2003, 245). 우리는 스트로크를 자기 자신에게 제공할 수 있다. 그러나 이러한 스트로크는 대부분 자기 밖에서 이미 자신에게 주어졌던 것들이라고 볼 수 있다. 우리는 누군가로부터 스트로크를 받을 때, 그것을 우리의 기억 속에 저장한다. 그리고 그것이 필요한 상황이 되면 다시 그것을 꺼내서 사용한다. 이것은 마치 은행과도 같다. 우리가 돈을 은행에 넣었다가 필요할 때 다시 찾듯이, 스트로크를 우리의 기억 속에 저장했다가 필요할 때 다시 꺼내어 사용하기 때문이다.

긍정적인 스트로크가 스트로크 은행에 입금되었다면, 부정적 스트로크가 주어질 때 그것은 인출되게 된다. 스트로크의 질이 좋다면 하나의 스트로크가 여러 번 출금될 수 있다. 그러나 그렇지 않다면 대부분은 그 양에 비례해서 입금과 출금을 되풀이하게 된다. 그러다가 은행의 잔고가 바닥이 나게 되면, 우리는 그 스트로크의 결핍을 채우기 위해 부정적인 스트로크를 추구하게 된다. 그러므로 우리의 스트로크 은행이 바닥나게 될 때 고통스러운 경험들이 발생하게 되는 것이다. 이를 방지하기 위해서 우리는 스트로크 은행이 바닥나기 전에 스스로나 다른 사람들을 통해서 새로운 스트로크를 채워 넣어야 한다.

# 5장

교류분석의
욕구이론:
시간의 구조화

# 5장

# 교류분석의 욕구이론: 시간의 구조화

&#x223F;

    사람들은 누구나 하루를 살아가면서 24시간을 사용한다. 이 시간은 모든 사람들에게 동일하게 주어져 있지만, 그것을 사용하는 방법은 제 각각이며, 그 시간을 어떻게 사용하느냐에 따라서 하루의 삶에 대한 만족도가 달라진다. 실제로 어떤 사람들은 하루를 마감하며 커다란 만족감을 느끼고, 어떤 사람들은 상실감을 느끼며, 어떤 사람들은 아무런 느낌도 없이 하루를 마감한다.

    Berne은 모든 사람들이 각자 자기에게 주어진 시간을 구조화하려는 욕구를 지니고 있다고 말한다. 이러한 욕구는 다른 사람들로부터 인정받고자 하는 욕구에서 비롯되며, 인정에 대한 욕구는 사람을 사람으로 지탱시켜주는 '존재 인정의 한 단위'인 스트로크를 필요로 한다(Berne, 2004a, 25~26; Harris, 2008, 158). 시간의 구조화(Time Structuring)란 바로 이러한 스트로크를 얻을 목적으로 의식적이든 무의식적이든 자기에게 주어진 시간을 프로그램화하는 것을 의미한다(Berne, 1961, 80).

    시간의 구조화는 시간적 공백을 메우거나 지루함에서 벗어나기 위한 하나의 수단이 되기도 한다(James, 1971, 52). 실제로 많은 사람들은 비어있는 시간에 대해서 불안함을 느끼며 그 시간을 무엇인가로 채움으로 써 안정감을 얻으려고 한다. 특히 즉각적인 반응을 선호하는 외향형의 사람들은 잠시 동안의 침묵도 견디지 못하고 먼저 말을 하는 경향이 있으며, 일 중심적인 사람들은 휴일에도 비어있는 시간을 즐기지 못하고 안절부절못하게 된다. 반대로 반복되는 일상에서 별로 하는 일 없이 시간을 보내고 있는 사람들은 그러한 지루함을 없애기 위해 그러한 시간을 좀 더 효과적으로 활용할 수 있는 방안을 강구하게 된다.

시간의 구조화는 사람을 이해할 수 있는 중요한 단서를 제공한다. 실제로 한 사람이 자기의 시간을 어떻게 보내고 있는지를 분석해 보면, 그 사람이 어떤 스트로크를 원하고 있으며, 그러한 스트로크를 어떻게 채우고 있는지를 알 수 있으며, 더불어 그 사람이 지닌 인생태도가 어떤 것인지도 어느 정도 짐작할 수 있다. 특히, 한 사람의 시간의 구조화는 그 사람이 자기의 욕구를 어느 정도 충족시키고 있는가를 보여주는 중요한 척도이기 때문에 그에 따른 적절한 대안을 제안할 수 있는 장점도 지니고 있다.

시간의 구조화는 크게 폐쇄(withdrawal), 의식(rituals), 활동(activities), 잡담(pastimes), 게임(games), 친밀(intimacy) 등 여섯 가지를 통해서 이루어진다(Burne, 2004, 26~30). 이러한 견해에 대해서는 상호 간에 커다란 이견이 없지만, 어느 것이 더 많은 스트로크를 제공하는가에 대해서는 사람마다 약간씩 차이를 보이고 있다. 이것을 처음으로 언급한 Berne은 위의 순서를 그대로 주장했지만, 어떤 이는 활동과 잡담의 순서를 바꾸어 놓았고, 어떤 이는 활동을 게임 다음으로 위치시켰다.

필자는 먼저 시간의 구조화 검사를 통해서 독자들이 어떻게 자기의 생활시간을 구조화하고 있는지를 파악할 기회를 제공한 후, 각각의 시간의 구조화의 요소들이 무엇인지를 설명하고자 한다. 그런 다음 자기의 시간의 구조화를 긍정적으로 재구조화할 방법을 모색해 보고자 한다. 특히, 대부분의 사람들이 무의식적으로 시간을 구조화하고 있다는 전제하에, 그러한 시간의 구조화를 어떻게 자기가 원하는 대로 의식적으로 재구조화할 수 있는지에 대해서 언급해 보고자 한다.

## 1. 시간의 구조화 파악하기

시간의 구조화를 파악하는 방법은 크게 두 가지이다. 첫 번째는 시간의 구조화의 여섯 가지 요소를 설명한 후 각자가 자기의 생활시간을 살펴보면서 직관을 통해서 그림으로 표현하는 방법이다. 일반적으로는 원을 활용해서 해당하는 분량만큼 나타낼 수 있으며, 그렇지 않을 경우는 여섯 가지 시간의 구조화 방법 중 가장 많은 것을 먼저 막대그래프로 표시하고, 가장 적은 것을 막대그래프로 나타낸 후 이 두 가지를 기준으로 나머지를 나타내는 것이다. 그러나 이러한 방법은 먼저 시간의 구조화의 여섯 가지 요소를 모두 설명해야 하는 불편함이 있다. 두 번째는 질문지를 이용한 방법이다. 질문지를 사용할 경우 시간의 구조화의 여섯 가지 요소를 미리 설명할 필요가 없으며, 검사 결과를 토대로 좀 더 빠르고 쉽게 결과를 확인할 수 있다는 장점이 있다. 하지만 현재 충분히 타당화된 질문지는 존재하지 않는다. 필자는 개인적으로 직관을 통해 그래프를 그리는 방법을 추천한다.

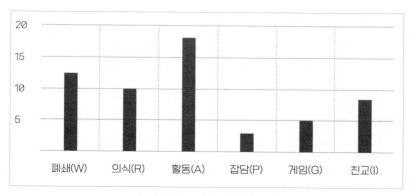

**그림 11** 시간의 구조화 프로파일

## 2. 시간의 구조화를 이루는 여섯 가지 요소

시간의 구조화 프로파일이 완성되었다면, 이제 이것을 토대로 자기의 시간의 구조화 양식을 이해하는 것이 필요하다. 먼저 가장 높은 점수를 얻은 시간의 구조화가 무엇인지 살펴보고, 다음으로 제일 낮은 것이 무엇인지 확인한다. 그런 후에 나머지 요소들을 하나하나 살펴보면 된다. 이러한 순서를 따라 아래의 설명을 읽게 되면, 스트로크를 얻기 위해 자기의 생활시간을 어떻게 구조화하고 있는지를 알 수 있게 되며, 생활시간을 좀 더 효과적으로 만들기 위해 생활시간을 어떻게 재구조화시킬 것인가에 대한 중요한 정보를 얻을 수 있다.

### (1) 폐쇄(閉鎖, Withdrawal)

스기다(1993, 53)는 사람들이 대인관계를 통해서 얻을 수 있는 유익을 긴장해소, 스트레스가 될 수 있는 상황의 회피, 스트로크의 획득, 항상성의 유지 등 크게 네 가지로 설명한다. 그 가운데서도 그가 주장하는 가장 커다란 장점은 항상성의 유지이다. 항상성의 유지는 프로이트 이후 많은 심리치료의 영역에서 중요하게 생각하는 것으로서 누군가를 그러한 사람으로 유지시켜 주는 중요한 요소이다. 폐쇄는 이러한 측면에서 볼 때 가장 유용한 항상성 유지의 방법이라고 할 수 있다. 왜냐하면, 폐쇄를 통해서 항상성을 깨뜨릴 수 있는 외부의 중요한 영향으로부터 자유로워질 수 있기 때문이다. 그러나 실제로 항상성은 자기 자신에 의해서도 얼마든지 깨어질 수 있기 때문에 늘 그렇다고 볼 수는 없다.

폐쇄는 크게 심리적 수준과 신체적 수준으로 나누어 볼 수 있다 (James, 1971, 53). 신체적 수준이란 자기와 타인의 공간적 거리를 설정함으로써 타인으로부터 스트로크를 주고받는 것을 피하고 혼자서 시간을 보내는 것을 의미한다. 또한, 심리적 수준은 타인과 더불어 있지만, 정신은 다른 곳에 가 있는, 즉 신체적으로는 타인과 같이 있지만, 그들과 상호작용을 하지 않는 것을 가리킨다. 두 수준 모두 공상이나 상상을 통해서 시간을 보내는 경우가 많으며, 자기가 자기에게만 스트로크(self-stroke)를 제공하기 때문에 폐쇄를 가리켜 자기애적 시간의 구조화 방법이라고도 한다.

사람들이 폐쇄를 통해서 시간을 구조화하는 중요한 이유 가운데 하나는 '거절'에 대한 염려 때문이다. 실제로 어린 시절에 거절을 경험한 많은 사람들이 거절에 대한 두려움 때문에 다른 사람들과 스트로크를 교환하는 것을 어려워하고 있으며, 폐쇄를 결단함으로써 가장 안전한 방법으로 스트로크를 추구하려고 한다. 그러나 폐쇄는 가장 안전한 방법일지는 몰라도 최상의 스트로크를 얻을 방법은 아니다. 그러므로 폐쇄를 통해서 대부분 시간을 구조화하는 사람들은 스트로크의 고갈에 직면하게 되고, 그 결과 부정적인 스트로크라도 얻기 위해 파괴적인 행동을 하기도 한다.

James(1971, 53)는 사람들이 폐쇄라는 시간의 구조화를 선택하는 세 가지 이유를 자아상태 이론에 근거하여 설명한다. 첫 번째는 부모의 행동에 대한 모방이다(어버이 자아상태). 즉, 폐쇄를 통해서 시간을 구조화했던 부모의 행동을 무의식적이고 무비판적으로 수용하고 있다는 사실이다. 두 번째는 어린 시절의 재현이다(어린이 자아상태). 즉, 어린 시절 어떤 고통이나 갈등에서 자기를 지키기 위해 선택했던 적응방식을 성인이 되어서도 버리지 못하고 되풀이하고 있다는 것이다. 이 경우 역시 자기가 성인이 되었다는 것을 인식하지 못하고 무의식에 프로그램된 대로 행동하고 있는 것이라고 볼 수 있다. 세 번째는 합리적인 결단에 의한 의식적 차원의 폐쇄이다(어른 자아상태). 이러한 폐쇄는 의도적인 계획에 의해서 이루어지는 것으로서, 혼자서 시간을 보내며 스트레스를 해소하거나 자기 성찰의 시간을 갖는 것을 의미한다. 이러한 폐쇄는 긍정적 차원의 폐쇄라고 할 수 있다.

Harris(2008, 159)는 모든 폐쇄가 나쁜 것은 아니라고 주장한다. 특히, 타인들과 교류할 때마다 폐쇄에 빠지지 않는다면 그렇게 해롭지 않다는 것이 그의 주장이다. 실제로 내향형의 사람들의 경우 혼자 있는 것을 선호하고 사고를 위한 시간을 필요로 하기 때문에 그들에게 폐쇄는 삶에 새로운 에너지를 공급하기 위한 중요한 원천이 되기도 한다. 그러나 지나친 폐쇄는 여전히 스트로크의 고갈을 가져오며 부정적인 행동과 결과를 유발하기 때문에 권장할만한 사항이 아니라고 할 수 있다.

### (2) 의식(儀式, Rituals)

의식은 사람과 사람 사이에서 이루어지는 간단한 인사에서부터 복잡한 형식을 지닌 결혼식, 장례식 또는 종교행사와 같은 사회적 절차를 통해서 스트로크를 추구하는 시간의 구조화 방식을 가리킨다. 이러한 시간의 구조화는 폐쇄와 비슷한 면을 지니고 있기는 하지만, 자기가 아닌 다른 사람들이나 외부활동을 통해서 스트로크를 추구한다는 점에서 폐쇄와 구별된다.

스기다(1993, 56)는 이러한 의식의 역할을 세 가지로 소개한다. 첫 번째는 현상유지이다. 즉, 의식이 인간의 삶을 유지하는 데 필요한 최소한의 스트로크를 공급함으로써, 한 사람의 삶을 지속시켜 준다는 것이다. James(1971, 54)는 이러한 의식을 가리켜 많은 사람들이 지닌 '생존의 한 방법'이라고 말한다. 두 번째는 노력절약이다. 실제로 의식은 이미 사회적으로 정해져 있는 양식을 따르기만 하면 되기 때문에 불필요하게 마음을 쓰거나 별도의 노력을 기울이지 않아도 된다. 세 번째는 안전보장이다. 왜냐하면, 의식은 다른 사람들과의 깊은 관계가 없이도 삶에 필요한 스트로크를 얻을 수 있기 때문에 복잡한 문제에 휩싸이지 않고 주어진 시간을 안전하게 보낼 수 있도록 해 주기 때문이다.

그러나 의식은 한 개인과 깊은 관계가 아닌 동류집단과의 피상적 관계들 속에서 스트로크를 추구한다는 점에서 최소한의 스트로크밖에 얻을 수 없다는 단점을 지니고 있다. 그러므로 의식은 최소한의 노력을 통해서 삶을 안전하게 유지시켜주는 역할을 하기는 하지만 삶을 풍성하게 하는 데는 한계를 지닌 시간의 구조화 방법이라고 할 수 있다. Harris(2008, 159)는 이러한 의식을 가리켜 '사회가 합의한 방식대로 시간을 사용하는 것'이라고 정의하고 있다. 이러한 정의는 그 안에 개인 또는 개인이 추구하는 가치가 간과되고 있다는 사실을 보여준다.

의식은 가정에서 주로 부모에 의해서 우선적으로 학습되는 것이라고 할 수 있다. 실제로 개인은 가정에서 부모로부터 기본적인 예의범절을 배우고 그러한 의식을 바탕으로 좀 더 복잡한 의식을 습득해 나가기 시작한다(어버이 자아상태). 그러므로 의식을 통해서 스트로크를 추구한다는 사실은 그 사람이 여전히 부모의 영향 아래 있다는 것을 의미하며 (순응적 어린이 자아상태), 부모로부터 비롯된 사회적인 편견과 과도한 집착의 가능성을 내포하고 있다고 볼 수 있다.

의식이 하나의 삶의 정형화된 형태로 자리 잡고 나면, 그것은 스트로크를 추구하기 위한 하나의 방편을 넘어 강박적인 행위가 될 수 있으며, 너무 불안한 나머지 사람을 이러지도 저러지도 못하게 만들 수 있다. 그러나 의식이 긍정적으로 사용된다면, 폐쇄적인 삶을 살아가는 부부라고 하더라도 사회가 규정하고 있는 기본적인 의식을 수행함으로써 삶에 필요한 최소한의 스트로크를 확보하여 오랫동안 같이 살 수 있는 동기를 제공하기도 한다.

### (3) 활동(活動, Activities)

Berne(1961, 80~81)은 시간의 구조화를 일종의 프로그램화(programing)라고 칭하면서, 그것을 세 가지 차원에서 언급했다. 첫 번째는 사회적 프로그램화(social programing)로 의식과 잡담이 여기에 속하며, 두 번째는 개인적 프로그램화(individual programing)로 게임과 친밀이 포함되고, 세 번째는 재료적 프로그램화(material programing)로 활동이 여기에 해당된다고 할 수 있다. 활동은 재료를 사용하여 외부세계와 스트로크를 교환하는 시간의 구조화로서 일이나 공부 등이 여기에 해당하며, 무리가 없는 편리하고 실용적인 방법이기 때문에 실제로 많은 사람들에 의해서 사용되고 있다. 특히 이것을 창의적이고 생산적으로 사용한다면 풍부한 스트로크를 공급받을 수 있다(Harris, 2008, 160).

활동은 이성적인 교류를 통해 목표를 지향하는 시간의 구조화라고 할 수 있다(어른 자아). 이러한 시간의 구조화는 목표를 이루어가는 과정 속에서 최선의 에너지를 발산하도록 하며, 목표가 성취되었을 때 주어지는 스트로크를 추구하기 때문에 현재의 결핍을 극복하도록 하는 중요한 동인이 된다. 그러나 이러한 시간의 구조화는 원하는 목표가 달성되지 못했을 경우 커다란 부정적 스트로크를 초래할 수 있다는 단점을 지니고 있으며, 활동에 몰두하고 있는 동안 다른 사람들과 깊이 있는 관계를 가질 필요가 없기 때문에 그러한 관계를 피하기 위한 하나의 수단으로 사용될 수도 있다. 이러한 사람들은 가족이나 친구들과 친밀한 시간을 보내는 것이 어렵고, 일에 더 많은 가치를 부여하고 있는 사람들이다.

활동을 통해서 대부분 시간을 구조화하는 사람들은 나중에 불행한 현실을 마주할 가능성이 높다. 왜냐하면, 모든 활동은 언젠가는 종말을 맞이하기 때문에, 그러한 상황에 대한 준비가 되어 있지 않으면 그 시기를 보내는 것이 상당히 고단한 일이 되기 때문이다. 실제로 자녀들을 키우며 가사에 전념하고 있던 주부들은 자녀들이 성장하여 그 품을 떠나게 되면 허전함과 섭섭함, 그리고 무력감에 시달리게 되며, 대부분 시간을 직장에서 보냈던 남성들은 은퇴 후 찾아오는 여유 있는 시간을 제대로 보내지 못하며 가족들과 함께 있는 시간조차도 힘들어한다. 이러한 현상은 조금 차이는 있지만, 기말고사가 끝난 학생들이나 애인과 헤어진 사람들에게서도 나타난다.

James(1971, 55)는 활동을 가리켜 "사람들이 하기를 원하고, 해야 할 필요가 있으며, 해야만 하는 것"이라고 정의한다. 이러한 정의는 모든 사람이 활동이라는 시간의 구조화에서 벗어날 수 없다는 사실을 보여주고 있다. 또한, 그러한 활동에는 필연적으로 의식, 잡담, 게임, 친밀과 같은 다른 시간의 구조화가 동반될 수 있다는 사실을 보여준다(James, 1971, 55). 그러므로 중요한 것은 활동을 어떻게 시간 속에 구조화할 것인가이다.

활동을 시간 속에 구조화하는 사람들은 그 이전에 자기의 삶에서 중요한 활동들을 간과하지 않는 것이 중요하다. 즉, 활동이 단순한 일이 아니라 자기 존재와 연결되어 있기 때문에 자기 자신을 상실하지 않도록 해야 한다. 이를 위해 자기 존재와 관련된 중요한 활동이 무엇인지를 먼저 파악하고, 우선순위에 따라 그러한 활동을 적절히 배치하는 것이 필요하다. 물론 여기서 중요한 것은 그 활동이 자기에게 얼마나 가치 있는 일인가를 점검하는 일이다. 또 한 가지는 활동에 참여하고 있는 자기 자신을 성찰하는 것이다. 왜냐하면, 활동을 통해서 시간을 구조화하는 사람들은 주관적인 논리에 빠져 있을 수도 있고, 때에 따라서는 동의할 수 없는 규칙을 따르거나 부조리한 상황에 순응하는 자세를 보이기도 하기 때문이다. 또한, 이들은 부모의 영향에 의해서 형성된 자기만의 기준을 합리적인 수준을 넘어 자기와 타인에게 강요하기도 하고, 다른 사람들에 대해 관심이 지나쳐 그들을 귀찮게 하거나 의존적으로 만들기도 한다.

### (4) 잡담(雜談, Pastimes)

삼삼오오 모여서 쓸데없이 이것저것 생각나는 대로 지껄이는 잡담은 막간의 빈 시간을 보내는 데 유용하며, 잡담에 참여하는 사람들에게 기분전환이라는 부수적인 결과를 안겨주기도 한다(Berne, 2009, 64). 이때 사람들은 마치 어린아이와 같이 생각하고 느끼는 것처럼 보이기도 하며(어린이 자아상태), 때로는 부모들과 같이 엄격한 기준을 가지고 어떤 사건을 대하는 것처럼 여겨지기도 한다(어버이 자아상태). 이러한 잡담은 크게 세 가지의 기능을 지니고 있다.

첫 번째는 다른 시간의 구조화와 마찬가지로 스트로크를 제공하는 기능이다. 실제로 많은 사람들이 잡담에 참여하여 다른 사람들과 사회적인 상호작용을 하는 가운데 스트로크를 주고받는다. 이러한 잡담은 의식이나 활동보다 좀 더 복잡하기는 하지만 비교적 더 많은 스트로크를 주고받을 수 있는 시간의 구조화이다. 물론 아무런 이익이 없는 대화로 대부분의 시간을 보내는 것은 비생산적인 것이지만, 매일 같이 육아에 시달리는 주부나 업무에 치여 사는 직장인들에게 막간을 통해 주어지는 잡담은 오히려 생산적인 시간의 구조화라고 할 수 있다.

두 번째는 사회적 선택의 기능이다. 사회적 차원의 교류에 해당하는 잡담은 대부분 개인과 직접적인 관련이 없는 피상적인 이야기를 나누게 된다. 특히 대부분의 이야기에 개인적인 감정이 포함되어 있지 않은 것이 일반적이다. 이러한 잡담은 폐쇄나 의식만큼은 아니지만 비교적 안전한 교류에 속하는 것으로서, 대인관계를 원활하게 해 주는 역할을 한다고 볼 수 있다. 특히, 잡담은 어떤 사람과 친해지기 전에 그러한 사람을 선택할 수 있는 기회를 제공한다. 즉, 모임이나 기타 활동을 통해 낯선 사람을 만나게 되는 경우 잡담을 통해서 무의식적으로 또는 직관적으로 앞으로 관계를 유지할 사람과 그렇지 않은 사람을 선택하게 되는 것이다. 물론 이 과정은 의식적인 차원에서 이루어질 수도 있으며, 결과적으로는 의식적인 차원에서 결론을 내리게 된다. 어떤 경우는 친하게 지내고 싶은 사람에게 의도적으로 접근하여 알고 지내는 사이가 되도록 하는 하나의 방법이 되기도 한다.

세 번째는 사회적 관계 안에서의 역할 확인과 입장 안정이다(Berne, 2009, 70). 어떤 모임에 참석하게 되는 경우 사람들은 잡담을 나누면서 자기의 역할이 무엇인지를 직감적으로 알아차리게 된다. 그리고 그러한 모임 속에서 자기의 역할을 계속해서 연출하게 되는데, 그때 특별한 반대에 부딪히지 않거나 특별한 반대를 통해 자기의 역할이 더욱 강화될 경우 또는 특별한 사람을 통해서 자기의 역할을 인정받을 경우 자기의 역할을 확인받게 된다. 이렇게 되면 모임 안에서 개인의 입장이 안정되어 편안함을 느끼게 되는데, 이것이 바로 잡담의 중요한 기능 가운데 하나이다.

이상과 같은 기능을 지닌 잡담은 사회적 차원에서 이루어지는 일종의 상보교류(complementary transaction)로서 대인관계를 원활하게 해 주는 윤활유라고 할 수 있다. 그러므로 사회적인 관계에서 이러한 잡담에 제대로 참여하지 못하는 사람들은 사교성이 떨어진다고도 볼 수 있다 (Harris, 2008, 161). 그러나 잡담은 지금 여기에서의 일을 간과하는 특징을 지니고 있다. 즉, 어떤 사실에 대해서는 이야기하지만 그것과 관련된 활동은 하지 않기 때문에 실제 생활에 전혀 도움을 주지 않을 수도 있다는 말이다. 그러나 잡담이 긍정적인 차원에서 이루어진다면 생산적인 삶을 위한 활동으로 이어질 수 있기 때문에 잡담의 이러한 부분은 극복될 수 있다고 본다. 또한 잡담은 정보를 주고받거나 일시적인 가벼운 접촉으로 끝나기 때문에 충분한 스트로크를 주고받기에는 어려움이 있다. 그러므로 잡담은 개인적인 차원의 시간의 구조화인 게임이나 친밀로 나아갈 수 있는 계기가 되기도 한다(James, 1971, 53).

### (5) 게임(Games)

프로이트는 사람들이 '삶의 의지'와 '죽음의 의지'를 지니고 있다고 말한다. 이러한 프로이트의 주장은 굳이 반대할 필요도 없이 대부분의 사람들이 '지금 여기'에서 늘 경험하고 있는 삶의 진실 가운데 하나이다. 특히, 이 가운데서도 '삶의 의지'는 보다 많은 사람들에 의해서 보편적으로 경험되고 있다고 할 수 있다. 그러나 이러한 '삶의 의지'는 절박한 상황에서 사람들로 하여금 평소에는 결코 생각할 수 없었던 행동을 하게 만드는 경향이 있다. "안데스 산맥 조난기"라는 영화에는 비행기 사고로 인해 조난 당한 사람들의 이야기가 나온다. 여기서 그들은 생존을 위해 사랑하는 사람들의 시체를 먹기 시작한다. 이러한 현상은 그들이 처해 있는 삶의 현실이 얼마나 절박한지 보여주는 것이면서 동시에 인간의 삶의 의지가 얼마나 강력한 것인가를 보여주는 것이라고 할 수 있다.

게임은 이러한 인간의 삶의 의지가 반영된 시간의 구조화라고 할 수 있다. 인간은 스트로크가 없이는 살아갈 수 없다. 결국, 스트로크가 고갈상태에 이르게 되면, 생존을 위해 게임을 하기 시작한다. 게임은 주로 폐쇄를 통해서 시간을 구조화하는 사람들이나 정상적인 방법으로 스트로크를 구할 수 없었던 사람들이 사용하는 시간의 구조화이다(Harris, 2008, 165). 다른 시간의 구조화와 차이가 있다면, 폐쇄와 같이 혼자 스트로크를 추구하는 것이 아니라 타인과의 교류를 통해서 스트로크를 추구하는 것이며, 의식이나 행동 또는 잡담과 같이 주로 안전하고 긍정적인 스트로크가 아니라 파괴적이면서 부정적인 스트로크를 추구하는 것이다. 특히 게임은 다른 시간의 구조화와 달리 이면적인 속성을 지니고 있다는 점에서 차이가 있다. 즉, 본래의 의도를 숨기고 스트로크를 추구한다는 점이다(Berne, 2009, 73).

게임은 기본적으로 게임을 거는 사람과 게임에 걸려드는 사람이 있으며, 상보교류를 통해서 대화가 진행되다가 전환(switch)이 일어나면서 파괴적인 결말을 맞이하게 된다. 이때, 게임을 거는 사람은 부정적인 스트로크나마 얻을 수 있게 되었기 때문에 소정의 목적을 달성할 수 있는 측면이 있지만, 게임에 걸린 사람은 불쾌한 감정을 지닌 상태로 게임을 마치게 된다. 이러한 게임은 주로 성인의 특징이라고 할 수 있는 이성적인 기능(어른 자아상태)이 제대로 발휘되지 못하며, 자기 또는 타인에 대한 부정적인 인생태도를 반영하게 된다. 특히 게임을 하게 되는 동안에는 말이나 생각이나 행동이 어린 시절로 돌아가는 경향이 있으며(어린이 자아상태), 부모의 언행을 재현하는 경우도 있다(어버이 자아상태). 이러한 게임은 비교적 빠른 시간에 많은 스트로크를 얻을 수 있기 때문에 만성화될 수 있으며, 그 결과 인생을 파국으로 몰고 갈 가능성을 지니고 있다.

게임은 이상과 같은 측면에서 볼 때 하나의 필요악이라고 할 수 있다. 왜냐하면 생존과 관련된 스트로크의 결핍을 해결할 수 있는 가장 좋은 방법 가운데 하나이면서 동시에 한 사람의 인생을 파국으로 몰고 갈 수도 있기 때문이다. 이러한 게임에 빠지지 않으려면 건강한 방법으로 긍정적 스트로크를 추구할 수 있는 방법으로 생활시간을 구조화하는 것이 필요하다. 그러한 시간의 구조화 방법 가운데 가장 중요한 것이 바로 친밀이다. 친밀은 게임과 마찬가지로 개인적인 차원의 시간의 구조화로서 시간의 구조화 방법 가운데 가장 효과적이면서 가장 많은 스트로크를 공급받을 수 있는 시간의 구조화이다.

### (6) 친밀(親密, Intimacy)

친밀은 인간과 인간 사이에서 일어날 수 있는 교류 가운데 숨겨진 의도가 없이 이루어지는 교류를 의미한다. 여기서 '인간과 인간 사이'라는 것은 전인적인 차원에서 이루어지는 인격적 교류를 의미하는 것이며, '숨겨진 의도가 없다'는 것은 사회적 수준과 심리적 수준이 일치하는 이면성이 없는 교류를 가리키는 것이다. 이러한 친밀은 이해타산을 따지지 않는 순수한 교류라고 볼 수 있으며(Harris, 2008, 170), 말과 행동을 통해서 자기의 의도를 서로가 서로에게 분명하게 인식할 수 있도록 전달하는 것을 포함한다. 이러한 차원에서 친밀은 '게임과 이용(exploitation)에서 자유로운 상태'라고 정의할 수 있으며(James, 1971, 58), 상대방에 대한 두려움이나 방어가 없는 시간의 구조화라고 할 수 있다(Harris, 2008, 170).

친밀은 다른 사람과의 교류에서 숨겨진 의도가 없는 진실한 교류임과 동시에 자신과 타인에 대한 긍정적인 인생태도를 반영하는 것이라고 할 수 있다. 실제로 친밀은 자기에 대한 긍정적인 태도와 타인에 대한 긍정적인 태도가 없이는 불가능한 것이다(Harris, 2008, 170). 만약 자기에 대해서 부정적인 태도를 가진 사람이라면 자책과 회의를 일삼을 수 있으며, 타인에 대해서 부정적인 태도를 가진 사람은 다른 사람을 탓하고 믿지 못하는 상황이 벌어질 수 있다. 그러므로 친밀이라는 시간의 구조화가 가능하기 위해서는 무엇보다도 먼저 자신과 타인을 긍정하는 인생태도가 수반되어야 하며, 이렇게 될 때 비로소 자기나 남을 탓하지 않고 책임을 받아들일 수 있게 된다.

친밀은 주로 합리적이고 이성적 교류를 지향하지만, 어렸을 때 받았던 보모의 영향도 존중하며, 어린 시절의 천진난만함이 살아있는 교류이기도 하다. 이러한 친밀은 사람에 따라 불편할 수도 있지만, 주로 자율적인 사람들 사이에서 이루어지는 교류로서 자유롭게 듣고 말하고 느끼는 것을 가리킨다. 또한 친밀은 일종의 '긍정적인 스트로크의 천국'이라고 할 수 있다. 그러나 친밀은 다른 시간의 구조화와 달리 미리 프로그램화되는 것이 아니기 때문에 가장 예측이 불가능한 시간의 구조화라고 할 수 있으며, 그래서 심리적으로 가장 위험한 시간의 구조화라고도 할 수 있다. 그러나 위험한 만큼 가장 양질의 스트로크를 제공할 수 있으며, 실제로는 가장 덜 위험한 스트로크라고 할 수 있다.

### 3. 시간의 재구조화

의식적 또는 무의식적으로 프로그램화 되어 있는 시간의 구조화는 스스로 자기의 시간의 구조화 방법을 인식할 수만 있다면, 얼마든지 의식적으로 재구조화할 수 있는 가능성이 열려 있다. 우리는 이미 앞에서 자기의 시간의 구조화 방법을 파악했기 때문에 이제 남은 것은 이것을 토대로 시간을 재구조화하는 일이다. 이때 중요한 것은 자신이 추구하는 시간의 구조화 방식이 무엇이냐는 것이다. 이를 위해 먼저 시간의 구조화 프로파일에 자기가 원하는 시간의 구조화를 표시해야 한다. 즉, 이미 그려져 있는 시간의 구조화 프로파일에 자기가 원하는 시간의 구조화의 모습을 표시하는 것이다. 그런 다음 기존의 시간의 구조화 방식을 어떻게 자기가 원하는 방식으로 재구조화할 수 있는지에 대해서 전략을 구축하는 것이다.

이때 기억해야 하는 것은 높은 것은 낮추고 낮은 것은 높이는 것이며, 특히 낮은 것을 높이는 것이 비교적 쉬운 전략이라는 것을 잊지 말아야 한다. 마지막으로, 하루의 시간의 구조화를 파악하고 분석할 수 있는 시간의 구조화 일일 점검표를 작성한다. 이것을 활용하면, 시간별로 일어났었던 사건을 기록하고 그것이 어떤 시간의 구조화에 포함되는지를 표시한 후 그것의 통계를 확인함으로써 자기의 시간의 구조화를 이해하고 재구조화하는데 더욱 쉽게 접근할 수 있다.

**표 10** 시간의 구조화 일일 점검표

| 번호 | 시간 | 행동 | 폐쇄 | 의식 | 활동 | 잡담 | 게임 | 친밀 | 합계 |
|---|---|---|---|---|---|---|---|---|---|
| 1 | : ~ : | | | | | | | | |
| 2 | : ~ : | | | | | | | | |
| 3 | : ~ : | | | | | | | | |
| 4 | : ~ : | | | | | | | | |
| 5 | : ~ : | | | | | | | | |
| 6 | : ~ : | | | | | | | | |
| 7 | : ~ : | | | | | | | | |
| 8 | : ~ : | | | | | | | | |
| 9 | : ~ : | | | | | | | | |
| 10 | : ~ : | | | | | | | | |
| 11 | : ~ : | | | | | | | | |
| 12 | : ~ : | | | | | | | | |
| 13 | : ~ : | | | | | | | | |
| 14 | : ~ : | | | | | | | | |
| 15 | : ~ : | | | | | | | | |
| 16 | : ~ : | | | | | | | | |
| 17 | : ~ : | | | | | | | | |
| 18 | : ~ : | | | | | | | | |
| 19 | : ~ : | | | | | | | | |
| 20 | : ~ : | | | | | | | | |
| 21 | : ~ : | | | | | | | | |
| 22 | : ~ : | | | | | | | | |
| 23 | : ~ : | | | | | | | | |
| 24 | : ~ : | | | | | | | | |
| 합계 | | | | | | | | | |

6장

교류분석의
욕구이론:
인생태도

# 6장

# 교류분석의 욕구이론: 인생태도

~

교류분석(Transactional Analysis Therapy)하면 떠오르는 중요한 구호가 하나 있다. "I'm Ok, You're Ok." 교류분석을 모르는 사람이라고 하더라도 이 구호는 너무나 자주 들었기 때문에 익숙한 사람들이 많다. 아마 우리들도 마찬가지일 것이다. 실제로 Harris는 이러한 제목으로 교류분석에 대한 책을 저술하기도 했다. 이 책은 1969년에 처음 출판되었는데, 현재까지 1,500만부 이상이 팔렸으며, 우리나라에서도 두 사람에 의해서 번역이 이루어졌다. 이 책은 우리나라에서 『마음의 해부학』이라는 제목으로 번역되었다. 이 장은 교류분석 중에서 "I'm Ok, You're Ok."와 직접적으로 관련된 "인생태도이론"에 대해서 다루고자 한다.

## 1. 인생태도의 정의

인생태도를 쉽게 정의하면 '자신과 타인에 대한 태도'를 말한다 (Stewart & Jones, 1993, 117). 인생태도는 인간은 누구나 자신과 타인에 대한 긍정적이거나 부정적인 태도를 가지고 있으며, 이러한 태도를 평생에 걸쳐서 입증하고자 하는 욕구를 가지고 있다고 보는 이론이다. 그렇다고 해서 인생태도이론이 운명론적인 것은 아니다. 왜냐하면 이 이론은 기본적으로 "변화가능성"을 전제로 하고 있기 때문이다. 쉽지는 않겠지만 누구나 의식적인 노력만 기울인다면 자신의 인생태도를 바꿀 수 있다는 입장이다.

일반적으로 인생태도는 아주 어렸을 때, 보통 만 3세 이전에 1차 형성되는 것으로 본다(보통은 3~7세, Stewart & Jones, 1993, 118). 이 시기는 아이가 아직 언어를 통해서 사고하거나 의사를 표현하는 능력이 부족한 시기이다. 이때 아이가 갖게 되는 중요한 타자(주로 어머니와 같은 주 양육자)와의 관계 속에서 자신과 타인에 대한 인생태도가 형성된다. 이렇게 형성된 인생태도는 또 다른 중요한 타자와의 관계를 거치면서 강화되거나 변화된다. 이러한 인생태도는 크게 '자기부정, 타인긍정'(I-, U+), '자타부정(I-, U-)', '자기긍정, 타인부정(I+, U-)', '자타긍정(I+, U+)' 네 가지로 구분할 수 있다.

## 2. 인생태도의 파악

현재 인생태도를 파악하기 위해서 사용하고 있는 방법은 크게 두 가지이다. 하나는 직관을 이용한 방법이고, 다른 하나는 질문지를 이용한 방법이다. 질문지를 이용한 방법의 경우 그 종류도 여러 가지이고 검사방법이 제각기여서 별도의 교육을 필요로 한다. 또한 그것들을 통합하여 한 가지로 제시하기에는 어려움이 따른다. 여기서는 질문지를 이용한 방법 보다는 직관을 이용한 방법을 제시하고자 한다. 여기서는 척도 질문을 통해서 이를 좀 더 구체화했으며, 아래의 질문은 얼마든지 바꾸어서 사용할 수 있다.

- 우리는 누구나 인생태도를 가지고 살아갑니다. 인생태도는 크게 나에 대한 태도와 남에 대한 태도가 있는데, 그러한 태도가 긍정적일 수도 있고 부정적일 수도 있습니다.

- '자기부정'(I-)이 없는 것을 '0'이라고 하고, 가득한 것을 '20'이라고 할 때 당신은 어디쯤에 있다고 생각하나요?

- '자기긍정'(I+)이 없는 것을 '0'이라고 하고, 가득한 것을 '20'이라고 할 때 당신은 어디쯤에 있다고 생각하나요?

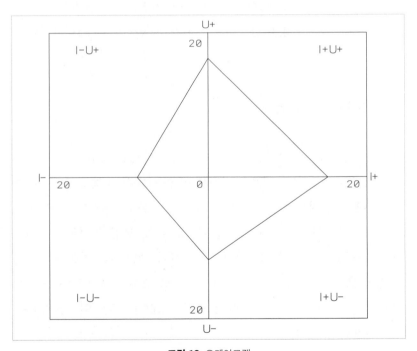

**그림 12** 오케이그램

- '타인부정'(U-)이 없는 것을 '0'이라고 하고, 가득한 것을 '20'이라고 할 때 당신은 어디쯤에 있다고 생각하나요?

- '타인긍정'(U+)이 없는 것을 '0'이라고 하고, 가득한 것을 '20'이라고 할 때 당신은 어디쯤에 있다고 생각하나요?

우리는 이러한 질문을 하면서 아래와 같은 표를 간략하게 그려놓고, 해당하는 숫자에 점을 찍는다. 그리고 각 점을 이으면 네 개의 삼각형이 나오는데, 그중에서 가장 큰 삼각형이 그 사람의 제1의 인생태도가 된다. 그림 12의 제1의 인생태도는 '자타긍정'형(I+, U+)이다.

그리고 두 번째로 큰 삼각형이 제2의 인생태도가 되는데, 제2의 인생태도는 긍정적이거나 부정적인 환경적 요인에 따라서 이동하게 되는 인생태도이다. 제1의 인생태도와 제2의 인생태도의 차이가 많을수록 변화가 적으며, 그 차이가 적을수록 쉽게 제2의 인생태도로 이동하는 것을 발견하게 된다. 제1의 인생태도와 제2의 인생태도의 면적이 같게 나오거나 비슷하게 나오는 경우는 그만큼 그 사람의 심리상태가 불안정하다는 것을 보여주는 것이다. 이 사람의 경우 제2의 인생태도는 '자기부정, 타인긍정'형(I-, U+)이다.

지금까지의 방법에서 어려움을 느낀다면 좀 더 쉬운 방법이 있다. 이렇게 질문할 수 있다. "당신은 자신이 신뢰할만하다고 생각하나요, 아니면 그렇지 않다고 생각하나요? 어느 쪽에 더 가깝지요?" 신뢰할만하다고 대답한다면 '자기긍정'의 사람이고, 그렇지 않다고 대답한다면 '자기부정'의 사람이다. 또한 "당신은 타인을 신뢰하고 있나요, 아니면 그렇지 않나요? 어느 쪽에 더 가깝지요?"라고 질문할 수 있다. 신뢰할 수 있다고 답한다면 '타인긍정'의 사람이고, 그렇지 않다고 답한다면 '타인부정'의 사람이다.

보통 한 가지의 인생태도를 견지하고 있기 때문에 굳이 제2의 인생태도를 파악하지 않아도 된다. 그러나 제2의 인생태도를 가능하게 하는 태도이동이라는 개념을 염두에 둘 필요가 있다. 환경에 의해서 한쪽 코드가 바뀔 수도 있고, 두 코드가 바뀔 수도 있는데, 현재 파악된 인생태도 유형이 제1의 인생태도인지 아니면 제2의 인생태도인지를 파악하는 것이 유용할 때가 있기 때문이다.

## 3. 인생태도의 특징

인생태도를 확인했다면 이제 해야 할 일은 인생태도의 특징을 이해하는 것이다. 여기서는 사람이 태어나서 제일 먼저 갖게 되는 인생태도의 특징을 설명해 보고자 한다(Berne, 2004a, 100~105; Harris, 2008, 73~86).

첫 번째는 자기부정, 타인긍정형의 태도이다. 이 유형의 사람들은 대부분 자기를 신뢰하지 못하며 다른 사람에게만 의존하려는 경향을 지니는 경우가 많다. 또한 이 사람들은 다른 사람과의 비교의식에 사로잡혀 있는 경우가 많다. 다른 사람은 잘 되는 것 같은데 자신은 그렇지 않으며, 다른 사람은 많은 능력을 가지고 있는데 자신은 무능력하다고 생각한다. 이런 생각을 가지고 살다보니 이 사람들은 다른 사람들에게 끌려다니거나 다른 사람들, 특히 자기긍정형의 사람들과 친밀한 관계를 형성하는데 어려움을 겪는다. 또한 이 사람들은 그들의 인생태도 때문에 실제로 손해를 보는 경우가 많고, 그 결과로 인해 피해의식 속에서 살아갈 때가 많다. 자기비하, 열등감, 의존성, 소극성 등이 이런 유형의 사람들을 잘 나타내는 용어이다.

그러나 만약 이런 유형의 사람들에게 외부로부터 또는 자신으로부터 긍정적인 자극이 주어진다면, 그것에 대한 수용과 결단을 통해 자타 긍정형으로 변화할 수 있는 기회를 얻게 된다. 또한 이 사람들에게 타인에 대한 부정적인 생각이 커지게 되면 자타부정형으로 바뀌는 결과를 초래하게 되기도 한다. 조금 다른 상황이기는 하지만 이 유형의 사람들이 자기긍정, 타인부정형의 사람들과 갈등상황에 처하게 되는 경우, 이 유형은 잠시나마 자기긍정, 타인부정형으로 바뀌게 된다. 그러나 상황이 종료되면 다시 원래 모습으로 돌아오게 된다. 상황이 끝났을 때 자신을 탓하고 있으면 그 사람은 자기부정, 타인긍정형의 사람이다.

두 번째는 자타부정형의 태도다. 이러한 태도를 갖고 있는 사람들은 대부분 인간으로서 갖추고 있어야 하는 기본적인 신뢰감이 형성되어 있지 않기 때문에 자신도 믿지 못하고 다른 사람도 믿지 못한다. 이런 경향 때문에 이 유형의 사람들은 삶에 가치를 부여하지 않을 뿐만 아니라 삶에 대한 흥미도 상실한 채 인생을 살아가고 있다. 결국 이 유형의 사람들은 인생을 살 가치가 없는 것으로 치부하면서 세상과 단절된 삶을 살아가는 경우가 많다.

이 유형의 사람들은 타인이 주고자 하는 긍정적인 자극을 거부한다. 그뿐만 아니라 스스로 자기 자신에게 긍정적인 자극을 주지 않는다. 게다가 이 유형의 사람들은 어떤 사건과 관련해서 자신과 타인을 모두 부정적으로 평가한다. 기본적인 인간에 대한 신뢰가 없기 때문이다. 또한 이 사람들은 기본적으로 사랑을 주고받는 법을 배우지 못했기 때문에 사랑을 받아들이거나 표현하는 방법을 알지 못해서 거절당하는 경우가 많다.

이 유형의 경우 특별한 상황이 아니라면, 자기부정, 타인긍정형 또는 자기긍정, 타인부정형으로 변화하게 되는데, 상담할 때 가장 어렵고 시간이 오래 걸리는 사람들이라고 볼 수 있다. 교류분석에서 이상적인 모습으로 보고 있는 자타긍정형으로 가기 위해 한 번의 단계를 더 거쳐야 하기 때문이다.

세 번째는 자기긍정, 타인부정형의 태도다. 이런 태도를 가진 사람들의 기본적인 특징은 문제의 원인을 다른 사람에게 돌리는 것이다. 항상 자신은 잘못한 것이 없으며, 다른 사람의 잘못 때문에 그렇게 되었다는 것이다. 이 사람들은 자기 자신을 과신한다. 그러나 타인에 대해서는 그 존재나 능력을 부인한다. 그렇기 때문에 본인이 의식하든 의식하지 않든 늘 다른 사람들에 대해서 무시하는 듯한 말이나 태도가 드러나게 된다. 혹자는 이 유형의 사람을 '교만'한 사람이라고 칭하고 자기부정, 타인긍정의 사람을 '겸손'한 사람이라고 칭하지만 그렇게 단순화시키기에는 석연치 않은 점들이 많이 있다.

이 사람들은 다른 사람들에 대해서 기본적으로 공격적인 태도를 갖는다. 왜냐하면 다른 사람들이 자신보다 못하다는 것을 증명해야 하기 때문이다. 또한 이러한 증명을 위해서 다른 사람들의 구원자 역할을 하는 사람도 있다. 그러나 실제로는 그 역할을 감당하지 못하고 상대방의 문제를 더 강화시켜주기만 하게 된다.

이 유형의 사람들은 다른 사람으로부터 주어지는 긍정적인 자극을 잘 받아들이지 못하며 순순히 받아들이지도 않는다. 또한 이 유형의 사람들은 자기들만을 긍정적으로 평가하려는 경향을 가지고 있기 때문에 이 유형의 사람들을 가리켜 자애(自愛)적 성향을 가진 사람들이라고 보기도 한다. 이 사람들은 환경의 영향과 자신의 결단의 결과로 자타긍정형이나 자타부정형으로 이동하게 된다. 특별한 경우 자기부정, 타인긍정형으로 이동하기도 하지만 이내 자기유형으로 돌아온다.

　마지막은 자타긍정형의 태도다. 이 태도는 교류분석이 추구하는 가장 이상적인 태도로서, 다른 사람에게 의존하거나 자기의 이익만을 추구하지 않고 자기와 타인과의 조화를 이루어 가는 사람이다. 이 사람은 자신과 타인의 가치를 중요하게 생각하기 때문에 이런 사람과 같이 있게 되면 편안함을 느끼게 된다.

　또한 이 사람들의 특징은 부정적인 상황을 긍정적으로 보는 능력이 있다는 점이다. 아무리 걸림돌이 있다고 하더라도 그것을 방해물로 보지 않고 더 좋은 결과를 위한 디딤돌로 생각하는 경향이 있다. 이 사람들은 자신의 실수를 인정할 줄도 알고 그러한 실수를 바탕으로 더 긍정적인 상황으로 나아갈 수 있도록 노력한다. 이러한 사람들은 무조건 좋은 게 좋은 것이 아니라 충분한 반성의 작업을 통해서 현재를 바꾸고자 하는 의지를 가지고 있는 사람들이다. 이 유형의 사람들은 환경의 영향을 통해 자기부정, 타인긍정형, 또는 자기긍정, 타인부정형의 모습을 나타낼 수도 있다.

## 4. 인생태도의 개선

인생태도를 바꾸기 위한 몇 가지 지침이 있다. 그 내용은 아래와 같다(우재현, 2003, 281).

① 자타긍정형의 인생태도를 가질 수 있는 사람의 특징이 무엇이고, 어떤 상황에서 자타긍정의 관계를 가질 수 있는지를 생각해 보는 시간을 갖는다.

② 누구와의 어떤 상황에서 자타부정형이 되는지 생각해보고, 그 사람과 그 상황이 되는 것을 피하도록 노력한다.

③ TV에서 나오는 연속극이나 대담방송에 등장하는 사람들의 말과 행동을 관찰하면서 자타긍정형의 인생태도를 관찰하고 습득한다.

그러나 이 지침을 적용하기에 앞서 한 가지 해야 할 일이 있다. 무엇보다도 자기 자신을 자기 인생에 대한 책임감 있는 주체로 회복시키는 일이다. 현재 자기의 모습은 의식적이든 무의식적이든 자신이 선택한 결과물이다. 그러므로 우리가 스스로 자기 삶의 주체가 되어 의식적으로 무엇인가를 결정하지 않는다면 결과적으로 우리는 자기 삶의 결정권을 무의식에 넘겨주는 것이 된다. 이러한 삶은 참으로 무책임하고 불행한 일이 아닐 수 없다.

인생태도는 굳이 말하자면 무의식에 해당한다. 이미 우리 안에 프로그램화되어 있어서 이성으로 통제하지 않는 이상 우리는 그 프로그램을 따라서 행동하게 된다. 우리의 삶을 무의식에 넘겨주고 과거에 만들어진 프로그램대로 살 것인지, 아니면 스스로 자기 인생의 주체가 되어 새롭게 결정하여 행동할 것인지는 본인에게 달려 있다.

## 5. 자아상태와의 관계

인생태도는 자아상태와 밀접한 관련이 있다. 인생태도는 주로 인간의 내면을, 자아상태는 주 인간의 외면을 보여준다는 점에서 볼 때 이 둘의 관계를 다루는 것은 자신의 안과 밖을 점검해 볼 수 있는 계기가 된다.

### 1) 어버이 자아상태(CP/NP)와 인생태도의 관계

먼저 CP와 U-의 관계 가운데 CP가 높고 U-가 낮은 경우이다. 이러한 경우는 대부분 자기에게 주어진 역할 때문에 다른 사람들에게 일부러 엄격하게 행동하는 사람들에게서 나타난다. 즉 마음으로는 다른 사람들을 미워하거나 부정적으로 생각하지는 않지만 겉으로는 마치 그렇게 보여질 수 있는 행동을 하고 있는 것이다. 이러한 사람들은 다른 사람들에 대한 엄격한 말이나 행동이 지나치지 않도록 주의할 필요가 있다. 또한 CP가 낮고 U-가 높은 경우이다. 이 경우는 주로 다른 사람들에 대한 비판을 의식적으로 억제하고 있는 사람들에게서 많이 나타난다. 왜냐하면 마음속으로는 타인에 대해서 부정적인 생각을 지니고 있지만 겉으로는 그것을 드러내지 못하고 있기 때문이다. 이러한 사람들은 자기의 생각을 억압하기만 할 것이 아니라 객관적인 관점을 유지하면서 다른 사람들에게 자기의 생각을 이야기하려는 노력이 필요하다(스기다, 1993, 99).

두 번째는 NP와 U+와의 관계 가운데 NP가 높고 U+가 낮은 경우이다. 이 경우는 주로 자기에게 주어진 역할 때문에 다른 사람들에게 친절을 베풀어야 하는 사람들에게서 보인다. 이러한 사람들은 속으로는 다른 사람들을 싫어하고 부정적으로 생각하지만 직업상 어쩔 수 없기 때문에 겉으로만 잘해주는 사람들이다. 이러한 사람들은 힘은 들겠지만 다른 사람들에 대한 장점을 찾음으로써 그들에 대한 부정적인 마음과 생각을 최소화할 필요가 있다. 또한 NP가 낮고 U+가 높은 경우이다. 이 경우는 다른 사람들에 대해서 좋은 마음과 생각을 지니고 있기는 하지만, 그러한 마음과 생각을 겉으로는 드러내지 않는 사람들에게서 나타난다. 이런 사람들은 다른 사람들에 대한 좋은 마음을 적극적으로 표현함으로써 쓸데없는 오해의 여지를 제거하는 것이 좋다(스기다, 1993, 99).

세 번째는 CP와 NP, 그리고 U-와 U+의 상호관계 가운데 CP가 높고 U-가 낮고 NP가 낮고 U+가 높은 경우이다. 이 경우는 주로 다른 사람들에 대해서 긍정적인 마음과 생각을 지니고는 있지만 겉으로는 칭찬이나 따뜻한 표현은 하지 못하고 오히려 비난이나 비판을 하는 사람들에게서 나타난다. 이런 사람들은 속정은 있지만 겉으로는 차가운 사람들인데, 이렇게 사는 것 보다는 속에 있는 마음을 겉으로 긍정적이고 적극적으로 표현하는 것이 더 좋을 것이다. 또한 CP가 낮고 U-가 높고 NP가 높고 U+가 낮은 경우이다. 이런 경우는 주로 다른 사람들에 대해서 부정적인 마음과 생각을 지니고 있으면서 겉으로는 싫은 내색을 하지 않고 친절하게 대하는 사람들에게서 나타난다. 이런 사람들은 다른 사람들에 대해 건전한 비판을 하기 위해서 노력할 필요가 있으며, 이를 위해 적절한 때와 장소를 물색하는 것이 필요할 수 있다.

### 2) 어린이 자아상태와 인생태도와의 관계

먼저 FC와 I+의 관계 가운데 FC가 높고 I+가 낮은 경우이다. 이러한 경우는 대부분 실제는 그렇지 않으면서 허세를 부리거나 실제보다 표현을 더 잘하는 사람들에게서 찾아볼 수 있다. 이들은 자기긍정이 낮지만 겉으로는 그렇지 않은 것처럼 행동함으로써 자기의 속내를 숨기려 하거나 과장하는 사람들이다. 이러한 사람들은 자기긍정을 높이거나 겉으로 드러나는 모습이 지나치지 않도록 주의를 기울일 필요가 있다. 다음은 FC가 낮고 I+가 높은 경우이다. 이러한 사람들은 대부분 자신은 있지만 그것을 솔직하게 드러내지는 않는 경우가 많다. 또한 이들은 자기가 옳다고 생각되는 것을 잘 말하지 못하고 억압하는 경우가 많다. 그러므로 이러한 사람들은 실제보다 표현력이 떨어지는 사람들이라고 볼 수 있다. 이러한 사람들은 자신이 생각하거나 할 수 있다고 여겨지는 것을 있는 그대로 표현하려는 노력이 필요하다(스기다, 1993, 99).

두 번째는 AC와 I-와의 관계 가운데 AC가 높고 I-가 낮은 경우이다. 이러한 사람들은 다른 사람들과의 관계에서 자신을 내세우지 않고 다른 사람들과 조화를 이루려는 경향이 있다. 실제로 이들은 자기부정이 낮지만 다른 사람들에게 맞추려는 경향이 강하다. 그러나 이러한 경향이 지나치면 심한 스트레스에 시달릴 수 있으므로 주의가 필요하다. 다음은 AC가 낮고 I-가 높은 경우이다. 이러한 경우 대부분의 사람들은 열등감이 많으며 그러한 열등감 때문에 오히려 고집스럽게 행동할 수 있다. 실제로 이들은 자기 자신에 대해서 부정적인 태도를 많이 가지고 있으며, 다른 사람들에게 귀를 기울이지 않고 자신의 생각만을 고집하는 경향이 있다. 이런 사람들은 자기 자신에 대해서 긍정적인 태도를 가지려고 노력할 뿐만 아니라 다른 사람들의 말에도 귀를 기울일 필요가 있다(스기다, 1993, 99).

세 번째는 FC와 AC, 그리고 I+와 I-의 상호관계 가운데 FC가 높고 I+가 낮고 AC가 낮고 I-가 높은 경우이다. 이러한 사람들은 주로 자기 자신에 대해서 부정적인 태도를 지니고 있으면서 그것을 감추기 위해 허세를 부리거나 일부러 고집을 부리는 타입이라고 할 수 있다. 이러한 사람들은 늘 마음의 빈자리가 있기 마련인데, 자기 자신에 대해서 긍정적인 태도를 갖고 스스로 점검하여 합리적으로 행동하려고 노력할 필요가 있다.

다음은 FC가 낮고 I+가 높고 AC가 높고 I-가 낮은 경우이다. 이 경우 대부분의 사람들은 자기 자신에 대해서는 긍정적이지만 겉으로는 그것을 드러내지 않고 오히려 다른 사람들의 의견을 따라가는 경향이 있다. 이러한 사람들은 자기긍정이 높으면서도 그것을 억압하고 다른 사람들과 어울리는데 초점을 두기 때문에 시간이 지나면 스트레스성 질환에 시달릴 수 있다. 그것 때문에 병원을 찾지 않으려면 평소 자신의 생각이나 감정을 표현할 필요가 있다. 무엇보다도 그것을 잘 표현하기만 한다면 오히려 관계 증진에 도움이 될 것이라는 확신을 가져야 한다. 또한 이러한 사람들은 다른 사람의 요구를 잘 거절하지 못하는 경향이 있으므로 적절한 거절이 필요한 사람들이라고 할 수 있다.

### 3) 어른 자아상태와 인생태도와의 관계

A와 인생태도의 관계는 크게 두 가지 측면에서 접근이 가능하다. 하나는 A와 인생태도의 관계를 유관하게 보는 것이다. 이 경우 A보다 낮은 인생태도는 A가 인식할 수 있을 뿐만 아니라 필요에 따라 A가 인생태도를 자유롭게 조절할 수 있다. 그러나 A보다 높은 인생태도는 A의 영향에서 벗어나게 되어 통제가 불가능해진다. 다른 하나는 A와 인생태도의 관계를 무관하게 보는 것이다. 이 경우 A는 A보다 낮은 인생태도이건 높은 인생태도이건 간에 인생태도에 아무런 영향을 미칠 수 없다. 이러한 견해는 A를 의식적인 측면으로, 그리고 인생태도를 무의식적인 측면으로 간주하고, 무의식의 자율성을 강조한다.

그러나 무의식은 의식화 과정을 통해서 의식으로 통합이 가능하다. 의식화되지 않은 인생태도는 A의 영향에서 벗어나게 되지만 의식화를 통해 인식된 인생태도는 자연스럽게 A의 영향 아래 속하게 된다. 결과적으로 의식화된 인생태도는 A에 의해서 강화되거나 약화될 수 있다. 인생태도 이론은 무의식의 인생태도를 의식화하는 역할을 한다. 그러므로 이 이론을 근거로 파악된 인생태도는 A에 의해서 조절이 가능하다. 그러나 인생태도는 근본적으로 무의식의 영역에 해당하는 것으로 볼 수 있기 때문에 그 자율성을 간과해서는 안 된다. 그러므로 A와 인생태도의 관계를 언급할 때는 유관과 무관의 두 가지 측면 가운데 하나가 아니라 두 가지 측면을 모두 고려할 필요가 있다.

# 7장

교류분석의
갈등이론:
게임분석

# 7장

# 교류분석의 갈등이론: 게임분석

~

　영희 씨네 가정은 아침이면 늘 분주하다. 남편은 아침 일찍 출근을 해야 하고, 아이들은 셋이나 있어 둘은 어린이집으로, 하나는 학교로 가야 한다. 다행히 남편은 일찍 일어나는 편이다. 밥만 차려주면 알아서 먹고 준비해서 나간다. 그러나 아이들은 다르다. 첫째는 학교 갈 시간이 다 되어도 나갈 생각을 하지 않고, 막내는 일어나기조차 힘들어한다. 다만 둘째만이 제때 일어나 밥을 먹고 씻고 나갈 준비를 한다. 영희 씨는 아침이면 늘 신경이 곤두서 있다. 식사 준비하랴 아이들 챙기랴 정신이 없다. 일주일에 몇 번씩 영희 씨는 아침에 아이들에게 소리를 지른다. 화가 치밀어 올라 자기도 모르게 소리를 지르지만 곧 후회한다. 물론 아이들도 마음이 불편하기는 마찬가지이다. 교류분석에서는 이러한 상황을 가리켜 '게임'(game)이라고 칭한다. 이 장에서는 교류분석이 말하는 게임이 무엇이며, 어떤 과정을 거쳐서 전개되고, 어떻게 이러한 게임에서 벗어날 수 있는가에 대해서 살펴보고자 한다.

## 1. 게임의 정의와 특징

교류분석에서 게임에 대해서 처음 언급한 사람은 주창자인 Berne이다. Berne(1974, 95)은 1961년에 출간된 *Transactional Analysis in Psychotherapy*에서 사람들이 기분전환(pastime)하려고 할 때 거짓(dissimulation)을 포함하게 되면 게임이 된다고 주장했다. 그 후 1964년에 나온 「심리게임」(Games People Play)에서 Berne(2009, 73)은 게임을 "예측가능하며 명확히 정의된 결과를 향해 나아가는 연속적인 상호 보완적 이면교류"로 정의한다. 또한 1971년에 출판된 그의 마지막 책인 「각본분석」(What Do You Say after You Say Hello?)은 게임을 "명확히 정의된 심리학적 결말을 가지는 반복성을 지닌 일련의 이면교류"(Berne, 2004b, 27)로 정의했다.

이상과 같은 정의를 통해서 알 수 있는 게임의 가장 커다란 특징은 '이면성'이다. 즉, 게임을 하는 사람들이 겉으로 드러나지 않는 숨겨진 의도를 가지고 게임에 참여하고 있다는 사실이다. 그렇기 때문에 이러한 게임에 참여하는 사람들은 게임에 참여하는 다른 사람의 의도뿐만 아니라 자신의 의도조차도 파악하지 못하고 게임에 임하고 있는 경우가 많다. Berne(2009, 73)은 게임의 두 번째 특징을 이것을 통해서 얻을 수 있는 '보상'에 둔다. 그러나 여기서 말하는 보상은 긍정적이 아니라 부정적이며, 단순히 나쁜 감정이 아닌 극적인 속성을 지니게 된다.

게임의 또 다른 특징은 '반복성'이다. 사람들은 자신들이 선호하는 게임이 있으며, 그러한 게임을 반복한다. 물론 게임을 하는 상대와 환경은 얼마든지 바뀔 수 있다. Kaufman은 게임의 반복성과 관련하여 게임이 하나의 행동패턴이기 때문에, 게임이 세 번 이상 되풀이되기 전까지는 게임이라고 이름 붙여서는 안 된다고 주장한다. 왜냐하면 첫 번째는 우연의 사고(accident)일 수 있으며, 두 번째는 우연의 일치(coincidence)일 수 있기 때문이다(Goulding & Goulding, 1993, 41). 게임이 반복되는 이유는 게임이 기본적으로 무의식적이고 습관적이기 때문이다(Berne, 2009, 75). 그러나 게임에 어른 자아상태가 작용하느냐 그렇지 않으냐에 대해서는 이견이 있다. Berne은 게임의 무의식성을 주장하면서도 어른 자아상태가 의식하지 못한 상태에서 이루어진다고는 말하지 않는다.

그러나 Goulding과 Goulding(1993, 41)은 게임이 어른 자아상태가 인식하지 못하는 가운데서 이루어진다고 주장한다. 필자는 게임이 처음에는 어른 자아상태가 인식하지 못하는 가운데 이루어지지만, 시간이 지나면서 점차 어른 자아상태에 의해 인식되는 것이 아닌가 생각한다. 왜냐하면 사람에게는 프로이트가 말한 죽음의 본능 뿐만 아니라 삶의 본능이 공존하고 있기 때문이다. Goulding과 Goulding(1993, 42)은 게임을 하는 사람들마다 각각의 독특한 결말이 있으며, 이러한 결말은 각 사람의 "과거에 미해결로 끝난 중요한 일을 반복하는 것"이라고 본다. 그러나 이러한 결말이 긍정적인가 부정적인가에 대해서는 이견이 존재한다. 굴딩 부부는 게임을 "적어도 한 사람의 플레이어가 불편한 감정을 품고 있거나, 또는 일시적으로 상처받고 끝나는 일련의 교류"라고 정의하면서 게임의 결말이 부정적이라고 주장한다(Goulding & Goulding, 1993, 40).

그러나 Berne은 모든 게임의 결말이 부정적이라고 주장하지는 않는다. 이것은 Berne이 제시하고 있는 게임에 대한 정의와 게임의 목록을 통해서 확인할 수 있다. Berne(2009, 235)은 일명 '좋은 게임'에 대해서 언급한다. 비록 게임을 하는 사람들의 동기가 결과와 다를 수는 있지만, 그 결과가 게임에 참여하는 사람들뿐만 아니라 사회 전반에 긍정적인 영향을 끼칠 수 있다면 좋은 게임이 될 수 있다는 것이다. 그러나 Berne 역시 임상적으로 조사할 수 있는 게임은 모두 나쁜 게임이며, 속임수를 포함하고 있기 때문에 실제로 좋은 게임을 찾는 것은 어렵다고 본다.

## 2. 게임의 과정

모든 게임에는 규칙이 있다. 만약 게임을 하는 사람들이 그 규칙을 따르지 않는다면 게임은 성립되지 않는다. 마찬가지로 교류분석의 게임에도 일정한 규칙이 있다. Berne은 이것을 가리켜 "게임의 공식"이라고 칭한다. Berne(2004, 28)이 말하는 게임의 공식은 크게 6가지로 구성되어 있으며, 다음과 같이 나타낼 수 있다.

$$\text{Con} + \text{Gimmick} = \text{Response} \rightarrow \text{Switch} \rightarrow X \rightarrow \text{Pay off}$$

게임의 첫 번째 요소는 "Con"이다. 이것은 본래 "속임수"를 나타내는 단어로서, 게임의 상대방을 끌어들이는 미끼라고 할 수 있으며, 상대방이 이것을 물었을 때 그 사람을 낚아채게 된다(hook). 두 번째 요소는 "Gimmick"이다. 이것은 "Con"에 속아 게임에 참여하게 될 사람의 숨겨져 있는 "약점"이라고 할 수 있다. 본래 이 단어는 트릭이나 비밀장치라는 의미를 지니고 있지만, 여기서는 번드르르한 것 안에 숨겨져 있는 무엇을 가리키는 것으로서, 상대방의 "Con"에 걸리게 만드는 요소라고 할 수 있다. 게임의 세 번째 요소는 "Response"이다. 이것은 "Gimmick"을 지닌 사람이 상대방의 "Con"에 속아 걸려든 상태를 가리킨다. 이때 "Gimmick"을 가진 사람은 상대방의 "Con"에 반응하게 된다.

게임의 네 번째 요소는 "Switch"이다. "Response" 단계에서는 게임을 건 사람과 게임에 걸려든 사람 사이에 상보교류가 일어난다. 이 교류가 끊임없이 일어날 것 같지만 그 안에 숨겨진 의도가 있기 때문에 얼마지 나지 않아 교차교류가 발생하면서 "전환"이 일어나게 되는데 이것이 바로 "Switch"이다. 이때 각자의 자아상태와 게임에서 맡은 역할이 바뀌게 된다. 게임의 다섯 번째 요소는 "Surprise"이다. 이것은 게임에 참여한 사람들의 역할이 바뀌게 되면서 나타나는 "혼란"상태이다. 이것은 마치 자신의 승리를 확신하다가 자신이 패배했음을 발견한 사람의 모습과 흡사하다. 게임의 마지막 요소는 "Pay Off"이다. 이것은 하나의 "결말"로서, 게임이 끝나고 난 이후에 경험하게 되는 부정적 감정을 가리킨다. 이때 각자는 자신이 원하는 결말을 얻게 되지만, 그러한 사실을 발견하지 못한다.

Berne의 게임의 공식 이외에 굴딩 부부의 게임의 과정이 게임의 과정을 이용하는데 많이 활용된다. Goulding과 Goulding(1993, 41)은 게임의 첫 번째 과정을 겉으로 드러난 그럴듯한 자극과 그 속에 숨겨진 비밀 메시지라고 보았다. 서두에서 언급했던 영희 씨의 집에서 보면, 아이가 이러한 메시지를 보내고 있다고 볼 수 있다. 즉, 아이는 늦잠을 자면서 일어날 것 같으면서 일어나지 않는다. 그러면서 엄마에게 "일어날게요"라고 말한다. 그러나 일어나지 않는다. 이때 아이는 엄마에게 "저는 일어나지 않고 계속 꾸물거릴 거예요. 계속해서 저에게 일어나라고 성가시게 말씀하세요"라는 비밀 메시지를 보내고 있다고 볼 수 있다. 두 번째 과정은 비밀 메시지에 대한 반응이다. 영희 씨는 "일어날게요"라고 말하면서 일어나지 않는 아이에게 마침내 "안 일어나!"라고 소리를 지르게 된다. 세 번째 과정은 결말이다. 영희 씨가 아이에게 소리를 지른 결과 아이와 영희 씨 모두 기분이 나빠진다. 결말에서는 게임에 참여한 사람 모두 분노를 느끼거나 비참해지거나 죄의식을 지니게 된다(Goulding & Goulding, 1993, 41).

Goulding과 Goulding의 게임의 과정은 자아상태이론을 통해서도 설명이 가능하다. 엄마는 늦잠을 자는 아이에게 "지금 몇 시인지 아니?"라고 묻는다. 그때 아이는 누운 채로 "8시요"라고 답한다. 이것은 표면상 어른 자아상태와 어른 자아상태의 대화이다. 그러나 이 속에는 CP와 AC의 교류가 숨겨져 있다. 즉, 엄마는 아이에게 "너 지금 도대체 몇 시인데 아직도 자고 있어? 빨리 안 일어날래?"라는 메시지를 보내고 있는 것이며, 아이는 엄마에게 "엄마, 짜증 나게 왜 자꾸 그러세요? 피곤해 죽겠다고요!"라는 메시지를 보내고 있는 것이다. 이때 엄마는 CP에서 AC로 자극을 보내면서 화가 나 아이에게 소리를 지르게 되고, 아이는 짜증을 내거나 울먹이며 일어나게 된다.

## 3. 게임을 하는 이유

Berne(2009, 247~248)을 비롯한 교류분석 이론가들은 게임이 "세대에서 세대로 전해진다"는데 동의한다. 실제로 게임은 부모들로부터 학습한 것을 되풀이하는 과정이며, 그러한 과정을 통해서 자신이 원하는 것을 성취하게 된다. 그러므로 게임은 자신이 원하는 것을 얻기 위해 취하는 일종의 행동양식이며, 부모로부터 물려받은 욕구충족의 한 방법이라고 할 수 있다. 교류분석에서는 일반적으로 자극의 욕구, 구조화의 욕구, 태도의 욕구 등 세 가지 욕구를 언급한다. 게임은 바로 이러한 욕구를 충족하기 위한 하나의 수단이 된다.

먼저 사람들은 스트로크를 얻기 위해 게임을 한다(Berne, 2009, 90~91). 스트로크는 일종의 인정자극으로서 사람들이 살아가는데 없어서는 안 되는 중요한 요소이다. 스트로크 가운데 제일 좋은 것은 긍정적 무조건적 스트로크이다. 그러나 이러한 스트로크를 얻는다는 것은 그렇게 쉬운 일이 아니다. 왜냐하면 긍정적 무조건적 스트로크는 행위와 관계없이 존재를 무조건적으로 긍정해줄 때 가능하기 때문이다. 또한 스트로크를 추구하는 방법 가운데 가장 효과적인 것은 친밀감이다. 그러나 일상생활에서 양질의 친밀감을 얻을 수 있는 기회는 많지 않으며, 혹 그러한 친밀감을 얻을 수 있다고 하더라도 익숙하지 않아 불편함을 느낄 수도 있다. 그러므로 사람들은 친밀감보다 손쉬운 게임을 통해서 스트로크를 얻으려는 경향이 있다. 즉, 긍정적인 스트로크를 얻을 수 없거나 긍정적인 스트로크가 불편할 경우 선택할 수 있는 차선이 바로 게임이기 때문이다.

두 번째로 사람들은 시간을 보내기 위해 게임을 한다. 사람들은 시간을 보내는데 자신만의 방법들이 정해져 있으며, 그 가운데 하나가 바로 게임이다. 특히 게임은 빈 시간을 채우는데 효과적이다. 친밀감보다 스트로크의 양은 부족하지만 그만큼의 위험을 부담하지 않아도 되어 상대적으로 안전하며, 스트로크를 추구하는 다른 방법보다 훨씬 많은 양의 스트로크를 제공하기 때문에 뒤따르는 고통에 비해 상대적으로 만족스럽다. 실제로 게임은 무료하게 보낸 하루를 짧은 시간에 보상해 준다.

세 번째로 사람들은 인생태도를 확인하기 위해 게임을 한다. 물론 이 말은 그 역도 마찬가지이다. 실제로 사람들이 게임을 하는 주된 이유 가운데 하나는 자신이 가지고 있는 인생태도 때문이다. 인생태도는 자신과 타인에 대한 태도이다. 이러한 태도는 긍정적이기도 하며 부정적이기도 하다. 문제는 부정적인 태도이다. 네 가지 인생태도 가운데 세 가지, 즉 75%가 부정적인 태도를 지니고 있다. 이러한 사실은 사람들이 왜 게임을 하는지를 분명하게 보여준다. 또한 상황의 변화에 따라 자타 긍정형의 사람들도 게임에 참여한다는 사실을 감안하면 게임을 할 가능성을 훨씬 높아진다. 이렇게 시작된 게임은 또한 다시 한 번 자신의 인생태도를 확인하는 계기를 마련하고, 반복을 통해서 그러한 인생태도를 강화시키는 역할을 하게 된다.

이외에도 사람들은 인생각본을 따르기 위해서 게임을 하며(Stewart & Joines, 1993, 244), 정서 스탬프를 수집하기 위해서 게임을 한다(Berne, 2009, 91). 인생각본은 결말이 정해져 있기 때문에, 그 과정에 "결말"을 포함하는 게임을 하는 것은 필연적이다. 또한 수집된 정서 스탬프를 청산하고, 다시 정서 스탬프를 수집하기 위해 게임을 선택하는 것은 자연스러운 일이다. 아마도 Berne이 정서장애를 안고 있는 사람들이 게임을 심하게 한다고 보는 이유가 이것 때문일 것이다. 실제로 정서장애가 심할수록 게임을 더 강하게 한다(Berne, 2009, 249).

## 4. 게임의 분류

Berne(2009, 94)은 게임의 종류를 총 35개로 언급한다. 이 가운데 "휴

**표 11** Berne에 의한 게임의 분류

| | |
|---|---|
| 1. 생활 게임(Life Games) | 2. 결혼 게임(Marital Games) |
|   1) 알코올 중독자(Alcoholic) |   1) 궁지로 몰기(Corner) |
|   2) 빚쟁이 게임(Debtor) |   2) 법정(Courtroom) |
|   3) 나 좀 차주세요(Kick Me) |   3) 내담한 여성(Frigid Women) |
|   4) 딱 걸렸어 |   4) 어찌할 바를 모르는(Harried) |
|     (Now, I've Got You, You S.O.B) |   5) 당신이 아니었으면 |
|   5) 너 때문이야 |     (If It Weren't For You) |
|     (See What You Made Me Do) |   6) 내가 얼마나 열심히 노력했는지 봐 |
| |     (Look How Hard I've Tried) |
| |   7) 연인(Sweetheard) |
| 3. 파티 게임(Party Games) | 4. 성적 게임(Sexual Games) |
|   1) 지독하군(Ain't It Awful) |   1) 싸움붙이기(Let's You and Him Fight) |
|   2) 흠집내기(Blemish) |   2) 성도착(Perversion) |
|   3) 얼간이(Schlemiel) |   3) 유혹(Rapo) |
|   4) 이렇게 하면 어때요? |   4) 스타킹(The Stocking Games) |
|     - 예, 그러나(Why Don't You-Yes But) |   5) 난동(Uproar) |
| 5. 지하세계 게임(Underworld Games) | 6. 컨설팅룸 게임(Consulting Roon Games) |
|   1) 경찰과 도둑(Cops and Robbers) |   1) 온실(Greenhouse) |
|   2) 모범수(How Do You Get Out of Here) |   2) 도우려고 했을 뿐인데 |
|   3) 사기(Let's Pull a Fast One on Joey) |     (I'm Only Trying to Help you) |
| |   3) 빈곤(Indigence) |
| |   4) 시골뜨기(Peasant) |
| |   5) 정신의학(Psychiatry) |
| |   6) 바보(Stupid) |
| |   7) 의족(Wooden Leg) |

가반납(Busman's Holiday) 게임", "기사도(Cavalier) 게임", "자선(Happy to Help) 게임", "검소한 현자(Homely Sage) 게임", "원수를 은혜로 갚기 (They'll Be Glad They Knew Me) 게임" 등 5개는 좋은 게임(Good Games)에 속하는데, 이러한 게임은 일반적인 게임의 분류에서는 제외되기 때문에 Berne이 언급한 게임은 31개라고 할 수 있다. 31개의 게임은 다시 생활 게임, 결혼 게임, 파티 게임, 성적 게임, 지하세계 게임, 컨설팅룸 게임 등 여섯 가지로 세분화된다.

또한 Berne(2009, 94)은 이상의 게임을 참가인원, 사용된 화폐, 임상 유형, 신체부위, 정신역동, 본능 등 여섯 가지 요인으로 재분류한다. 여기서 한 가지 주의할 것은 게임의 참가인원에 따른 분류이다. Berne은 게임의 참가인원을 둘 이상으로 본다. 그러나 실제로 게임은 혼자서도 가능하다. Goulding과 Goulding(1993, 43~44)은 "차 열쇠를 잃어버리는 게임"을 통해서 이러한 사실을 잘 보여주고 있다. 눈이 많이 오던 어느 날 민수는 급히 차를 몰아야 할 상황이 생겼다. 그런데 열쇠는 차 안에 있었고 문은 잠겨 있었다. 이때 민수는 자신에게 "이 바보같은 녀석"이라고 말한다. 그러면서 민수는 화가 났고 기분이 매우 나빠졌다. 이때 게임에 참여한 사람은 민수 한 사람이다.

Berne(2009, 94~95)의 게임의 분류에서 눈여겨볼 것은 게임의 영적 변수와 게임의 단계이다. Berne은 게임의 양적 변수를 융통성, 집요함, 강도 등 크게 세 가지로 본다. 융통성은 게임에서 사용하는 화폐(말, 돈, 신체일부)와 관련된 것으로, 화폐를 한 가지만 사용하느냐 그렇지 않으냐에 따라서 융통성이 있느냐 그렇지 않으냐를 평가한다. 집요함은 게임을 쉽게 포기하느냐 그렇지 않고 계속해서 진행하느냐에 따라서 평가된다. 강도는 게임을 할 때 부드럽고 느긋하게 하느냐, 아니면 강하고 공격적으로 하느냐에 따라서 순한 게임과 격렬한 게임으로 구분한다.

Berne(2009, 95)이 분류하는 게임의 단계는 세 단계이다. 1단계는 사용하는 화폐에 융통성이 있고 비교적 쉽게 멈출 수 있는 게임으로, 게임하는 사람이 속한 사회에서 수용이 가능한 게임이다. 이러한 게임은 주변사람들에게 말할 수 있는 수준의 결과를 만들어낸다. 2단계는 게임하는 사람이 속한 사회에서 수용이 어려운 게임으로, 게임을 한 사람은 이 사실을 주변사람들에게 말하고 싶어 하지 않는다. 실제로 이러한 수준의 게임은 다른 사람들에게 말하기 힘든 수준의 결과를 초래한다. 3단계는 사용하는 화폐의 융통성이 없고 집요하고 격렬하게 진행되는 게임이다. 이러한 게임은 회복할 수 없는 영구적인 손상이 일어나는 게임으로 병원이나 법정 또는 영안실에서 끝날 수 있는 수준의 결과를 초래한다.

## 5. 게임과 드라마 삼각형(Drama Triangle)

드라마 삼각형은 Steven Karpman이 고안한 것으로서, 게임을 드라마로 간주하고 그 안에 박해자(Persecutor), 구원자(Rescuer), 희생자(Victim)를 연기하는 배우가 있다고 주장한다. 그러나 게임에서 이들의 역할은 진정한 역할이 아니며, 지금 여기가 아니라 과거의 모습을 재현하고 있는 것으로 본다. 그러므로 Karpman은 게임에서의 이러한 역할과 실제의 역할을 구분하기 위해, 게임에서의 역할을 가리킬 때는 대

문자를, 실제에서의 역할을 가리킬 때는 소문자를 사용한다(Stewart &
Joines, 1993, 236~238).

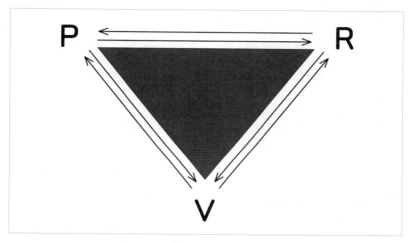

**그림 13** 드라마 삼각형

　박해자는 타인부정의 태도를 지니고 있으며, 주로 CP에 의해서 연
출되는 역할이라고 할 수 있다. 이때, 박해자는 다른 사람을 과소평가하
고 무시하며, 자신의 힘을 이용해 다른 사람을 억압하거나 강요한다. 구
원자 역시 타인부정의 태도를 지닌다는 점에서는 박해자와 일치한다.
이들은 다른 사람이 스스로 생각하고 주도적으로 행동할 수 있는 능력
을 평가절하한다(discount). 그러나 구원자는 다른 사람을 억압하거나 강
요하지 않으며 오히려 도우려고 한다. 그러나 '나는 당신보다 우월한 사
람이고 당신은 나보다 열등하기 때문에 내 도움이 필요하다'라는 생각
에서 그러한 역할을 한다. 이러한 사람들은 친절하고 우호적이지만 다
른 사람이 자신을 의존하도록 만들기 때문에 다른 사람들의 자기부정

적인 태도를 오히려 강화하는 역할을 하게 된다. 구원자는 일반적으로 NP에 의해서 연출되며, 박해자를 지지하는 사람이기도 하다. 희생자는 자기부정의 태도를 지니고 있으며, 주로 AC에 의해서 연출되는 역할이라고 할 수 있다. 이러한 희생자는 과잉적응을 하거나 부적응하는 경향이 있으며, 스스로 할 수 없다는 생각을 확인하기 위해 구원자를 찾아나서거나 자신을 무시하고 억압할 박해자를 찾기도 한다.

Karpman은 게임을 하는 동안 이러한 역할의 변화가 일어난다고 주장한다. 실제로 게임에 참가하는 사람들은 박해자에서 희생자로, 희생자에서 박해자로, 구원자에서 희생자로, 구원자에서 박해자로 역할의 변화를 경험한다. 그리고 이러한 역할의 변화로 인해 놀라곤 한다. Stewart와 Joines(1993, 358~361)는 이러한 역할의 변화가 일어나는 게임의 종류를 구분하여 보여주고 있다. 박해자에서 희생자로 변하는 게임은 "나 좀 차주세요", "경찰과 도둑", "흠집 내기", "당신이 아니었으면"이고, 희생자에서 박해자로 변하는 게임은 "이렇게 하면 어때요? - 예, 그러나", "딱 걸렸어", "유혹", "의족", 구원자에서 희생자로 변하는 게임은 "도우려고 했을 뿐인데", 그리고 구원자에서 박해자로 바뀌는 게임은 "내가 얼마나 열심히 노력했는지 봐라."이다.

## 6. 게임과 정서 스탬프(Psychological Trading Stamp)

Berne(2004, 29)은 「각본분석」에서 게임의 결말을 정서 스탬프로 언급한 바 있다. 정서 스탬프는 보통 어린이 자아상태가 모으는 것으로서 다른 사람들과의 교류를 통해서 부수적으로 얻어지는 것이다. 다른 사람과의 관계 속에서 긍정적인 스트로크를 받아 좋은 느낌이 들면 금색 스탬프(gold stamp)를, 부정적인 스트로크를 받아 나쁜 기분이 들면 회색 스탬프(grey stamp) 또는 갈색 스탬프(brown stamp)를 수집한다. 이외에도 우울하면 청색 스탬프(blue stamp)를, 화가 나면 적색 스탬프(red stamp)를, 결백을 주장하고 싶을 때는 백색 스탬프(white stamp)를 수집하게 된다.

이렇게 수집된 정서 스탬프는 어느 정도 시간이 지나고 나면 "청산"이 이루어진다. 실제로 좋은 기분인 금색 스탬프를 수집했을 때는 문제가 없지만, 그렇지 않은 스탬프를 수집했을 때는 그것을 청산하고자 하는 욕구가 강하게 일어나며, 사소한 사건을 계기로 정서 스탬프의 청산이 이루어진다. 문제는 이러한 청산이 평범한 수준을 넘어선다는 것이다. 실제로 한 사람이 분노의 감정을 계속해서 쌓아두었을 경우, 별거 아닌 일에 지나치게 화를 내는 모습을 볼 수 있는데, 이러한 상황이 바로 정서 스탬프의 청산이라고 할 수 있다.

정서 스탬프의 청산은 어쩔 수 없이 게임을 수반하게 된다. 그리고 그 결과는 그렇게 유쾌하지 않다. 물론 사람에 따라, 그리고 상황에 따라 속이 후련한 사람들이 존재한다. 그렇다고 계속 그런 식으로 정서 스탬프를 청산하게 되면, 일상에서 게임이 멈추지 않게 된다. 그러므로 이러한 청산을 방지하기 위해서는 무엇보다도 먼저 그러한 청산이 일어나기 전에 정서 스탬프를 청산하는 것이 중요하다. 즉, 정서 스탬프가 너무 많이 쌓이기 전에 미리미리 청산해 주는 것이다. 교류분석에서는 이렇게 쌓인 정서 스탬프 또는 정서 스탬프의 청산을 통해서 나타나는 감정을 라켓(Racket) 또는 라켓 감정이라고 한다.

## 7. 게임과 공생(Symbiosis)

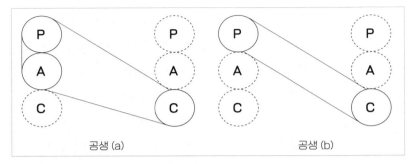

**그림 14** 공생

　공생은 두 사람 또는 그 이상의 사람들이 마치 한 사람인 것처럼 행동하는 것을 가리킨다. 교류분석에서 공생은 자아상태의 배제와 관련되어 있으며, 하나 또는 두 개의 자아상태가 배제된 사람들이 자신에게 배제된 자아상태를 하나 또는 두 개 가지고 있는 사람들과 어울리는 것을 가리킨다. 이러한 현상을 게임에서 처음으로 발견한 사람은 Jacqui Schiff이다. 그는 게임에 참여하는 사람들이 자신의 모든 자아상태를 사용하지 않는다는 사실을 발견하고 게임에 불건전한 공생관계가 존재한다고 주장했다(스기다, 1993, 158~159). 이러한 공생은 그림 14.와 같이 나타낼 수 있다.

　공생관계에 있는 사람들은 서로가 서로에게 기대하는 역할을 하기 때문에 편안함을 느낀다. 그러나 이러한 관계에 있는 사람들은 그만한 대가를 지불하게 된다. 왜냐하면, 공생관계에 있는 한 그들은 자신들의 자아상태를 일정부분 배제해야 하기 때문이다(Stewart & Joines, 1993, 195). 그러나 공생이 항상 나쁜 것은 아니다. 공생에는 건강한 공생(healthy symbiosis)과 건강하지 않은 공생(unhealthy symbiosis)이 있기 때문이다. 일반적인 공생은 건강하지 않은 공생이라고 할 수 있다. 그러나 부모와 자녀, 환자와 간호사 사이에서 나타나는 공생은 건강한 공생이라고 할 수 있다. 단, 조건은 디스카운트가 일어나지 않아야 한다는 점이다(Stewart & Joines, 1993, 198~199).

공생은 크게 두 가지 형태가 있다. 첫 번째 공생은 한 사람이 P와 A의 자아상태를 지니고 다른 한 사람이 C의 자아상태를 지니는 경우이며, 두 번째 공생은 한 사람이 P의 자아상태를 지니고 다른 한 사람이 C의 자아상태를 지니는 경우이다. 첫 번째의 경우는 세 자아상태를 모두 포함하나 두 번째의 경우는 A 자아상태를 완전히 배제한 상태에서 공생관계가 형성된다.

두 가지 공생관계의 공통점은 C 자아상태만을 가진 상대가 존재한다는 사실이다. 이러한 사람들은 어렸을 때 과보호적인 부모에게서 양육되었을 가능성이 높다. 실제로 이들은 어린 시절 그들의 욕구를 부모로부터 모두 충족했기 때문에, 성인이 되어서도 여전히 그러한 사람들을 찾고 있으며 그것을 당연하게 생각한다. 또는 어린 시절의 극심한 애정결핍이 특정한 대상과의 관계 속에서 P와 A를 배제하고 C만을 가지고 공생관계를 형성할 수도 있다. 이들은 P와 A 자아상태의 기능을 디스카운트하고 있다고 볼 수 있다.

반면 P와 A만을 지닌 일중독자나 일관된 P를 지닌 사람은 어린 시절에 채우지 못했던 욕구를 다른 사람의 C의 욕구를 돌보면서 충족하려는 경향이 있다. 이러한 사람들은 C 자아상태의 기능을 디스카운트하고 있으며, 두 번째 공생의 경우는 A 자아상태마저도 디스카운트하고 있다. 중요한 사실은 배제를 통해서 디스카운트하고 있는 자아상태의 기능을 회복해야 공생에서 벗어날 수 있다는 점이다.

## 8. 게임을 멈추는 방법

게임에서 벗어날 수 있는 가장 좋은 방법은 편안하게 친밀감을 얻을 수 있는 사람을 만나는 것이다. 그렇게만 될 수 있다면, 아무리 불안정한 사람일지라도 시간의 차이는 있겠지만 기꺼이 게임을 포기할 수 있다(Berne, 2009, 92). 그러나 이렇게 되는 것은 그렇게 쉬운 일이 아니다. 왜냐하면 사람들은 자신이 즐기는 게임을 함께 할 사람들을 찾고 있기 때문이다. Berne은 사람들이 게임에서 벗어나기 위해서 무엇보다도 먼저 부모에 의해서 훼손된 자율성을 회복해야 한다고 주장한다. Berne(2009, 257~61)이 말하는 자율성은 '누군가에 의해서 배운 방법대로가 아니라 자기 스스로의 방법으로 보고 들을 수 있는 것'을 의미하는 자각, '자기의 감정을 선택하고 표현할 수 있는 선택권'을 의미하는 자발성 그리고 '어린이와 같이 지금 여기에서 소박하게 사랑을 나눌 수 있는 능력'을 의미하는 친밀감 등 세 가지로 이루어져 있다.

교류분석에서 자율성을 회복하는 것은 어버이 자아상태와 어린이 자아상태 그리고 어른 자아상태가 건강하게 기능하는 것을 가리킨다. 그 가운데서도 어른 자아상태의 기능을 회복하는 것이 중요하다. 왜냐하면 이미 게임의 정의와 특성에서 살펴보았듯이 게임은 어른 자아상태가 기능하지 않는 가운데 일어나기 때문이다. 이를 위해 오염이나 편향또는 배제 등과 같은 건강하지 않은 자아상태의 모습에서 벗어나야 한다. 게임에서 벗어나기 위한 구체적인 방안을 살펴보면 다음과 같다.

먼저, 게임에서 벗어나기 위해서는 다른 사람에게 게임을 거는 자신의 속임수와 다른 사람의 게임에 걸릴 수 있는 자신의 약점을 파악해서 게임이 시작되지 않도록 주의를 기울여야 한다. 아마도 이것은 모든 게임을 미연에 방지할 수 있는 가장 좋은 방법일 것이다. 그러나 실제로 이것은 거의 불가능하다. 왜냐하면 게임이 시작되는 모든 속임수와 모든 약점을 파악하는 것은 거의 불가능하기 때문이다. 그러나 속임수와 약점을 파악하고자 하는 노력은 일어날 수 있는 많은 게임을 예방하는 데 긍정적인 역할을 하게 될 것이다. 여기에 표면적 교류가 아니라 이면적 교류에 유의하면서 사회적 교류가 아닌 심리적 수준의 교류를 간파할 수 있다면 게임에서 벗어나는데 아주 효과적이 될 것이다.

게임에서 벗어나기 위한 두 번째 방법은 게임의 결말을 예측하고 그것에서 벗어날 수 있는 방법을 구체적으로 강구하는 것이다. 일반적으로 게임은 의식하지 못한 상태에서 부지불식간에 시작된다. 그러나 게임이 어느 정도 진행되고 나면 그동안의 경험을 통해서 직감적으로 게임이 시작되었음을 알 수 있다. 그럼에도 불구하고 많은 사람들은 게임을 중단하지 못하고 '어' 하는 사이에 결말에 도달하고 만다. 이를 미연에 방지하기 위해서는 게임이 진행되는 과정과 결말을 미리 생각하여 그러한 결말에 도달하지 않을 수 있는 방법을 철저하게 계획하는 것이 필요하다.

필자의 생각에 게임에서 벗어날 수 있는 가장 실제적인 방안은 게임이 시작되었다는 사실을 발견했을 때, 마음속으로 "STOP"이라고 외치는 것이다. 그리고 잠시 게임의 진행을 멈추고 "THINK"하는 것이다. "지금 나는 어떻게 할 것인가? 과거와 같은 실수를 반복할 것인가? 아니면 다른 방법을 찾을 것인가? 지금 내가 취할 수 있는 최선의 방법은 무엇인가?" 그리고 나서 그 가운데 가장 좋은 방법을 "CHOOSE"하여 "DO"하는 것이다. 교류분석에서는 이러한 과정을 가리켜 '기본의 교류패턴을 바꾸어 주는 것'이라고 칭한다. 즉, 위와 같은 일련의 과정을 통해서 전과 다르게 말하고 행동하고 생각함으로써 게임의 흐름을 차단하는 것이다.

게임에서 벗어날 수 있는 또 하나의 방법은 비생산적인 시간이나 지나치게 생산적인 시간을 피하는 것이다. 비생산적인 시간은 사람을 심심하게 만들고 스트로크의 결핍을 가져와 게임을 유발한다. 지나치게 생산적인 시간은 부정적인 정서 스탬프를 많이 쌓아 게임을 통해서 그것을 청산하고자 한다.

그러므로 게임에서 벗어나기 위해서는 비생산적인 시간을 생산적인 시간으로 대치해야 하며, 그러한 시간을 통해서 긍정적 스트로크를 얻을 수 있는 방안을 강구해야 한다. 또한 게임에서 벗어나기 위해서는 지나치게 생산적인 시간을 갖지 않도록 미리미리 준비해 두는 것이 좋으며, 그럴 수 없다면 그러한 시간이 게임으로 나아가지 않도록 환경을 미리 조성하거나 행동전략을 미리 수립해 두는 것이 필요하다. 이를 위해 자신을 성찰하는 시간을 자주 갖고, 긍정적인 스트로크를 교환할 수 있는 대인관계를 많이 형성해 두는 것이 필요하다.

8장

교류분석의
감정이론:
라켓

# 8장

# 교류분석의 감정이론: 라켓

～

교류분석에서 라켓(racket)의 개념은 교류분석의 창시자인 Berne에 의해서 처음 시작된 것으로 보인다. 그러나 라켓의 개념을 더욱 확장하여 많은 사람들에게 유용한 형태로 발전시킨 사람은 English 그리고 Erskine과 Zalcman이다. English(1971; 1972; 1976)는 라켓과 진실한 감정 그리고 라켓티어링에 대해서, Erskine과 Zalcman(1979)은 라켓시스템에 대해서 논문을 발표했다. 필자는 이러한 라켓의 이론적 발전에 따라 라켓에 대한 내용을 전개하고자 한다.

## 1. 라켓의 정의

교류분석의 라켓이라는 용어는 본래 'protection racket'라는 말에서 온 것이다. 이 단어는 본래 조직폭력배들이 장사하는 사람들로부터 돈을 뜯어내기 위해 벌이는 일종의 소란을 가리킨다. 조직폭력배들은 장사하는 사람들에게 실재하지 않는 폭력으로부터 영업장과 재산을 보호해주겠다고 하면서 그 대가로 돈을 요구한다. 이 과정에서 조직폭력배들은 장사하는 사람들을 위협하여 그들의 진실한 감정을 억압하고, 자신들 역시 진실한 감정을 표현하지 않으면서 그들로부터 원하는 것을 얻어서 간다. 이렇게 진실한 감정이 숨겨진 일종의 소란을 통해서 원하는 것을 얻는 행위를 라켓이라고 한다.

Berne(2004, 163)은 라켓을 '게임의 결말에서 습관적으로 발생하는 감정'이라고 정의한다. Goulding과 Goulding(1993, 45~46)은 라켓을 "게임에 이어서 일어나는 불쾌한 감정" 또는 "만성적이고 정형화된 불쾌한 감정"(the chronic stereotyped unpleasant feeling)으로 정의한다. 이러한 정의는 라켓을 일종의 '나쁜 감정'(bad feeling)으로 본다. 그러나 라켓은 단순히 '나쁜 감정'만을 의미하지 않는다. 라켓은 그러한 감정을 일으키는 일련의 과정을 포함한다. 어떤 학자들은 이러한 과정과 그 결과로 나타나는 감정을 구분하여, 나쁜 감정을 일으키는 일련의 과정은 라켓으로, 그러한 과정을 통해서 나타나는 감정은 라켓감정으로 명명한다. Stewart와 Joines(2010, 300)는 라켓과 라켓감정을 다음과 같이 구분한다:

라켓감정은 스트레스를 받는 상황이라면 어떠한 상황에서든 자주 경험하는 친숙한 정서로서, 아동기에 학습되고 주위 사람이 부추긴 정서이며, 어른으로서의 문제해결에 부적합한 정서이다. 라켓은 일단의 각본행동으로서, 자기도 모르게 환경을 조작하는 수단으로 사용하며 라켓감정을 느끼게 만든다. 다시 말해, 라켓은 라켓감정을 느끼게 하는 과정으로서 본인이 의식하지 못한다.

그러나 Stewart와 Joines(2010, 300)는 라켓감정이 라켓 없이도 일어날 수 있다는 사실을 언급한다. 왜냐하면 사람들이 실제로 스트레스 상

황에서 라켓 없이 라켓감정을 느끼고 있기 때문이다. 그러므로 Stewart
와 Joines의 구분은 의미 있는 구분이기는 하지만 분명하고 완벽한 구분
이라고 할 수는 없다. 실제로 사람들은 교통체증이나 기차의 지연 또는
비행기의 연착과 같은 상황에서 얼마든지 라켓감정을 느낄 수 있다. 그
러므로 필자는 이 글에서 라켓을 때로는 라켓과 라켓감정을 포함한 것
으로, 때로는 라켓감정과 구분되는 라켓을 일으키는 과정으로 사용하고
자 한다.

우리가 자신의 라켓을 발견할 수 있는 방법은 여러 가지가 있다. 그
가운데 하나는 다음과 같은 질문을 던져보는 것이다: 1) 지금까지 살아
오면서 가장 많이 경험한 '나쁜 감정'은 무엇인가? 2) 마음이 상하거나
불쾌한 일이 일어났을 때, 나는 특히 어떤 기분에 사로잡히는가? 3) 나
는 어떤 경우에 나쁜 감정을 가장 잘 체험하는가?(스기다, 2000, 216~217).
Goulding과 Goulding(1993)은 교통체증 때문에 차가 움직이지 못하는
상황을 예로 들어, 자신의 라켓이 무엇인지 발견할 수 있는 방법을 제안
하고 있다:

① 마음이 조급해져서 경적을 울리며 앞차를 재촉한다.
② "조금만 빨리 나왔더라면 이런 일은 일어나지 않았을 텐데…"
③ "서둘러봤자 소용없으니 차량 흐름에 맡기자."
④ "늦으면 어떻게 하지… 큰일 났다."(가슴이 두근거림)
⑤ "이럴 때일수록 사고 날 확률이 높은데, 무섭다."
⑥ "도대체 우리나라 도로는 왜 이런 걸까, 정말 안타깝다."
⑦ "나 같은 놈은 차를 타지 않는 게 좋아. 시간과 돈만 낭비하고
   있군."

⑧ 다른 사람들은 요령이 없다고 비웃으며 무리하게 운전한다.
⑨ 재촉하는 뒤차 때문에 어쩔 수 없이 옆길로 빠졌는데 여기도 교통체증이 있다.

위의 내용과 관련된 라켓은 순서대로 분노, 후회, 냉정, 걱정/불안, 두려움, 우울/슬픔, 죄책감, 타인비하, 혼란/곤란이다. 그러나 라켓은 Goulding과 Goulding이 언급한 것보다 훨씬 더 많다. 스기다는 라켓이 될 수 있는 감정의 목록을 43가지로 제시한다.

표 12 라켓이 될 수 있는 감정(스기다, 2000, 217)

| 분노 | 혼란 | 불안 | 연모 |
|---|---|---|---|
| 공포 | 자기비하 | 걱정 | 의무감 |
| 열등감 | 상심 | 무력감 | 사명감 |
| 우울 | 라이벌의식 | 불안전 | 패배감 |
| 죄악감 | 낙담 | 화냄 | 후회 |
| 초조감 | 비애 | 긴장감 | 치욕, 불면목 |
| 우월감 | 연민 | 혐오감 | 선망 |
| 피로감 | 당혹 | 의심 | 원한 |
| 절망감 | 성급함 | 고독감 | 거절감 |
| 허무감 | 억울함 | 초조감 | 비판, 비난 |
| 버림받은 기분 | 응석부리고 싶은 심정 | 동정심 | |

## 2. 라켓의 특징

라켓의 특징은 크게 다섯 가지로 나누어 설명할 수 있다(스기다, 2000). 첫째로, 라켓은 우리의 사고나 행동의 자유를 빼앗아간다. 실제로 라켓은 우리의 각본과 관련되어 있다. '무의식의 인생계획'이라고 할 수 있는 각본은 우리의 자율성을 빼앗고, 우리가 각본을 따라서 살아가도록 만들며, 그 속에서 라켓을 경험하게 한다. 그러므로 우리가 만약 라켓감정을 느끼고 있다면, 그것은 우리가 각본 안에 있다는 의미이다(Stewart & Joines, 2010, 301). 특히 우리는 스트레스를 받으면 고무줄을 당겼다가 놓을 때처럼 과거로 끌려간다. 어른 자아상태로 생각하거나 반응하지 않고 과거의 결단을 되풀이 한다(Stewart & Joines, 2010, 302; Stewart, 2000, 107). 라켓은 우리를 과거로 끌고 가는 배후세력이며, 우리의 사고나 행동에 장애를 가져와 건설적인 변화를 어렵게 만들고, 각본에 머물게 한다(Stewart & Joines, 2010, 299; 스기다, 2000, 214, 216).

또한 라켓은 부모에 의해서 학습된 것으로서 어른 자아상태에 의해 점검을 거치지 않았기 때문에, 우리의 사고와 행동의 자유를 빼앗아간다. Goulding과 Goulding(1993, 46)은 부모들이 자녀들에게 라켓을 가르친다고 주장한다. 어떤 어머니는 사랑을 얻기 위해 라켓을 사용한다. 그녀는 수련회에 참석하는 자녀들에게 이렇게 말한다. "네가 전화하지 않으면 엄마는 걱정이 돼서 무척 괴로울 거야. 그러니 수련회 가서 꼭 매일 전화하렴." 어떤 아버지는 가족을 통제하기 위해 소리를 지르며 화를 낸다(우재현 편저, 1994, 154~155). 이러한 모습은 자연스럽게 자녀들에게 학습되어 자녀들이 성인이 되어서 무의식적으로 따라 하게 만든다. 자녀들은 부모에게, 부모는 그들의 부모에게 라켓을 배우고 따라 한다. 그래서 Stewart와 Joines(2010, 300)는 라켓감정을 각자 자란 환경에서 자연스럽게 형성된 감정이라고 말한다. 더 커다란 문제는 자녀들이 부모에게 배운 라켓감정을 느끼기 위해 그것을 위한 환경을 찾거나 조성한다는 점이다(Stewart & Joines, 2010, 303).

둘째로, 라켓은 진정한 감정을 숨기기 위해 만들어진 감정이다(스기다, 2000, 217). English(1971)는 라켓을 가리켜 '원가족에서 허용하지 않았던 감정을 대신하는 것'이라고 했다. Bradshaw(1996)는 Family Secrets에서 가족규칙에 대해서 다루고 있다. 가족규칙은 성문화되지는 않지만 한 가족이라면 누구나 따라야 하는 가족 간의 규칙이다. 어떤 가족은 화를 내는 것이 금지되어 있을 수 있고, 어떤 가족은 슬퍼하는 것이 금지되어 있을 수 있다. 만약 화를 내는 것이 금지된 가족이라면 '화'가 날 때 그것을 표현하지 못하고 억압하게 되며, 그 결과 화는 그 가족에서 허락된 다른 감정으로 대체된다. 만약 그 가족에게 슬픔이 허락되었다면 자녀들은 화를 내는 대신 슬퍼하게 될 것이다. 일반적으로 우울감 뒤에는 분노가, 우월감 뒤에는 열등감이 자리 잡고 있다고 알려져 있으며, 라켓감정은 또 다른 라켓감정에 의해서 숨겨져 있는 경우가 많다(Stewart, 2000, 195; 스기다, 2000, 21).

셋째로 라켓은 타인을 조정하려는 의도를 숨기고 있다. 이미 언급한 바와 같이 라켓은 일종의 소란을 통해서 자신이 원하는 것을 가지려는 시도이다. 특히 이러한 시도는 어린 시절과 관련되어 있기 때문에 어린 시절의 경험과 감정을 재연하게 된다(우재현 편저, 1994, 154). Goulding과 Goulding(1993, 46)은 이러한 라켓의 특징을 가리켜, "'불쾌 감정(나쁜 감정)'은 타인을 변화시키기 위해서 사용된다"라고 진술한다. 라켓은 타인을 바꾸려는 시도이다. 진정한 감정이 소기의 목적을 달성하지 못하고 억압될 때, 다른 감정을 통해서 자신의 목적을 달성하고자 꾀하는 것이다. 자녀들이 많은 경우 부모의 관심이 골고루 돌아가기는 쉽지 않다. 그렇기 때문에 자녀들 각자는 부모의 관심을 얻기 위한 방법을 지니게 된다. 정상적인 방법으로 부모의 관심을 받을 수 없을 때, 자녀들은 그렇지 않은 방법을 사용하게 된다. 그렇게 해서 부모의 관심을 모으는데 성공하고 자신이 원하는 것을 얻을 수 있었다면 그것은 하나의 라켓으로 자리 잡게 된다(Joines & Stewart, 2012, 84). 라켓은 이렇게 부모와의 관계 속에서 만들어지고 강화된다(스기다, 2000, 220).

넷째로, 라켓은 현재와 불균형을 이룬다. 라켓이 현재와 불균형을 이루는 이유는 지금 여기에서 느껴야 하는 감정과 다른 감정을 느끼려고 하기 때문이다. 기쁠 때 기쁨 대신 슬픔을 표현해야 했던 사람은 현재가 아무리 즐거워도 그것을 즐기지 못하고 라켓을 통해서 슬픔을 이끌어낸다. 즉 상황에 적합하지 않은 말이나 생각 또는 행동을 통해서 현재와 불균형을 이룬다. 스기다(2000, 221~222)는 이와 관련된 예를 몇 가지 제시한다. 첫 번째는 지금이 너무 행복하기 때문에 앞으로 반드시 나쁜 일이 일어날 것이라고 걱정하는 사람이다. 두 번째는 가족끼리 여행을 다녀오는 길에 상습적으로 자녀에게 "숙제는?"이라고 묻는 부모이다. 세 번째는 애인과 잘 지내면서 "당신은 결국 나를 싫어하게 될 거예요"라고 말하며 사랑을 확인하는 사람이다. 네 번째는 자녀를 정성껏 키우면서 이 아이가 나중에 어른이 되어 나를 버리는 것은 아닌가 걱정하는 부모이다. 이러한 사람들은 모두 지금 여기에 적합하지 않은 잘못된 감정반응, 즉 라켓을 보여준다.

다섯째로, 라켓은 축적을 통해 청산을 준비한다. 라켓은 정서 스탬프와 관계를 지니고 있다. 라켓감정이 일어나게 되면, 많은 사람들은 혈압이 오르거나 위산의 분비가 촉진되거나 위경련을 일으키기도 한다.

왜냐하면 감정이 일종의 에너지이기 때문이다(스기다, 2000, 223~224). 라켓감정은 게임 후에 나타나는 감정으로 사람들은 라켓감정을 통해서 정서 스탬프를 수집한다. 그리고 그것이 일정 수준에 도달했을 때 청산하고자 하는 욕구를 느끼게 된다. 이렇게 이루어지는 청산은 라켓 행동을 하는 사람으로 하여금 자신의 행동을 정당화하는 계기를 제공한다(스기타, 2000, 224). 이미 나쁜 감정이 가득 차 있었기 때문에 그것을 청산하는 것은 오히려 자신의 속을 후련하게 하는 계기가 된다. 그러나 이로 인해 다른 사람들은 더 나쁜 감정을 경험할 수 있다. 집에서 소란을 떠는 아이들에게 주의를 시키다가 결국 소리를 지르는 어머니, 부모의 요구대로 의대에 진학했다가 갑자기 전과하는 자녀, 부모의 보호 아래 지내다가 대학에 진학한 후 자기 마음대로 생활하는 학생 등이 여기에 해당한다.

## 3. 라켓과 진정한 감정

라켓과 진정한 감정(authentic feeling)을 처음 구분한 사람은 English이다. English는 진정한 감정을 처음에는 진짜 감정(real feeling)이라고 했다. 그러나 라켓 역시 가짜 감정이 아니라 진짜 감정이다. 어떤 사람이 라켓감정을 느낄 때 그 감정이 아무리 진정한 감정을 대체한 것이라고 해도 그 순간 그것은 진짜 감정이다(Stewart & Joines, 2010, 304). 그러므로 라켓감정을 진짜 감정과 다른 것으로 구분하는 것은 문제가 있다. 진정한 감정은 이런 면에서 좀 더 의미가 있다. 'real'이 어떤 것의 존재 여부를 강조하는 반면, 'authentic'은 감정의 진짜 여부를 강조하기 때문이다.

라켓감정은 어렸을 때 금지되었던 감정을 대치한 것이며, 진정한 감정은 어릴 때 금지되기 전에 느꼈던 실제 감정이다(Stewart & Joines, 2010, 303). 교류분석에서는 진정한 감정을 화(mad or angry), 슬픔(sad or sadness), 두려움(scared or fear), 행복(glad or happiness) 등 네 가지로 이야기 한다. Thomson(1983)은 이러한 감정을 문제해결과 관련하여 설명한다.

화는 현재의 문제를 해결하는데 도움이 된다. 실제로 누군가가 무례 하게 굴거나 잘못된 지시를 내릴 경우 그것에 대해서 화를 내는 것은 자 신의 위치와 잘못된 지시를 바로 잡을 수 있게 된다. 슬픔은 과거의 문 제를 해결하는데 도움이 된다. 부모님이 돌아가셨거나 애인과 헤어졌을 경우 관계를 상실을 슬퍼하며 애도하는 것은 과거에 겪었던 괴로운 사 건을 극복하는데 도움이 된다. 두려움은 미래의 문제를 해결하는데 도 움을 준다. 화가 지금 여기에서의 문제, 슬픔이 그때 거기에서의 문제라 면 두려움은 앞으로 어디선가 일어날 문제를 해결할 수 있다. 실제로 어 둡고 인적이 드문 곳으로 다니지 않는다든지, 신호등이 바뀌는 것을 확 인하고 길을 건넌다든지 하는 것이 일어날 수 있는 위험을 피하게 해 준 다(Stewart, 2000, 111).

진정한 감정 가운데 행복은 다른 감정과 달리 문제해결의 차원에서 설명할 수 없다. 그 이유는 행복이 변화시킬 수 있는 감정이 아니라 변 화의 결과이기 때문이다. 화나 슬픔이나 두려움은 모두 해소를 경험할 수 있다. 그러나 행복은 그러한 감정의 해소의 결과라고 할 수 있으며, 해소가 아니라 점점 더 증가하는 변화시킬 필요가 없는 감정이다. 이러 한 행복은 시간을 초월해 있으며, 시간을 초월해 영향을 미친다(Stewart & Joines, 2010, 307). 특히 행복은 진정한 감정과 라켓감정을 구분하는 수단이라는 점에서 의미가 있다(Stewart, 2000, 111). 그러나 주의해야 하는 것은 화, 슬픔, 두려움, 행복이 진정한 감정이라고 해서 반드시 진정한 감정은 아닐 수 있다는 사실이다. 만약 이러한 감정이 다른 감정을 대체하여 반복적으로 경험되어진다면 그것은 진정한 감정이 아니라 라켓감정이 된다(Stewart, 2000, 110).

## 4. 라켓에서 벗어나는 방법

라켓에서 벗어나기 위해서는 먼저 자신의 라켓이 무엇인지 아는 것이 중요하다. 자신의 라켓을 파악하는 방법은 이미 위에서 언급했다. 일반적으로 라켓은 AC나 CP에서 기원한 감정이다. 그러나 간혹 동정이나 연민과 같이 NP에서 기원한 감정도 존재한다. 라켓을 파악했다면, 다음으로 중요한 일은 라켓을 버리는 일이다. 어떤 사람들은 라켓감정에 스트로크를 제공하는 것을 좋게 생각할 수도 있지만 실제는 그렇지 않다(Stewart, 2000, 195). 왜냐하면 라켓감정에 스트로크를 주게 되면 오히려 라켓을 강화하는 역할을 할 수 있기 때문이다.

라켓을 버리기 위해서는 먼저 라켓감정을 계속 갖지 않겠다고 자신과 계약을 맺어야 한다(스기다, 2000, 230). 이러한 계약을 맺는 것은 자신이 라켓감정에 빠지는 것을 신속하게 인식하고, 그것에서 벗어나고자 하는 신념과 책임감을 강화하기 위해서이다. 두 번째는 라켓감정을 긍정적 FC의 감정으로 전환하는 것이다(스기다, 2000, 231). 이것은 라켓을 버리기 위한 첫 번째 조치로서 라켓을 한 번에 버리는 것보다 더 효과적이다. 라켓은 일반적으로 오랫동안 몸에 배어 있는 패턴 가운데 하나이다. 그렇기 때문에 이것을 한 번에 버리는 것은 커다란 저항을 야기할 수 있다. 그러나 라켓감정보다 긍정적 FC의 감정을 상대적으로 더 많이 선택하는 것은 인식의 초점을 긍정적 FC의 감정에 맞추게 할 뿐만 아니라 저항도 줄이는 역할을 하게 된다.

세 번째는 어른 자아상태를 적극적으로 활용하는 것이다(우재현 편저, 1994, 156). 일반적으로 라켓감정은 P와 C에 의한 A의 이중오염에 해당한다(Erskine & Zalcman, 1979). 그러므로 이러한 오염을 제거하는 일은 라켓을 버리는데 중요한 역할을 한다. 오염의 제거는 어른 자아상태를 오염시킨 어버이 자아상태(특히 CP)와 어린이 자아상태(특히 AC)를 명확히 구분해 내는 일부터 시작된다. 이를 위해 먼저 자신에게 편견이나 과보호가 있는지, 특히 편견이 있지 않는가를 점검할 필요가 있다. 만약 그러한 모습이 발견된다면, 어른 자아상태를 통해서 그러한 편견과 과보호에서 벗어날 수 있는 방법을 모색해야 한다. 또한 망상이나 불안 또는 공포가 있는지도 살펴보아야 한다. 만약 있다면 그러한 현상이 지금 여기에서 정상적인 반응인지에 대해서 어른 자아상태를 통해서 살펴보아야 할 필요가 있다.

네 번째는 라켓의 근원을 찾는 것이다. 라켓은 우리가 흔히 말하는 투사나 전이와 연관성이 있다. 우리는 다른 사람의 잘못을 지나치게 비난하며 홍분할 때가 있다. 그러나 막상 알고 보면 그 모습이 자신에게 있는 것을 발견한다. 이것이 투사이다. 또한 우리는 무의식적으로 눈앞에 있는 누군가를 과거의 누군가와 동일시하는 경향이 있다. 그러나 우리는 그것을 알지 못한 채 눈앞에 있는 사람과 과거의 누군가와의 관계를 재연할 때가 있다. 이것이 전이이다. 투사와 전이는 라켓과 관련되어 있으며, 투사와 전이를 할 때 나타나는 감정은 일종의 라켓감정이라고 할 수 있다. 그러므로 우리가 누군가에 대해서 화가 날 때 그 감정이 어디서 기원했는지를 알 수 있다면, 그러한 감정을 해결하기가 비교적 쉬워진다.

　필자는 과거 도스트예프스키의 「지하생활자의 수기」라는 책을 읽은 적이 있다. 그 책을 읽는 내내 필자는 화가 나 있었다. 주인공의 모습을 보며 '뭐 이런 사람이 있어'라는 생각이 떠나질 않았다. 그러나 막상 책을 덮을 때쯤 되었을 때 주인공의 모습이 인정하고 싶지 않은 내 모습의 일부라는 사실을 알게 되었고, 그러한 나에 대한 분노를 주인공에게 투사하고 있다는 사실을 발견할 수 있었다. 그때가 되어서야 주인공에 대한 분노를 가라앉힐 수 있었다. 어떤 어머니는 매일 같이 아들에게 화를 내며 그것을 후회한다. 그 아이가 무엇을 해도 보고 싶지 않다. 그 원인을 알아보니, 그 아이가 그렇게 싫어하던 그녀의 오빠를 닮아 있었다. 이 어머니의 분노는 아이에게서 오빠를 분리하고 나서야 멈추게 되었다 (스기다, 2000, 235~7).

　라켓을 버리는 것은 그것을 금지하거나 억압하는 것과는 근본적으로 다르다. 우리가 라켓감정을 느끼는 것은 그 자체로 나쁜 것이 아니다. 그러나 라켓감정을 그대로 표현하는 것은 문제가 될 수 있다. 우리 안에 감정이 일어나는 것은 막을 수 없지만 그것을 표현하는 것은 조절할 수 있다. 그러므로 우리는 자신과 타인이 상처받지 않도록 자신의 라켓을 잘 조절해야 한다(스기타 미네야스, 2000, 232). 이러한 모습은 라켓이 일으킬 수 있는 문제를 제거함으로써 라켓을 버리는 것과 동일한 효과를 지니게 된다. 라켓에서 벗어나는 데는 이외에도 여러 가지 방법들을 사용할 수 있다. 그러나 이것을 효과적으로 하기 위해서는 라켓티어링과 라켓시스템에 대한 이해가 필요하다.

## 5. 라켓티어링

라켓티어링(Racketeering)은 "라켓감정을 일으켜 스트로크를 얻기 위해 타인을 끌어들이는 교류"를 의미한다(English, 1976; Stewart & Joines, 2010, 308~310). 라켓티어링은 일반적으로 어버이 자아상태와 어린이 자아상태에서 이루어지는데, 그 이유는 이것을 통해서 스트로크를 얻고 각본신념을 확인하기 위해서이다(Stewart, 2000, 114). 라켓티어링은 이러한 목적을 가지고 무의식적으로 행해지기 때문에 언제나 사회적 메시지와 더불어 심리적 메시지가 함께 전달된다(Stewart, 2000, 115). 그러나 외적으로는 상보교류의 형태를 지니며, 특히 어버이 자아상태와 어린이 자아상태의 상보교류가 된다(Stewart & Joines, 2010, 308~310).

라켓티어링은 상보성, 이면성, 반복성이라는 게임의 주요한 특징을 지니고 있기 때문에 게임과 유사한 측면이 있으나, 전환(switch)이 일어나지 않는다는 점에서 게임과 차이가 있다(Stewart, 2000, 116). 전환은 이면적 상보교류가 교차교류로 변화되는 상황으로 게임에 참여하는 사람들이 사이에 갑작스러운 역할변화가 이루어지는 것인데, 라켓티어링에서는 이러한 과정이 없다. 이러한 측면에서 볼 때 라켓티어링은 라켓티어들의 관계가 기한 없이 계속되는 것을 의미한다. 그러나 이때 발생하는 감정은 부정적인 라켓감정이다. 라켓티어링은 아내가 하는 행동이

못마땅해 늘 잔소리하는 남편과 자신을 바보라고 생각하며 그러한 잔소리를 계속해서 드는 아내 사이에 나타나는 교류라고 할 수 있다(Joines & Stewart, 2012, 84).

라켓티어링에 참여하는 라켓티어(racketeer)는 라켓행동을 하는 사람으로서, 본래 공갈이나 협박과 같은 부정한 방법으로 돈을 버는 협잡꾼들을 가리키는 말이다. 라켓티어링에서 라켓티어는 늘 희생자를 찾는다(우재현 편저, 1994, 153). 그러나 희생자는 곧 라켓티어 자신이 되기도 한다. 어린이 자아상태에서 라켓행동을 하는 라켓티어는 무기력(helpless)하거나 건방진(bratty) 태도를 보이게 된다. 무기력한 라켓티어는 슬프고 애처로운 목소리를 내며, 비탄에 빠진 우울한 모습을 지니고 있다. 건방진 라켓티어는 투덜대는 말투로 자신의 불행에 불만을 토로한다. 이러한 라켓티어들은 '자기부정 타인긍정'의 인생태도를 지니고 있으며, 어린이 자아상태에서 자신을 디스카운트하고 있다. 어버이 자아상태에서 라켓행동을 하는 라켓티어는 다른 사람에게 도움(helpful)을 주거나 다른 사람을 지배(bossy)하는 태도를 지닌다. 다른 사람에게 도움을 주는 라켓티어는 다른 사람들이 스스로 할 수 있는 힘이 없기 때문에 자신이 도움이 필요하다고 생각하며, 다른 사람을 지배하는 라켓티어는 자신이 통제하지 않으면 다른 사람들이 아무것도 할 수 없다고 생각하면서 그들을 비난하거나 괴롭힌다.

이러한 라켓티어들은 '자기긍정 타인부정'의 인생태도를 지니고 있으며, 어버이 자아상태에서 다른 사람을 디스카운트하고 있다. 다른 사람에게 도움을 주는 라켓티어는 NP에서 구조자(rescuer) 역할을 하며, 다른 사람을 지배하는 라켓티어는 CP에서 박해자(persecutor) 역할을 한다(Stewart, 2000, 198; Stewart & Joines, 2010, 308~310).

## 6. 라켓시스템

라켓시스템은 Erskine과 Zalcman(1979)에 의해서 제안되었다. Stewart와 Joines(2010, 315)는 라켓시스템을 "인생각본의 특징을 설명하고 평생 자신이 각본을 유지해 나가는 방법을 보여주는 모델"이라고 정의한다. 이러한 라켓시스템은 각본 신념과 감정(script beliefs and feelings), 라켓표현(racket display), 기억 화(reinforcing memory)로 이루어져 있다. 필자는 이러한 순서를 따라 라켓시스템을 설명할 것이다. 라켓시스템을 그림으로 나타내면 아래와 같다.

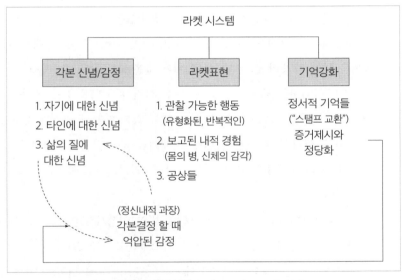

**그림 15** 라켓시스템(Stewart & Joines, 1987, 221)

## 1) 각본신념과 감정

Erskine과 Zalcman은 사람들이 "아동기에 해결하지 못한 감정을 정당화하기 위한 수단"으로 각본결단을 한다고 한다(Stewart & Joines, 2010, 316). 라켓시스템에서 각본결단에 해당하는 부분은 자기와 타인 그리고 삶의 질에 대한 신념이다. 이러한 각본신념은 유아가 자신이 원하는 것을 얻지 못할 때 발생한다. 이때 불쾌한 감정이 생기는데, 유아가 이것을 줄이기 위해서 사용하는 인지적 중재(cognitive mediation)가 바로 각본신념을 구성하게 된다. 그러므로 각본신념은 유아가 경험한 불쾌한 감정을 정당화하는 수단이 신념화 된 것이라고 할 수 있다. 이 과정에서 진실한 감정은 억압된다(Erskine & Zalcman, 1979).

각본신념과 감정은 일종의 해석학적 순환의 과정을 거친다. 이것은 각본신념과 감정 사이에서 이루어지는 이중적 순환이다. 일반적으로 순환은 긍정적 순환과 부정적 순환으로 나뉠 수 있다. 긍정적 순환은 인격적 참여와 축적하는 방식을 통해서 궁극적 지향점을 향해서 나아가지만 부정적 순환은 인격적 참여와 축적하는 방식을 거치지 않는다. 그러나 각본신념과 감정의 순환은 모양은 긍정적 순환의 형태를 지니지만 내용은 그렇지 않은 변형된 형태를 취하고 있다. 즉 긍정적 순환이 지닌 인격적 참여와 축적하는 방식을 지니고 있지만, 그러한 과정을 통해서 긍정적인 결과를 만들어가는 것이 아니라 부정적 결과를 초래하기 때문이다.

라켓시스템의 각본신념과 감정에서 감정은 따로 구분되지 않지만, 각본신념은 핵심각본신념(core script beliefs)과 보조각본신념(supporting script beliefs)으로 나누어진다. 핵심각본신념은 아동기 초기에 유아가 결단한 근본적인 각본결단이다. 이때 유아는 자율적으로 자신의 감정을 표현했으나 부모의 관심을 얻는 데는 실패했기 때문에, 자신의 진정한 감정은 억압하고, 부모가 허용한 감정을 표현하게 된다. 보조각본신념은 핵심각본신념을 다시 확인하고 가꾸는 역할을 하게 되는데, 이러한 역할을 통해서 핵심각본신념은 더욱 강화되고 정교해진다(Stewart & Joines, 2010, 317~319). 그 결과 성인들은 각본결단과 유사한 스트레스 상황에서 유아기의 방법을 재연하게 된다(Erskine & Zalcman, 1979).

## 2) 라켓표현

라켓표현은 각본신념과 감정이 어떻게 안과 밖으로 드러나는지를 설명한다. 라켓표현 가운데 관찰 가능한 행동은 외적인 표현이며, 보고된 내적 경험과 공상들은 내적인 표현에 해당한다. 관찰 가능한 행동은 "정신내적 과정에 대한 반응"으로서 유형화되어 있으며 반복적으로 나타난다. 이것은 주로 그 사람의 "정서, 말, 어조, 제스처, 몸의 움직임"과 관련되어 있다. 특히 이러한 행동은 각본신념과 일치하거나 반대로 나타나는데, 그 이유는 개인이 자신의 각본신념에 순응하거나 거부할 수 있기 때문이다(Stewart & Joines, 2010, 320).

보고된 내적 경험은 억압된 감정으로 인해 발생하는 현상이다. 억압된 감정은 아직 해소되지 않은 감정이기 때문에 표출되지 못할 경우 신체적 증상을 동반하게 된다. 그러므로 사람에 따라 어깨가 경직된다든지, 배가 아프다든지, 긴장이 심하여 위경련을 일으킨다든지 하는 현상이 나타나게 된다(Stewart & Joines, 2010, 321). 이러한 현상이 나타나는 이유는 감정이 하나의 에너지이기 때문이다. 그렇기 때문에 억압된 감정은 건강하게 표현되지 못할 때 신체를 통해서 표출된다.

공상들은 각본신념을 따라서 행동하지 않을 때 나타나는 현상이다. 사람들은 각본신념을 따라서 살지 않을 때도 동일한 결과를 맞이할 때가 많다. 그 이유는 각본신념에 따른 행동을 상상하기 때문이다. 사람에 따라 다르기는 하지만, 어떤 사람은 최악의 상상을 하며, 어떤 사람은 최고의 상상을 한다. 일반적으로는 최악의 상상을 하지만, 어떤 상상을 하든, 현실과 동떨어진 공상의 영역이기 때문에 각본신념에만 유익한 현상이다(Stewart, 2000, 51).

### 3) 기억강화

기억강화는 각본신념을 강화할 수 있는 기억을 수집하는 것과 관련되어 있다. 이때 사람들은 그러한 기억을 회상하게 되는데, 이때 각본신념과 감정이 다시 순환되고, 라켓이 표현되며, 기억의 강화가 일어난다. 기억강화에는 일반적으로 감정이 포함되어 있다. 실제로 과거의 기억을 모을 때 감정도 함께 쌓이게 된다. 이러한 현상은 정서 스탬프를 모집하는 것과 같다(Stewart & Joines, 2010, 322; Stewart, 2000, 51).

기억강화를 위해 사람들은 각본신념이라는 해석학적 렌즈를 사용한다. 이 렌즈는 현재 일어나고 있는 모든 상황을 각본신념에 맞게 해석하고 구성하는 역할을 한다. 그렇게 함으로써 각본감정이 재연된다. 또한 사람들은 기억강화를 위해 선택적 지각과 선택적 망각을 상요한다. 선택적 지각이란 각본신념에 맞는 것만 인식하고 나머지는 간과하는 것을 말하며, 선택적 망각이란 각본신념과 일치하지 않는 기억은 잊어버리고 일치하는 것만 상기하는 것을 가리킨다. 또한 사람들은 공상을 통해서 각본신념을 강화한다. 이러한 모든 현상은 우리의 모든 기억의 편집가 능성과 편집도구가 각본신념일 가능성을 시사한다(Stewart & Joines, 2010, 322~323).

### 4) 라켓시스템 벗어나기

Stewart 와 Joines(2010, 325)는 라켓시스템이 "분석을 위한 도구일 뿐만 아니라 변화를 위한 도구"이기도 하다고 주장한다. 실제로 라켓시스템은 어느 지점에서 변화를 주어도 라켓에서 벗어날 수 있도록 하는 역할을 한다. 아래의 그림은 Stewart 와 Joines(2010, 325)가 제안한 라켓시스템에서 벗어날 수 있는 방법을 나타낸 것이다. 이러한 과정에서 중요한 것은 어린이 자아상태의 욕구를 채우는 것이 어릴 때는 불가능했지만 지금은 가능하다는 사실을 상기하고 과거의 전략을 포기하는 것이라고 할 수 있다(Stewart, 2000, 207). 진정한 감정의 표현은 지금 여기서의 문제를 해결할 수 있지만, 라켓감정의 표현은 그렇지 않다(Stewart & Joines, 2010, 306).

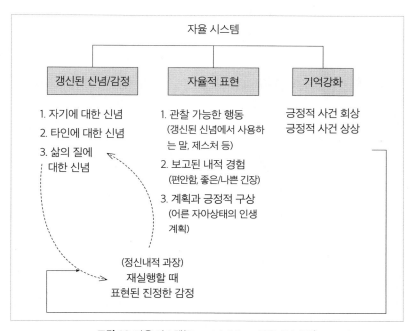

**그림 16** 자율 시스템(Stewart & Joines, 1987, 228~230)

9장

교류분석의
운명이론:
각본분석

# 9장

# 교류분석의 운명이론: 각본분석

~

　교류분석에서는 한 사람의 인생이 아주 어릴 때 결정되어 평생에 걸쳐서 이루어진다고 본다. 교류분석의 창시자인 Eric Berne은 이러한 개념을 가리켜 각본(script) 또는 인생각본(life script)이라고 했다. 각본은 아주 어린 시절 부모 또는 중요한 타자들의 영향을 받아서 자기 자신이 직접 기록한 것이다. 그러나 각본은 우리가 너무 어릴 때 기록되었기 때문에, 그것을 따라서 살아가고 있음에도 불구하고 인식하기가 쉽지 않다. 각본분석은 바로 이러한 각본을 찾아내어 분석하고, 그러한 각본에서 자유로운 삶을 추구하는 것이다.

　각본분석은 Berne에 의해서 처음 시작되었지만, 이후 Claude Steiner, Taibi Kahler, Mary M. Goulding과 Robert L. Goulding 등에 의해서 더욱 발전되었다. Steiner는 각본 매트릭스(script matrix)를, Kahler는 미니각본(mini stcipt)을 새롭게 제안했으며, Goulding과 Goulding은 Berne의 금지령(injunction)을 더욱 발전시켰다. 이번 장에서는 Berne의 견해를 중심으로 각본분석에 대해서 살펴보되, Steiner, Kahler, Goulding과 Goulding의 이론을 함께 언급하고자 한다. 각본분

석은 현재 교류분석의 핵심이론이라고 할 수 있는 자아상태이론과 더불어 교류분석의 중심이론으로 자리 잡고 있다(Stewart & Joines, 2010, 150).

## 1. 각본의 정의

인생각본은 연극각본과 유사하다. 실제로 Berne(2004a, 40~44)은 인생각본과 연극각본의 유사성을 여섯 가지로 설명하고 있다; 1)인생각본과 연극각본은 인생을 잘 담아내는 한정된 주제들을 근거로 하고 있다; 2)인생각본과 연극각본은 그대로 두면 예정된 결말을 향해서 나아간다; 3)인생각본과 연극각본은 가장 훌륭한 공연을 위해 예행연습을 거쳐 고쳐 쓰기를 한다; 4)인생각본과 연극각본은 거의 대부분 "좋은 사람"과 "나쁜 사람" 그리고 "승자"와 "패자"의 역할을 포함하고 있다; 5)인생각본과 연극각본은 근본적으로 인간의 만남에 대한 기본적인 질문들에 대한 답변이다; 6)인생각본과 연극각본은 사전에 구성되어야 하고, 사전에 동기가 부여되어야 한다.

James(1995, 121; 1994, 92)는 이러한 Berne의 견해에 동의하면서 인생각본을 "한 사람 한 사람이 연출하지 않으면 안 된다고 느끼는 인생계획"으로 정의한다. 여기서 인생계획이라는 것은 한 사람이 유아기에 행하기로 결정한 계획, 즉 "무의식의 인생계획"(an unconscious life plan)을 가리킨다(Berne, 2004a, 62). Berne에 의하면 사람들은 유아기에 이미 자신이 어떻게 살다가 어떻게 죽을 것인지를 결정한다. 그리고 그러한 계획이 늘 머릿속을 떠나지 않고 따라다니며 그 사람을 조종한다. 사소한 일들은 이성에 의해서 그때그때 결정될 수 있지만, 인생에서 중요한 일들

(직업선택, 결혼생활, 자녀교육, 죽음을 맞이하는 법 등)은 그렇지 않다(Berne, 2004a, 35). 스기다(2001, 12)는 이러한 각본을 가리켜 "인생의 청사진"이라고 칭하면서, 세 살 버릇 여든까지 간다는 속담에 빗대어 각본을 설명하고 있다.

각본은 부모와 문화의 영향이 가장 지배적이다. 부모는 유아가 처음 각본을 작성할 때 영향을 미친다. 실제로 유아는 부모와의 상호작용 속에서, 부모의 영향에 대한 반응으로 무의식의 인생계획을 작성한다. 그리고 부모는 유아와의 계속된 관계경험을 통해서 그러한 인생계획을 강화시키는 역할을 한다. 또한 부모는 문화의 전달자이기도 하다. 그러므로 유아의 부모경험은 하나의 문화경험이 되며, 이러한 문화경험이 유아의 각본작성에 영향을 미친다. 이런 측면에서 볼 때 인생각본은 부모의 영향에 의한 문화의 전달이라고 볼 수 있다(Berne, 2004a, 330~51).

Berne(2004, 330)은 각본을 따라서 살아가는 사람을 피아니스트에 비유한다. 피아니스트는 다른 사람이 작곡한 곡을 마치 자기가 작곡한 것처럼 연주한다. 그는 피나는 연습을 통해서 그 곡이 마치 자기 것인 양 연주하며 자기 자신과 다른 사람을 속인다. 이기춘(1998, 58)은 이러한 삶을 "자율성(autonomy)의 결여"라는 차원에서 접근한다. Berne이 각본을 통해서 말하고 싶었던 것도 아마 이것일 것이다. 그러나 Berne은 이것을 강조하면서도 각본을 작성하는 유아의 선택의 자유를 인정한다. 부모가 아이를 좋게 만들 수도 있고 나쁘게 만들 수도 있지만, 각본의 줄거리를 선택하는 것은 아이의 몫이다(Berne, 2004a, 44).

필자의 생각에 각본은 일종의 미메시스(mimesis)이다. 그것은 플라톤의 모방으로서의 미메시스가 될 수도 있고, 아리스토텔레스의 재현으로서의 미메시스가 될 수도 있다. 각본이 일종의 모방에 불과하다면, 그것은 자기는 없고 오로지 부모와 문화만이 존재한다. 그러나 재현이라면 그것은 창조성을 포함한다. 즉, 부모와 문화의 영향 속에서 자신이 주체가 되어 창조적으로 그것을 재현해내는 것이다. 여기에는 부모와 문화에 대한 주체적인 새로운 해석과 일종의 변형 그리고 새로운 요소가 포함된다. 이러한 재현은 자율성의 상실이 아니라 충분한 자율성을 전제로 한다. 유아기에는 이러한 적극적인 재현에 어려움이 있지만, 성장의 과정을 통해서 점차 자율성을 획득해가며, 단순한 모방의 차원을 넘어 적극적인 재현을 실현해 갈 수 있다. 이것은 Erikson(1993)의 사회심리 발달단계를 통해서 충분히 설명이 가능하다.

## 2. 각본의 유형

Berne(2004, 240)이 말하는 각본의 유형은 승자각본, 비승자각본, 패자각본 등 크게 세 가지이다. 이것을 구분하는 가장 커다란 특징은 목표의 달성여부이다. 즉, 자신이 목표를 완전히 달성하면 승자, 자신이 선언한 목표를 어느 정도 달성하고 멈추면 비승자, 자신이 선언한 목표를 달성하지 못하면 패자가 된다.

승자각본(winner script)은 한 사람의 인생을 승자로 이끄는 각본이다. 이러한 사람은 자신이 하기로 마음먹은 것을 결국에는 해내는 사람으로, 자신 또는 타인과 맺은 계약을 반드시 이행한다(Berne, 2004a, 240). 이러한 사람은 자기 자신과 다른 사람들의 가치를 인정하며, 자신이 속한 가정, 직장, 지역사회 그리고 세계에 관해 관심을 드러낸다. 또한 이러한 사람은 매사에 긍정적이며, 자신 또는 타인이 처한 부정적인 상황을 극복하기 위해 적극적인 행동을 취한다. 이러한 사람은 자신과 타인의 장단점을 인정하면서 보다 나은 방식으로 세상을 살아가기 위해 바꿀 수 있는 것은 바꾸려고 하는 경향이 있다(James, 1995, 122~214; James, 1994, 94).

패자각본(loser script)은 한 사람의 인생을 패자로 이끄는 각본이다. 이러한 사람은 자신이 마음먹은 것을 끝내 달성하지 못하는 사람으로, 자신 또는 타인과 맺은 계약을 이행하지 못한다. 이러한 사람은 자기 자신과 다른 사람들에 대해서 부정적이며, 심지어는 파괴적으로 되기도 한다. 그래서 이들은 자기 자신 또는 타인에게 상처를 입히는 경우가 많다. 혹자는 패자각본을 파괴적인 각본(destructive script)이라고 칭하기도 한다. 이러한 사람은 타인의 아픔에 관심이 없으며, 혹 성공한다고 하더라도 결국에는 실패하게 되어 자신과 타인을 곤경에 빠트린다. 패자각본은 그 정도에 따라 1~3급으로 분류가 가능하다. 1급은 사람들의 입에 오르내리기는 하지만 그 정도가 경미한 경우이며, 2급은 사람들에게 그 결과를 숨기고 싶을 정도로 부끄럽고 유쾌하지 않으며, 3급은 한 사람을 심각한 병이나 장애, 범죄 또는 사망에 이르게 할 정도로 심각하다(Berne, 2004a, 240; James, 1995, 122~123; Stewart & Joines, 2010, 163).

비승자각본(non-winner script)은 한 사람의 인생을 승자도 패자도 아닌 평범한 인생으로 만드는 각본이다. 이러한 사람은 승자와 패자 사이에서 인생을 그럭저럭 살아간다. 이러한 사람은 어느 정도의 변화만을 추구하기 때문에 그렇게 파괴적이지도 않고 그렇게 건설적이지도 않다. 이러한 사람은 조직에서 성실하고 문제를 일으키지 않기 때문에 좋은 멤버가 될 수는 있지만, 좋은 리더가 되지는 못한다. 이러한 사람은 자신의 능력을 제대로 발휘하지 못하고, 주어진 기회를 충분히 활용하지 못하며, 어느 이상 성장하지도 않는다. 겉으로 보기에는 유쾌하고 긍정적인 사람으로 비칠 수 있지만 더 이상 발전하지 못하기 때문에 절망적이고 지루한 인생을 살아갈 수 있다. (Berne, 2004a, 240; James, 1994, 94; James, 1995, 122~124; Stewart & Joines, 2010, 163).

## 3. 각본 매트릭스

각본 매트릭스는 Sneider에 의해서 제안된 것으로, 각본이 어떻게 형성되는가를 보여주는 그림이라고 할 수 있다. Berne(2004a, 330)은 각본 매트릭스를 "부모와 조부모로부터 현세대로 내려온 지령들을 도식화하고 분석하기 위하여 고안된 도표"라고 정의한다. 또한 Berne은 Sneider의 각본 매트릭스가 자신의 기본적인 견해와 일치한다고 본다. 즉, 다른 성의 부모는 자녀에게 해야 할 것을 지시하고, 같은 성의 부모는 자녀에게 그것을 행하는 방법을 가르쳐준다. 그러나 Sneider는 이러한 기본적인 방향에 머무르지 않고 세 가지 요소를 더했다. 즉, 금지령을 주는 것은 어린이 자아상태이며, 프로그램을 주는 것은 어른 자아상태이고, 대항금지령을 주는 것은 어버이 자아상태라고 주장함으로써, 부모의 자아상태가 각본형성에서 어떤 역할을 하고 있는지 분명하게 보여주고 있다 (Berne, 2004a, 330~331).

Sneider가 각본 매트릭스에서 언급하고 있는 금지령, 대항금지령, 프로그램은 일종의 각본 메시지(script message)이다. 각본 메시지는 부모가 자녀에게 전해주는 것으로서, 만약 자녀들이 이 메시지를 따르게 된다면 그들은 자신의 인생이 아닌 부모에 의해서 연출되는 인생을 살아가게 된다. 결국 자녀들은 자신의 인생을 마음대로 좌지우지할 수 없게 된다(우재현 편저, 1994, 162). 물론 부모가 아이의 각본을 써 주지는 않지만 각본 메시지를 통해서 아이의 각본형성에 커다란 영향을 미친다(Stewart, 2000, 40).

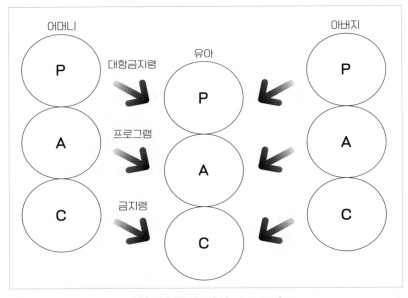

**그림 17** 각본 매트릭스(Steiner, 1974)

## 1) 금지령(injunction or witch message, don't message)

금지령은 각본 메시지 가운데 각본형성에 근간을 이루는 요소이다. 이것은 주로 "하지 말라"(don't do)는 형식을 통해서 아이에게 전달된다. 그러나 금지령은 언어를 배우기 이전에 전해지기 때문에, 언어보다는 비언어적 메시지를 통해서 주로 주어진다고 볼 수 있다. Sneider는 이러한 금지령이 부모의 어린이 자아상태에서 자녀의 어린이 자아상태로 전해진다고 본다. 이렇게 부모의 어린이 자아상태에서 주어지는 금지령은 부모의 부정적인 경험을 통해서 형성된 망상이나 공포에서 비롯되었을 가능성이 높다. 그렇기에 금지령은 전혀 이치에 맞지 않는다(Goulding & Goulding, 1993, 48).

Berne(2004a, 133)에 의하면 금지령은 게임과 동일한 방식으로 삼단계로 구분하는 것이 가능하다. 첫 번째 단계는 완곡하고 부드럽게 표현되는 금지령으로 '너무 큰 야망을 갖지 말라'와 같이 사회적인 용인이 가능하다. 이 단계의 금지령은 승자각본의 가능성을 남겨 둔다. 두 번째 단계는 엄격하고 거칠게 표현되는 금지령으로, '말하지 말고 입 닥치고 있어라'와 같이 위협적이다. 이 단계의 금지령은 비승자각본을 만드는 가장 효과적인 방법이다. 세 번째 단계는 아주 난폭하고 잔인하게 표현되는 금지령으로, '자꾸 떠들면 이를 모두 부러트리겠다'와 같이 물리적인 요소를 포함하게 된다. 이 단계의 금지령은 확실한 패자각본을 형성하게 한다.

Berne(2004a, 129~130)은 금지령에 의한 각본의 결말(script payoff)을 '혼자 있고 싶어 하는 사람이 되어라'(Be a loner), '부랑자가 되어라'(Be a bum),

'미쳐 버려라'(go crazy), '죽어 버려라'(Drop dead) 등 네 가지로 언급한다. 그러나 금지령에 어떤 것들이 있는지에 대해서는 구체적으로 언급하지 않았다. 이후 Goulding과 Goulding(1993, 49~53)은 임상적 연구를 통해서 금지령에 대한 견해를 발전시켰다. 여기서는 Goulding과 Goulding의 견해를 중심으로 12가지 금지령에 대해서 살펴보고자 한다.

### (1) 존재하지 말라(Don't exit)

Goulding과 Goulding(1993, 50)은 이 금지령이 가장 치명적이고, 환자를 치료할 때 우선 주목해야 하는 금지령이라고 보았다. 이러한 금지령은 불행의 원인이 자녀들에게 있다고 생각하는 부모들에 의해서 주로 주어진다. 이들은 원치 않는 임신을 통해서 아이를 출산했거나 아이의 출산 때문에 삶의 어려움을 겪고 있을 가능성이 높다. 즉, 이 금지령은 임신 때문에 어쩔 수 없이 결혼했거나, 아이 때문에 이혼하지 못하고 살고 있거나 삶의 질이 저하되었다고 생각하는 부모들에 의해서 주어진다. 또는 아이의 출산 때문에 아내를 잃은 남편이나 조부모 또는 아이를 낳다가 죽을 뻔한 어머니에 의해서 주어지기도 한다. 부모는 아이에게 직간접적인 언어로 "네가 없었더라면 좋았을걸", "네가 태어나지 않았더라면 내가 더 행복했을 텐데"라는 식의 메시지를 전달한다. 또는 신체적으로 아이를 꼭 껴안아 주지 않고 난폭하게 다룬다든지, 식사나 목욕을 시킬 때 아이를 노려본다든지, 또는 아이가 무엇을 요구할 때 호통을 친다든지, 때로는 아이를 신체적으로 학대한다든지 하는 것을 통해서 이러한 메시지를 전달한다(Goulding & Goulding, 1993, 50). 이러한 금지령을 받고 자란 아이들은 후에 자신을 가치 없고 쓸모없는 존재로 생각하며,

사랑을 받을 수 없는 존재로 여기고, 자살을 생각하기도 한다(Stewart & Joines, 2010, 198).

### (2) 너 자신이 되지 말라(Don't be you/Don't be the sex you are)

Goulding과 Goulding(1993, 52~53)은 이 금지령이 부모의 바람과 다른 성을 지니고 태어난 아이들에게 주어지는 것이라고 말한다. 또한 이 금지령은 아버지 없이 어머니 밑에서 자란 남자아이, 여성으로서 한이 맺힌 어머니에게서 자란 여자아이에게도 주어진다. 딸을 고대하고 있는 아들이 셋 있는 집에 또 아들이 태어난다면, 그 부모는 아이에게 "네가 딸이었으면 좋았을 텐데"라는 메시지를 전해주게 될 것이다. 좀 지나치면, 그 아이에게 여자의 이름을 붙인다든가, 예쁜 여아의 옷을 입힌다든가, 여자의 놀이나 행동을 가르칠 수도 있다. 반대의 경우도 마찬가지이다. 또한 남편 없이 남자아이를 키우는 어머니는 조심스럽게 아이를 키우며 위험한 놀이나 운동을 하지 못하게 할 수 있다. 그 결과 아이는 유약하고 어머니에게 의존할 뿐만 아니라 동성애적 경향을 지닐 수도 있다.

또한 여자로서 한이 맺힌 어머니에게 자란 여자아이는 어머니의 영향 아래서 남자와 경쟁적인 관계를 형성하게 된다. 그 결과 아이는 남자에게 지기 싫어하며 남자들과 지나친 경쟁의식 때문에 직장에서 부적응할 수도 있다. 이렇게 "너 자신이 되지 말라"라는 금지령을 받고 자란 사람들은 이성에 대한 부정적 감정 때문에 결혼을 하지 못하거나 이혼을 되풀이할 수 있으며, 그러다가 결국 쓸쓸한 최후를 맞이할 수도 있다(스기다, 2000, 248~249). 이러한 금지령은 "네가 다른 아이였으면 좋았을 텐데."라는 식으로 전달될 수 있다. 이 경우 부모는 자기가 생각하는 이상적인 아이의 모습과 다른 모습을 지닌 자신의 아이를 좋아하지 않게 되며, 다른 아이들과 비교하면서 그 아이의 존재와 가치를 평가절하하게 된다(Stewart & Joines, 2010, 200).

### (3) 어린아이처럼 굴지 말라(Don't be a child/Don't enjoy)

Goulding과 Goulding(1993, 51~52)은 이 금지령이 큰 아이에게 동생들을 돌보라고 요구하는 부모, 너무 일찍 배변훈련을 시키는 부모, 어린아이에게 신사의 행동을 기대하는 부모, 예의라는 말의 의미도 모르는 아이에게 예의를 가르치는 부모, "그런 짓은 어린애나 하는 거야"라고 말하는 부모가 자녀들에게 전해주는 메시지라고 본다. 이렇게 준비가 되지 않은 아이들에게 어른스러운 행동을 요구하는 부모들은 일중독자이거나 자수성가한 사람일 가능성이 높다. 이들은 인간의 모든 즐거움을 나쁘다고 생각하며, 절대로 다른 사람을 의지하지 않는다. 또한 이러한 부모들은 자기희생적인 삶을 살 가능성이 높다. 이들은 자신의 분노를 억제하고 다른 사람의 마음을 상하지 않게 하기 위해서 헌신적으로 노력한다. "어린이처럼 굴지 말라"는 금지령은 이렇게 부모에 의해서 주어질 수도 있지만, 어린아이가 자신에게 줄 수도 있다. 예를 들면, 어려서 부모를 잃어 한쪽 부모역할을 하거나 가장 역할을 해야 하는 아이들, 경제적으로 어려운 환경에서 자란 아이들, 부모가 다투는 것을 보고 자신이라도 어른처럼 행동해야겠다고 생각하는 아이들이 그렇다. 어떤 상황이든 이러한 금지령을 받은 사람들은 어린아이들을 대하는데 거북함을 느낄 수 있으며, 인생을 즐기는 사람들을 이해할 수 없고, 재미있게 놀아야 할 상황에서 몸이 경직되는 것을 경험하기도 한다. 이것은 그들이 스트로크를 충족하는 방법을 제대로 배우지 못했기 때문이다(Stewart & Joines, 2010, 200).

### (4) 성장하지 말라(Don't grow up)

Goulding과 Goulding(1993)은 이 금지령을 두 가지 차원에서 언급한다. 첫 번째는 어머니가 막내에게 주는 경우이다. 이것은 막내가 둘째 건 셋째 건 중요하지 않으며, "나를 떠나지 말라"(Don't leave me)는 금지령으로 이어진다. 이러한 금지령을 가지고 살아가는 사람들은 나이가 들어도 결혼하지 못하고 나이 든 부모를 모시고 사는 경우가 많다. 이런 사람들의 부모는 자식이 떠나는 것을 원하지 않는다. 왜냐하면 자식이 떠나고 난 빈자리에 부모로서 역할 대신 쓸쓸함만이 남게 되기 때문이다. 결국 이들은 언어적, 비언어적 메시지를 통해서 이러한 "떠나지 말라"는 금지령을 전달하게 된다. 두 번째는 아버지가 사춘기의 딸에게 주는 경우이다. 이 경우 아버지는 화장이나 복장 또는 이성과의 만남에 제재를 가한다.

그 결과 딸은 성장기에 누구나 하는 경험을 제대로 하지 못하며, 그러한 경험 자체에 대해서 부정적인 생각을 하게 된다. 또한 딸이 성적으로 성숙하면서 아버지는 그동안 해왔던 가벼운 스킨십이나 포옹을 하지 않는다. 그 결과 딸은 성장하면 사랑을 받지 못한다는 생각을 가질 수 있으며, "섹시해지지 말라"(Don't be sexy)는 또 다른 금지령을 받게 된다(Goulding & Goulding, 1993, 52; Stewart & Joines, 2010, 201~202). "성장하지 말라"는 금지령은 부모가 자녀를 자신의 부속물로 생각하거나 지나치게 보호하고 간섭할 경우 주어지는 것이라고 할 수 있다(스기다, 2000, 251).

### (5) 성공하지 말라(Don't make it/Don't succeed)

"성공하지 말라"는 금지령은 '자기파괴적인 인생을 살아가는 사람들의 마음속에 깊숙이 자리 잡고 있는' 금지령이다(스기다, 2000, 252). 이러한 사람들은 열심히 시험을 준비하고 시험을 보러 가지 않거나, 시험을 잘 쳤음에도 불구하고 답안지에 이름을 쓰지 않거나, 최선을 다해 시합을 준비하고 계체량을 통과하지 못한다. 또는 남들이 부러워할 만한 성공을 거두고 난 후 사사로운 문제로 모든 것을 잃어 버린다.

이러한 사람들에게 "성공하지 말라"는 금지령을 전해주는 부모들은 탁구시합에서 늘 아들을 이기면서, 아들이 자신을 이기려고 하면 시합을 그만두는 아버지와 같다. 이 경우 아들은 "너는 이겨서는 안 돼. 그렇지 않으면 미움을 받을 거야"라는 메시지를 받게 된다. 또한 이러한 부모들은 완전주의자들이 많다. 아무리 자식들이 잘한다고 하더라도 끊임없이 비판하며 "너는 무엇 하나 제대로 하는 것이 없다"라는 메시지를 전달한다. 결국 이러한 메시지들이 "성공하지 말라"는 금지령으로 바뀌게 된다(Goulding & Goulding, 1993, 52). Stewart와 Joines는 다른 상황을 통해서 이 금지령을 설명한다.

부모는 어린 시절 부유하지 못했다. 성인이 되기 전에 일해야 했고, 지금은 자수성가해서 자녀들이 그 혜택을 누리고 있다. 부모는 이렇게 혜택을 누리는 자녀들이 부럽다. 그리고 질투를 느끼기까지 한다. 게다가 자녀는 공부를 잘한다. 그냥 두면 성공할 거 같다. 그렇게 되면 자식이 부모보다 더 훌륭하다는 사실이 입증된다. 부모는 이러한 사실을 참지 못하고 말로는 공부를 열심히 하라고 하면서 비언어적으로는 "성공하지 말라"는 금지령을 보낸다(Stewart & Joines, 2010, 202).

### (6) 하지 말라/아무것도 하지 말라(Don't/Don't do anything)

"하지 말라"는 금지령은 "아무것도 하지 말라"는 금지령으로 이어진다. 이러한 금지령은 주로 두려움이 많은 부모들에 의해서 주어진다. 이들은 자녀를 자유롭게 놓아두면 위험하게 될 것이라는 두려움이 있다. 그래서 이들은 다른 아이들은 누구나 하는 것을 못 하게 한다. 그러므로 이러한 금지령은 부모의 두려움에 의한 과보호에서 비롯되는 것이라고 할 수 있다(Goulding & Goulding, 1993, 49).

그러나 이들의 두려움은 실재하는 것이 아니다. Stewart와 Joines (2010, 203)는 이것이 부모의 각본에서 기인한다고 보고 있다. 이러한 금지령에 의해서 살아가는 사람은 어떤 일을 하려고 생각은 하지만 그것을 행동으로 옮기지는 못한다. 어른이 되어서도 어떤 일을 추진하지 못하고 안절부절못하면서 시간만 보내기 일 수이다. 인생의 중요한 순간이 찾아와도 행동하지 못하고 결국 실패하고 만다. 또한 기술의 발전으로 새로운 기기들이 생겨나도 그것을 활용하지 못한다. 실제로 이들이 무엇인가 하려고 하면, 마치 "강력한 내적 브레이크"가 걸린 사람처럼 행동한다(스기다, 1993, 195). "하지 말라"는 금지령은 부모의 변명을 통해서 전해진다. 여기서 변명이란, "~ 때문에 ~ 하지 못하겠다"라는 형식을 취한다. 즉, 놀아주고 싶지만 시간이 없다는 아빠, 너무 바빠서 식사를 준비하지 못했다는 엄마가 그렇다. 그러나 그들이 할 수 없다고 한 것들은 대부분 할 수 있는 일들이다. 또한 이러한 부모는 아이들의 시행착오나 모험적 행동을 금지하면서 "그거 만지면 안 돼, 부서져", "칼 가지고 놀면 안 돼, 다쳐"라고 말한다(스기다, 1993, 195).

### (7) 중요한 사람이 되지 말라(Don't be important)

Goulding과 Goulding(1993, 51)은 부모가 계속해서 아이에게 식탁에서 대화를 하지 못하게 하거나, 또는 무시하거나 바보 취급을 하면, 아이가 그러한 행동을 "중요한 사람이 되지 말라"는 메시지로 해석할 가능성이 있다고 주장한다. 이러한 금지령은 주로 사람들이 시키는 일은 잘하지만 앞장서서 일하지는 못하는 사람, 승진할 기회가 와도 그것을 잡지 않거나 그러한 기회를 아예 찾지 않는 사람, 능력이 있으면서도 어려움을 헤쳐 나가지 못하는 사람, 평생 다른 사람들의 뒷바라지나 하면서 조역에 만족하는 사람들에게 나타난다. 이러한 사람들은 지도자가 될 수 있는 충분한 능력을 갖추고 있음에도 불구하고 그렇게 하지 못하며, 평생 열등감 속에 살아간다.

### (8) 소속되지 말라(Don't belong)

Goulding과 Goulding(1993, 53)은 부모가 어딘가 다른 곳에 사는 사람처럼 행동할 경우 자녀들이 "소속되지 말라"는 금지령을 받을 수 있다고 한다. 이러한 금지령을 자녀들에게 전해주는 부모는 자신은 다른 사람들과 다르며, 특별한 사람이라는 의식을 가지고 있을 수 있다. 또한 다른 사람들로부터 소외되어 있다는 느낌을 지니고 있을 수 있으며, 친구나 친지들까지 멀리하는 비사교적인 사람들일 가능성이 높다. 이러한 사람들은 "너는 특별한 사람이야", "너는 너무 수줍음이 많아", "너는 너무 까탈스러워"라는 말을 통해서 자녀들에게 다른 아이들과 다르다는 메시지를 계속해서 전달한다(Stewart & Joines, 2010, 203~204). 그 결과 이러한 부모 밑에서 자라는 아이들은 고독감을 잘 느끼고, 다른 사람들에게 비사교적인 인물로 비쳐지기 쉽다. 이들은 자신이 속한 그룹에 잘 적응하지 못하며 마치 다른 그룹에 속한 사람인 것처럼 보인다. 실제로 이들은 자의 또는 타의로 왕따로 지낼 가능성이 높다. 이러한 금지령에 따라 살아가는 사람들 가운데는 친부모가 아닌 사람들에 의해서 양육된 사람들이 있다(스기다, 2000, 254~255).

### (9) 친해지지 말라(Don't be close)

"친해지지 말라"는 금지령은 "부정적 스트로크를 교환하는 사람들이 따르고 있는" 금지령이다(스기다, 2000, 255). 이러한 금지령은 부모가 아이에게 가까이 가는 것을 피하거나 나무라는 가정, 친밀한 애정 표현이 거의 없는 가정에서 나타난다. 이러한 가정에서 자란 아이들은 긍정적 스트로크를 만족할 만큼 얻지 못하며, 부모에게 다가가는 것을 어려워한다. 결국 이들은 다른 사람들과의 친밀한 관계를 거부하며, 심지어는 두려워하게 된다(Goulding & Goulding, 1993, 51). 이렇게 "친해지지 말라"는 금지령을 지닌 사람들은 스킨십에 대한 기억이 없거나, 냉정하게 행동하라는 교육을 받았던 사람들이다. 또한 이들 가운데는 부모의 죽음이나 이혼을 경험한 사람들이 많다. 이들은 부모의 이혼 및 가족 간의 불화를 통해서 친밀한 관계가 무너지는 것을 경험했다. 또한 교통사고나 질병으로 인한 부모의 죽음을 통해서 부모로부터 받았던 사랑을 일순간에 잃어버렸다.

이렇게 사랑을 한순간에 잃어버린 경험이 있는 사람들은 또다시 그러한 일이 일어나지 않을까 하는 염려 때문에 다음 사랑을 두려워하게 된다. 또한 "친해지지 말라"는 금지령을 따르는 사람들은 부모에게 기대했던 사랑의 결핍이나 부모로부터 받았던 사랑의 상실 때문에 다른 사람들을 믿지 못하게 된다. 그 결과, 그들은 "믿지 말라"(Don't trust)는 또 다른 금지령을 지니게 되며, 다른 사람들과 정서적으로도 가까워지지 못하게 되어, "정서적으로 가까워서는 안 된다"(Don't be emotionally close)는 금지령을 지니게 된다(Stewart & Joines, 2010, 204).

(10) 건강하지 말라/제정신으로 있지 말라(Don't be well/Don't be sane)

Goulding과 Goulding(1993, 53)은 아이가 아플 때만 사랑을 주고, 건강할 때는 사랑을 주지 않는 부모는 아이에게 "건강하지 말라"는 금지령을 주는 것과 같다고 말한다. 이런 상황은 실제로 많은 가정에서 일어날 수 있다. 예를 들면, 모든 관심이 첫째 아이에게 집중된 가정의 경우이다. 이 경우 둘째 아이는 부모의 사랑이 부족하다. 그러다가 몹시 아픈 어느 날 부모가 평소와 다른 관심을 보여준다면, 아이는 부모의 사랑을 받기 위해 병에 걸리는 것이 낫다고 생각할지도 모른다. 부모가 맞벌이를 하는 경우도 마찬가지이다. 부모는 보육시설에 아이를 맡긴다. 퇴근

하는 길에 아이를 집에 데려오지만 피곤하고 할 일이 많아서 아이에게 정성을 쏟지 못한다. 실제로 이런 환경에서 자라는 아이들은 늘 감기를 달고 산다. 그 이유는 아마도 부모의 관심과 사랑을 받고 싶어서일 가능성이 높다.

이러한 상황은 미친 짓에 대해서도 마찬가지이다. 평소에는 스트로크를 받을 수 없지만, 미친 짓을 했을 때 원하는 만큼의 스트로크를 받게 된다면, 그 아이는 계속해서 미친 짓을 할 수 있다. 이런 아이는 절대로 그러한 행동을 고칠 수 없다(Goulding & Goulding, 1993, 53). 스기다 (2000, 257)는 이러한 금지령의 배경을 여섯 가지로 설명한다; 1) 병에 걸렸을 때만 부모에게 관심을 받았던 경험; 2) 어렸을 때부터 부모의 질병과 입·퇴원을 자주 목격; 3) 약한 아이로 자라 다른 아이들과 놀거나 운동하는 것이 어려웠음; 4) 부모에게 과식, 과음, 밤을 새움 등 건강 관리상의 문제가 많은 가정에서 자람; 5) 가족 중에 정신장애를 지니고 있음; 6) 부모로부터 "운동하라"라는 말을 들었지만, 정작 운동하러 나가면 꾸지람을 들은 경험.

### (11) 생각하지 말라(Don't think)

Goulding과 Goulding(1993, 59)은 이 금지령을 '특정한 것을 생각하지 않는 것'(Don't think about that) 또는 '다른 사람이 생각하는 대로 생각하는 것'(Don't think what you think - think what I think)으로 보았다. 물론 여기에는 생각 자체에 대한 금지도 포함되어 있다. 이러한 금지령을 가지고 살아가는 사람들은 어른 자아상태를 사용하지 않으며 살아갈 가능성이 높다(스기다, 2000, 257). 그 결과 이들은 자신이 직면한 문제를 합리적으로 해결하지 못하고 당황하거나, 다른 사람의 결정에 모든 것을 맡겨버리게 된다. "생각하지 말라"는 금지령에 따르는 사람들은 특정한 생각에 사로잡혀 사고가 자유롭지 못하거나, 법을 어기면서 그 결과는 생각하지 않거나, 환경을 탓하며 피해자 의식에 사로잡혀 살아간다(스기다, 2000, 257~259).

이러한 사람들은 자신의 생각을 말하지 못하거나 호기심을 표현할 수 없는 환경에서 자랐을 가능성이 높다. 또한 특정한 주제에 대해서는 말할 수 없었을 수도 있다(Stewart & Joines, 2010, 205). 특히 신앙심이 깊은 부모 밑에서 자라는 아이들은 신앙과 위배되는 모든 생각들이 거부당했을 가능성이 높다. 이외에도 부모나 권위자에 대해 정당한 비판을 할 수 없거나 모든 것을 부모가 생각하고 결정해준 경우 아이는 "생각하지 말라"는 금지령을 받을 가능성이 높다(스기다, 1993, 193~198).

### (12) 감정을 느끼지 말라(Don't feel)

Goulding과 Goulding(1993, 59)은 이 금지령을 단순히 감정을 느끼지 말라는 차원을 넘어 "특정한 감정을 느끼지 말라"(Don't feel that), "네가 느낀 대로 느끼지 말고 내가 느끼는 대로 느끼라"(Don't feel what you feel - feel what I feel)는 금지령에 대해서 언급한다. 이러한 금지령을 따라서 살아가는 사람들은 감정을 억압하는 부모 밑에서 성장했을 가능성이 높다. 이러한 부모는 감정을 느끼거나 감정적으로 행동하는 것을 힘들어한다. 자녀들 역시 감정을 느끼는 것에 대해서 부정적으로 되며, 결과적으로 감정을 표현하지 않게 된다. "특정한 감정을 느끼지 말라"는 금지령은 가정 내에서 어떤 감정은 허용이 되고 어떤 감정은 그렇지 않은 경우에 주어진다. 어떤 가정에서는 기쁨이, 어떤 가정에서는 슬픔이, 어떤 가정에서는 두려움이 금지된다.

이럴 경우 그러한 감정을 느끼더라도 그것을 드러낼 수 없다. "네가 느낀 대로 느끼지 말고 내가 느낀 대로 느끼라"는 금지령은 내가 어떤 감정을 느끼느냐에 관계없이 부모의 감정을 따르도록 무의식적으로 강요받은 사람들에게 나타난다. 부모가 즐거우면 그렇지 않아도 웃어야 하고, 부모가 슬프면 그렇지 않아도 울어야 한다. 이러한 경우는 초상집이나 잔칫집에서 찾아볼 수 있다. 또한 부모가 배가 고프면 밥을 먹어야 하고, 부모가 추우면 옷을 입어야 한다. 이러한 금지령은 "신체적 감각을 느끼지 말라"(Don't experience physical sensations)는 금지령으로 이어지기도 한다. 이 경우 아이는 배가 고파도 그것을 내색하지 못하기 때문에 섭식장애에 걸릴 수 있다(Stewart & Joines, 2010, 206).

## 2) 대항금지령(counter injunctions, counterscript, do message)

대항금지령은 금지령에 대항하는 금지령으로, 금지령이 부모의 어린이 자아상태에서 주어지는 것과 달리 부모의 어버이 자아상태에서 주어진다. 또한 대항금지령은 금지령이 언어를 배우기 이전에 주어지는 것과 달리 언어를 통해서 주어진다. Stewart와 Joines(2010, 196)는 금지령은 6~8세가 될 때까지, 대항금지령은 2~12세까지 계속해서 주어진다고 주장한다.

유아기 초기에 아이는 부모의 어린이 자아상태로부터 "존재하지 말라", "너 자신이 되지 말라", "어린아이처럼 굴지 말라" 등의 금지령을 받을 수 있다. 그러나 유아기 후기가 되면 아이는 부모로부터 이러한 금지령에 대항할 수 있는 대항금지령을 함께 받게 된다. 이때 부모는 아이에게 "소리를 지르지 마라", "돌아다니면서 밥 먹지 마라", "어른을 보면 인사를 잘해라" 등의 말을 한다. 아이는 이러한 대항금지령을 따르려고 애쓰지만, 대부분은 다시 금지령으로 돌아가 금지령을 따르게 되는 경우가 많다. 실제로 대항금지령보다는 금지령을 따르기가 쉬우며, 대항금지령의 경우 금지령에 대항하는 듯한 모습을 지니고 있지만 실제로는 각본진행에 가담하고 있는 경우가 많다(Goulding과 Goulding, 1993, 55).

대항금지령은 일반적으로 한 사람이 처해 있는 문화적 배경을 나타내는 경우가 많다(Stewart, 2000, 90). 그 이유는 대항금지령이 외부 세계의 영향을 반영하는 부모의 어버이 자아상태에서 비롯되기 때문이다. 문화는 일반적으로 '하지 말아야 하는' 금기와 '해야 하는' 행동강령을 포함하고 있다. 이것은 문서화되어 법적인 효력을 지니기도 하지만, 대부분은 불문율의 형태로 사람들의 행동을 지배한다. 대항금지령 역시 이와 마찬가지로 '하라'(Do)와 '하지 말라'(Don't)는 두 가지 형식을 지니게 된다. 대항금지령을 금지령이라는 측면에서 보면 '하지 말라', 금지령에 대한 대항이라는 측면에서 보면 '하라'의 형태로 볼 수 있지만, 실제로는 이 두 가지 형식을 모두 취하고 있다. Stewart와 Joines(2010, 193)는 이 가운데 '하라'의 형태가 사람들로 하여금 충동적으로 따르게 만들기 때문에 '하지 말라'의 형태보다 더 중요하다고 말한다.

대항금지령은 한 사람이 속해 있는 문화적 배경을 따르고 있기 때문에 이것을 잘 지킬 경우 그 문화 안에서 성공적인 삶을 살아갈 수 있게 된다(Stewart, 2000, 90). 그러나 대항금지령은 주로 어린 시절에 주어지기 때문에 그것을 따르는 것이 성인이 된 이후에는 오히려 방해가 될 수도 있다. 그러한 사람은 일상에서 편견을 지닌 사람으로 보이거나 다른 사람의 삶을 지나치게 참견하는 사람으로 비칠 수 있다. Goulding과 Goulding(1993, 53)은 대항금지령을 고수할 경우 자연스러운 성장이나 유연성이 결여될 수 있다고 주장한다. 이러한 측면에서 볼 때, 대항금지령은 반드시 좋거나 반드시 나쁘다고 말할 수 없는 측면을 지니고 있다(Goulding & Goulding, 1993, 54).

### 3) 프로그램

프로그램은 부모의 어른 자아상태에서 자녀의 어른 자아상태로 주어지는 것이라고 할 수 있다. 어른 자아상태의 역할이 어버이 자아상태와 어린이 자아상태의 정보를 수집하여 이성적으로 판단하고 결정하는 것이라는 측면에서 볼 때, 프로그램은 부모의 어버이 자아상태, 어른 자아상태, 어린이 자아상태를 포괄한다고도 볼 수 있으며, 그 결과 프로그램은 아이에게 목격된 부모의 전반적인 모습을 가리키게 된다. 그렇기에 프로그램은 일종의 부모에 대한 모델링이라고 할 수 있다. 프로그램은 '어떤 일을 어떻게 해야 하는가'에 대한 메시지들로 구성되어 있으며, '~ 하는 법'이라는 문장으로 시작된다(Stewart & Joines, 2010, 193).

대항금지령은 부모로부터 물려받은 일종의 가치관이며, 금지령은 비언어적으로 주어진 부모의 무의식적 메시지이고, 프로그램은 부모가 보여준 일종의 행동지침이라고 할 수 있다. 시골에서 태어난 민수는 어릴 때 어머니로부터 열심히 공부해서 좋은 대학에 들어가 반드시 성공하라는 메시지를 들었다. 일종의 대항금지령이다.

그러나 어머니는 민수를 늘 끼고 사셨고 민수는 그러한 어머니의 품을 떠나지 못했다. 민수가 도시에 있는 좋은 대학의 합격통지서를 받았을 때, 이별을 힘들어하는 어머니를 보며 죄책감을 느꼈다. 이것은 어머니가 민수에게 보내고 있는 '성장하지 말라'는 금지령의 일종인 '나를 떠나지 말라'는 금지령이다. 민수는 좋은 대학에 들어가서 반드시 성공하라는 어머니의 말씀과 이별을 힘들어하는 어머니의 모습 속에서 고민에 빠졌다. 민수는 아버지에게 눈길을 돌렸다. 아버지는 마을에 있는 공장에 다니는 월급쟁이였다. 매일 같이 술에 취해 집에 들어와 고래고래 소리를 질렀다. 이러한 아버지의 모습은 아버지의 어린이 자아상태에서 비롯된 것이지만, 아버지의 어른 자아상태의 최종적인 선택의 결과였기에 세상을 어떻게 살아야 하는가를 알려주는 일종의 프로그램 역할을 했다.

민수는 이러한 아버지의 모습을 통해 술이나 마시며 잊어버리라는 메시지를 받았고, 마침내 이것을 모델링하게 되었다(스기다, 2000, 242~242).

### 4) 결단(decision)

Goulding과 Goulding(1993, 56)은 "금지령의 수는 한정되어 있으나 결단의 수는 헤아릴 수 없을 만큼 많다"라고 말한다. 이 말은 같은 환경에 있는 사람들이라고 해서 같은 선택을 하는 것은 아니며, 각자의 다른 선택을 통해 다른 각본을 형성한다는 것을 의미한다. 실제로 금지령과 대항금지령은 부모에 의해서 주어지지만, 이것을 받아들이고 말고는 개인의 몫이다. 즉, 각본을 작성하는 개인은 그것을 받아들이거나 거부할 수 있는 힘을 지니고 있다(Steiner, 1974). 실제로 금지령이나 대항금지령은 외부에서 주어지기보다 자신에 의해서 만들어지는 경우가 많다(Goulding & Goulding, 1993, 56). 이것은 각본형성에 영향을 미치는 세 가지 요소를 살펴보더라도 알 수 있다.

첫 번째는 자기인식이다. 이것은 자신을 대하는 타인의 태도에 대한 것으로, 그것이 긍정적이면 자신에 대해서도 긍정적으로 되고, 부정적이면 자신에 대해서도 부정적으로 된다. 그러나 여기서 중요한 것은 '자기'인식이라는 측면이다. 즉, 타인이 어떻게 자신을 대하느냐도 중요하지만 그것을 어떻게 받아들이느냐가 더 중요하다. 이것은 자기해석이라는 두 번째 요소와도 연결된다. 자기해석은 자신에 대한 타인의 메시지에 대한 것으로, 그것을 어떻게 해석하느냐에 따라 각본에 영향을 미치게 된다. 마찬가지로 여기서도 '자기'해석이라는 측면이 중요하다. 즉, 타인이 어떤 메시지를 보내느냐 보다 타인의 메시지를 어떻게 해석하느냐가 더 중요하다. 세 번째는 욕구충족이다. 각본은 일종의 '욕구 충족 전략'이라고 할 수 있다. 여기서 가장 우선시되는 욕구는 생존의 욕구이다. 그러므로 각본은 자신의 생존을 위해 스스로 작성한 것이라고 할 수 있다(이기춘, 1998, 59; Stewart, 2000, 41).

각본메시지는 유아기의 각본결단(script decision)을 통해 성인기의 각본신념(script beliefs)으로 나아간다(Stewart, 2000, 46). 각본신념은 건강할 때는 문제가 되지 않지만, 스트레스를 받을 때 무의식적으로 출현한다. 이때 개인은 생존을 위해 유아기 때 선택했던 전략을 되풀이하게 되며, 그 결과 인생각본은 더욱 강화된다. Stewart(2000, 96~104)는 Goulding과 Goulding의 12가지 금지령과 관련하여 다음과 같이 12개의 각본신념을 제시했다.

①  나는 존재해서는 안 돼(I mustn't exist)
②  나는 나 자신이 되어서는 안 돼(I mustn't be me)
③  나는 어린아이처럼 굴어서는 안 돼(I mustn't be a child)
④  나는 성장해서는 안 돼(I mustn't grow up)
⑤  나는 성공해서는 안 돼(I mustn't make it)
⑥  나는 아무것도 해서는 안 돼(I mustn't do anything)
⑦  나는 중요한 사람이 되어서는 안 돼(I mustn't be important)
⑧  나는 소속되어서는 안 돼(I mustn't belong)
⑨  나는 친해져서는 안 돼(I mustn't be close)
⑩  나는 건강해서는 안 돼/나는 제정신으로 있어서는 안 돼(I mustn't be well/sane)
⑪  나는 생각해서는 안 돼(I mustn't think)
⑫  나는 감정을 느껴서는 안 돼(I mustn't feel)

그러나 각본신념은 이렇게 하나씩만 형성되지는 않는다. 왜냐하면 각자의 생존을 위해 복합결단(compound decision)을 하기 때문이다 (Stewart & Joines, 2010, 199). 복합결단은 생존과 욕구충족 두 가지를 위한 결단이다. 어머니는 아이에게 '존재하지 말라'는 금지령과 '열심히 하라'는 대항금지령을 동시에 줄 수 있다. 이 경우 아이는 '열심히 하면 살아남을 수 있을 것이다'라는 복합결단을 하게 된다. 또한 어머니가 '존재하지 말라'는 금지령과 '친해지지 말라'는 금지령을 함께 줄 경우 아이는 '친해지지 않으면 살아남을 것이다'라는 복합결단을 내리게 된다. 그리고 어머니는 '존재하지 말라'는 금지령을 주고, 아버지는 '생각하지 말라'는 금지령을 준다면, 아이는 '생각하지 않으면 살아남을 것이다'라는 복합결단을 할 수 있다(Stewart & Joines, 2010, 209~212).

Berne(2004a, 155~156)은 부모의 각본메시지와 정반대인 반각본에 대해서 언급했다. 반각본(antiscript)은 부모로부터 주어지는 금지령, 대항금지령, 프로그램에 대한 거부이다. 반각본은 부모로부터 주어지는 모든 각본메시지를 거부하고 그 반대로 행동하게 한다. 그러나 이러한 반각본은 주로 대항금지령에 대한 거부인 경우가 많다. 그렇기에 반각본은 주로 청소년기에 나타나게 되며, 반드시 해야 할 것과 다른 행동을 하게 한다. 이것은 긍정적인 측면으로 볼 때는 각본으로부터의 해방이라고 할 수 있지만, 부정적인 측면에서는 다른 금지령의 이동으로도 할 수 있다. 그러므로 각본메시지의 긍정적인 측면까지 거부하게 만드는 반각본은 긍정적인 결과를 초래하기 어려우며, Berne은 이러한 사람들을 가리켜 '각본메시지를 수행할 희망을 접고 포기한 각본 실패자'라고도 칭한다.

## 4. 시간의 구조화와 각본

Berne(2004a, 44)은 유아가 부모의 프로그래밍에 기초를 두고 각본을 작성하는 이유를 세 가지로 언급했다. 첫 번째는 부모의 프로그래밍이 인생의 목표를 부여하기 때문이고, 두 번째는 부모의 프로그래밍이 유아의 시간을 구조화하는 방법을 제공하기 때문이고, 세 번째는 부모의 프로그래밍이 유아가 어떤 일을 해야 하는지 알려주기 때문이라고 한다. Berne은 특히 이 가운데 시간의 구조화를 각본과의 관계 속에서 설명하고 있다.

Berne(2004a, 241)은 각본을 "누구에게나 태어나서 죽을 때까지 시간을 구조화하는 방법이다"라고 정의한다. 시간의 구조화는 사람들이 자기의 생활시간을 폐쇄, 의식, 활동, 잡담, 게임, 친밀 등 여섯 가지로 구조화한다는 이론으로, 각본이 바로 그러한 요소들을 형성하게 만들어 준다는 것이다. Berne은 시간과 관련된 용어를 통해서 각본을 6가지로 분류한다.

첫 번째는 '결코'(Never) 각본이다. Berne(2004a, 242)은 이 각본을 음식과 물을 보고서도 절대로 먹거나 마실 수 없었던 탄탈루스(Tantalus)에 비유했다. 이 각본은 부모에 의해서 자신이 원하는 모든 것이 금지 당했던 사람들에게 보여 진다. 이 각본을 지닌 사람은 어린이 자아상태가 자신이 원하는 것을 추구하는 것을 두려워하며, 어버지 자아상태의 지시를 따른다. 결국 이 각본을 지닌 사람은 자신이 원하는 일을 하지 못하고 초조하게 시간을 보낸다. 이러한 각본에서 벗어나기 위해서는 먼저 자기가 원하는 것이 무엇인지 찾고, 그것을 얻기 위한 구체적인 방법을 강구하여 매일 실천해야 한다(Stewart & Joines, 2010, 225).

두 번째는 '항상'(Always) 각본이다. Berne(2004a, 242)은 이 각본을 미네르바(Minerva)의 바느질 솜씨에 도전했다가 벌을 받아 거미로 변해 평생 거미줄을 뽑아내야 했던 아라크네(Arachne)에 비유했다. 이 각본은 악의에 찬 부모가 자녀에게 '평생 그 일만 하며 살라'고 말하는 데서 비롯되는 것으로서, 나쁜 행동을 되풀이하는 비행청소년이나 반사회성 성격장애자 또는 어떤 일을 단념하지 않고 끝까지 하다가 마침내 성공하는 사람들에게 나타난다. 이러한 각본에서 벗어나기 위해서는 같은 실수를 반복하거나 나쁜 일이 지속될 때 그것을 그만두어야 한다는 사실을 깨닫고 실제로 그만두어야 한다(Stewart & Joines, 2010, 225).

세 번째는 '까지'(Until) 각본이다. Berne(2004a, 242)은 이 각본을 부여된 임무를 완수하기까지 왕이 될 수 없다고 통보받은 이아손(Jason)에 비유했다. 이 각본은 '어떤 일을 성취할 때까지는 행복하면 안 된다'라는 부모의 메시지를 받고 자란 사람들에게 나타난다. 이 각본을 지닌 사람들은 현재를 즐기지 못하며, 어떤 일을 성취하는데 너무 집착한 나머지 강박적인 성격을 지닐 수 있으며, 과로로 인해 질병에 시달릴 수 있다. 이러한 각본에서 벗어나기 위해서는 일이나 목표가 성취되기 전에도 즐길 수 있는 일을 찾아야 한다(Stewart & Joines, 2010, 225).

네 번째는 '그 후'(After) 각본이다. Berne(2004a, 243)은 이 각본을 한 올의 말 머리카락에 매달린 검이 자신의 머리에 떨어질 때까지만 왕으로서의 행복이 허락된 다모클레스(Damocles)에 비유한다. 이 각본은 '너는 잠시 동안 즐거울 수 있지만 그 후에는 반드시 문제가 생길 것이다'라는 메시지를 받고 자란 사람들에게 나타난다. 이 각본을 지닌 사람들은 현재의 행복이 일시적인 것으로 생각하면서 늘 불안해하며 시간을 보낸다. 이러한 각본에서 벗어나기 위해서는 내일도 즐겁게 지낼 것이라고 미리 결정하고 오늘을 즐겨야 한다(Stewart & Joines, 2010, 225).

다섯 번째는 '거의'(Over and Over) 각본이다. Berne(2004a, 243)은 이 각본을 다시 굴러떨어질 무거운 바위를 언덕 위로 올리는 일을 되풀이하는 시지포스(Sisyphus)에 비유했다. 이 각본은 "거의 성공했는데" 각본으로, 목표를 달성하기 직전에 반드시 실패를 경험하는 사람들이 지닌 각본이다. 이러한 각본을 지닌 사람들은 '성공하지 말라'는 금지령을 지닌 경우가 많으며, 작은 잘못으로 실패를 경험하게 된다. 이러한 각본에서 벗어나기 위해서는 자신이 할 일이 정말 완성되었는지 점검하고, 일단 목표가 달성되면 그것을 인정하고 음미해야 한다(Stewart & Joines, 2010, 225).

여섯 번째는 '결말이 없는'(Open-Ended) 각본이다. Berne(2004a, 243)은 이 각본을 신을 잘 대접하여 살아남았으나 무엇을 해야 할지 몰라 시간을 그냥 보냈던 필레몬(Philemon)과 바우키스(Baucis)에 비유했다. 이 각본은 자신이 해야 할 일을 완료하고 어떻게 시간을 구조화해야 할지 모르는 사람들에게 나타난다. 평생 키운 자식을 출가시킨 어머니나 평생 일한 직장에서 정년퇴임한 아버지들에게 나타날 수 있는 각본이다. 이들은 해야 할 일을 마친 이후에 대해 어떤 계획을 지니고 있지 않았기 때문에, 막상 그 시기가 닥쳤을 때 당황해하고 많은 스트레스를 받으며 우울해하는 경우가 많다. 이러한 각본에서 벗어나기 위해서는 결말이 없는 각본을 다시 써야 한다. 이것은 부모가 남겨준 일종의 선물이다(Stewart & Joines, 2010, 225).

## 5. 각본을 분별하는 방법

유아기 초기에 금지령과 함께 이루어지는 각본결단은 주로 마술적 사고에 의해서, 치밀하지 못하게, 비언어적으로, 생존을 위해 이루어진다(Stewart, 2000, 92~95). 그렇기 때문에 이때 작성한 각본을 분별하는 것은 쉬운 일이 아니다. 또한 유아기 후기에 대항금지령과 함께 이루어지는 각본결단 역시 그렇게 쉽지 않다. James(1995, 131~133)는 각본을 분별하기 위해 크게 네 가지 방법을 제시한다.

첫 번째는 '내가 어떤 역할을 계속 연출하고 있는지 살펴보는 것'이다. 각본은 연극의 대본과 같기 때문에 각본을 연출하는 사람은 그가 누구이든 한 가지 역할을 맡게 된다. Berne(2004a, 239~241)은 각본이 연출하는 역할을 승자, 비승자, 패자로 언급한 바 있으며, Karpman(1968)은 박해자, 구원자, 희생자 등 세 가지로 언급하고 있다. 승자, 비승자, 패자는 각본이 일어나는 과정보다는 각본결말에, 박해자, 구원자, 희생자는 각본결말보다는 각본이 일어나는 과정에 더 깊은 연관이 있다. 어쨌든 자신이 이 가운데 어떤 각본을 연출하고 있는지, 그 특징을 통해서 파악해 본다면 단순하게나마 자신의 각본을 발견할 수 있을 것이다. 각본에 등장하는 연극적인 요소가 무엇인지 알 수 있다면 이 작업은 한층 수월해질 것이다.

James(1995, 127~129)가 제시하고 있는 각본 속에 등장하는 연극적인 요소는 프로듀서, 등장인물, 엑스트라, 대화, 장과 막, 조명, 배경, 스텝 등이다. 최초의 프로듀서는 부모이지만 다른 프로듀서들도 등장하며, 등장인물은 희생자, 박해자, 구원자와 같은 기본적인 역할이 있고, 등장인물을 돕는 인물들이 엑스트라이며, 등장인물 사이에서 이루어지는 대화는 상보적, 교차적, 이면적 교류로 이루어져 있다. 그리고 장과막은 등장인물 모두가 연출하는 것으로서 게임을 하는 사이에 등장인물의 역할이 연출되며, 막장에서 그 역할을 분명해진다. 눈에 띄지 않는 인물은 조명을 피하려고 할 것이고, 그렇지 않은 인물은 눈에 띄는 연기를 하며 조명을 받게 될 것이다. 배경은 쉽게 바뀌지는 않지만 무대설정 또는 등장인물이 바뀔 경우 변하게 되며, 이 모든 것을 돕는 스텝들이 존재한다.

두 번째는 '나에게 무슨 일이 일어나고 있는지 살펴보는 것'이다. 사람들은 각본에서 각각 담당하는 역할이 있기 때문에, 그러한 사람과 관계하는 사람 또는 환경 역시 그와 관련된 패턴을 지니기 마련이다. 그리고 그러한 패턴이 결국 자신에게 영향을 미치게 되므로, 자신에게 어떤 일이 일어나는지를 살펴보는 것은 자신의 각본을 발견하는데 중요한 역할을 하게 된다. 이것은 주로 각본이 일어나는 과정과 관련이 있다.

세 번째는 '현재와 똑같은 행동을 계속할 경우 반드시 일어나게 될 결과를 생각해 보는 것'이다. 반드시 일어나게 될 결과는 각본결말과 관련이 있다. 즉, 지금의 행동이 나를 어떤 결과로 이끌고 갈지를 예측해 보는 것은 현재 자신의 각본이 어떤 것인지 아는데 도움이 된다. 특히

'만약 오늘이라도 내가 죽게 된다면, 비문에는 어떤 내용이 기록될까?'라고 생각해 보는 것이 도움이 된다. 또한 '반드시 일어나게 될 결과가 건설적인가 아니면 파괴적인가?'라고 질문하는 것 역시 마찬가지이다. 이외에도 우리는 '나는 누구인가', '나는 지금 여기서 무엇을 하고 있는가?', '다른 사람들은 누구인가?'라고 질문을 던져 보는 것은 각본을 분별하는 데 도움이 된다(이기춘, 1998, 62).

## 6. 각본개선방법

James(1995, 133~134)는 각본을 분별하는 방법뿐만 아니라 각본을 개선하는 방법에 대해서도 언급하고 있다. James가 제시하고 있는 방법은 '어린아이로 무대 위에 서 있다고 가정하고 함께 무대 위에 서 있는 등장인물이 누구이고, 어떤 대화를 나누고 있으며, 어떤 행동을 하고 있는지, 어떤 장르의 연극인지, 조명을 받고 있는지 그렇지 않은지 등을 살펴보고, 그 때 했던 결단을 재결단(redecision)하는 것'이다. 이렇게 하는 이유는 어린 시절의 결단이 지금은 효과가 없을 가능성이 많기 때문이다.

Stewart와 Joines(2010, 172) 역시 James와 같은 맥락에서 각본에서 벗어날 수 있는 방법에 대해서 언급하고 있다. 즉, 각본에서 벗어나기 위해서는 먼저 어린 시절에 충족시키지 못했던 욕구를 찾아내야 하고, 그것을 해결하기 위해 사용했던 마술적 해결책을 포기하고, 성인으로서 현재의 욕구를 충족시킬 수 있는 방법을 찾아야 한다는 것이다. 특히, Stewart와 James가 강조하고 있는 것은 '각본에서 벗어나게 되더라도 어린 시절에 두려워했던 재앙이 다시 일어나지 않을 것이라고 확신시켜야 한다'라는 점이다.

Goulding과 Goulding은 「재결단치료」에서 12가지 금지령에 따른 재결단에 대해서 언급했다. 재결단은 다시 어린 시절로 돌아가 그때의 결단을 바꾸어 줌으로써 현재의 각본에 영향을 미치도록 하는 것이다. 12개의 금지령에 따른 각본결단은 다음과 같이 재결단할 수 있다 (Goulding & Goulding, 1993, 322~327).

① '존재하지 말라' — '나는 자살하지 않는다', '나는 사랑받을 수 있다', '나는 나 자신을 사랑하고 계속 돌보겠다'
② '너 자신이 되지 말라' — '나는 있는 그대로의 내 모습을 좋아 한다'
③ '어린아이처럼 굴지 말라' — '나는 오줌을 쌀 권리가 있다', '나는 밖에 나가서 놀 권리가 있다', '나는 동생에 대한 책임을 포기할 권리가 있다'
④ '성장하지 말라' — '부모는 나를 갓난아이로 남겨두고 싶어 하지만 나는 성장한다'
⑤ '성공하지 말라' — '부모가 내 성공을 바라지 않을지라도 나는 성공한다'
⑥ '아무 것도 하지 말라' — '무엇을 하는 것에 대한 두려움은 부모의 것이지 나의 것이 아니다'
⑦ '중요한 사람이 되지 말라' — '다른 사람들에게 내 말에 귀를 기울여 달라고 말한다'
⑧ '소속되지 말라' — '나는 특별하지만 다른 사람들과 함께한다'
⑨ '친해지지 말라' — '당신은 나와 친해질 수 없지만, 나는 다른

사람들과 친해진다'

⑩ '건강하지 말라/제정신으로 있지 말라' ― '나는 당신과 분리되어 있고, 건강해도 사랑을 받을 수 있다'

⑪ '생각하지 말라' ― '나는 언제나 가족의 비밀을 알고 있었다'

⑫ '감정을 느끼지 말라' ― '당신은 감정을 인식하지 못할지도 모르지만 나는 감정이 있고 그것을 느낄 수 있고 표현할 수 있다'

Goulding과 Goulding(1993, 483~491)은 재결단이 끝이 아니라 시작이라고 말한다. 내담자는 이때부터 새로운 방식으로 생각하고 느끼고 행동하기 시작한다. 그리고 그의 각본에 변화가 일어난다. 이때 상담자는 상담을 바로 종결하지 말고 내담자가 스스로 상담자와 함께 했던 과정을 수행할 수 있도록 그 과정을 자기화할 수 있도록 도와야 한다. 그래서 내담자가 특별한 상황이 아닌 이상 다시 상담자를 찾아오지 않도록 해야 한다.

각본을 바꿀 수 있는 또 하나의 방법은 허용(permission)이다.

Crossman은 유능한 상담자에게 중요한 세 가지 요소를 언급하고 있는데, Stewart는 이 견해를 가져와 어떻게 각본을 바꿀 수 있는가에 대해 아이디어를 제공하고 있다. 허용은 그 가운데 첫 번째 것으로 금지되었던 것을 할 수 있도록 허가해 주는 것이다. 두 번째는 보호(Protection)인데, 이것은 금지되었던 것을 하게 되는 내담자가 경험하게 될 불안을 제거할 수 있도록 해 주는 것을 의미한다. 세 번째는 잠재능력(Potency)이다. 이것은 내담자의 문제를 해결해 줄 수 있는 상담자의 진짜 능력을 가리킨다(Stewart, 2000, 26~29). Goulding과 Goulding의 12가지 금지령에 대한 허용은 다음과 같이 정리할 수 있다. 이것은 각본신념에도 그대로 적용될 수 있다.

① '존재하지 말라' — '나는 존재해도 돼'
② '너 자신이 되지 말라' — '나 자신이 되어도 돼'
③ '어린아이처럼 굴지 말라' — '나는 어린아이처럼 굴어도 돼'
④ '성장하지 말라' — '나는 성장해도 돼'
⑤ '성공하지 말라' — '나는 성공해도 돼'
⑥ '아무것도 하지 말라' — '나는 무엇이든 해도 돼'
⑦ '중요한 사람이 되지 말라' — '나는 중요한 사람이 되어도 돼'
⑧ '소속되지 말라' — '나는 소속되어도 돼'
⑨ '친해지지 말라' — '나는 다른 사람과 친해져도 돼'
⑩ '건강하지 말라/제정신으로 있지 말라' — '나는 건강해도 돼/제정신이어도 돼'
⑪ '생각하지 말라' — '나는 생각해도 돼'
⑫ '감정을 느끼지 말라' — '나는 감정을 느껴도 돼'

Stewart는 상담자의 직무를 내담자로 하여금 각본에 직면하게 하여 자율성을 회복시키는 것이라고 본다. 그러므로 상담자의 효과적인 개입(effective intervention)이란 각본과 대립하여 내담자의 자율성을 회복하는 것이며, 해로운 개입(harmful intervention)은 내담자의 각본을 강화시키는 것이고, 효과없는 개입(ineffective intervention)은 내담자의 각본과 관계없는 개입을 하는 것이다(Stewart, 2000, 52). 허용(It's OK to~)은 각본이 금지령과 관련되어 있다는 점에서 볼 때 가장 효과적인 개입이라고 할 수 있다. 또한 금지령과 같이 부모의 어린이 자아상태에서 주어진다는 점에서도 역시 긍정적으로 평가할 수 있다(Stewart & Joines, 2010, 193).

# 10장

◇◇◇◇◇◇◇◇◇◇◇◇◇◇◇◇◇◇◇◇◇◇◇◇◇◇◇◇◇◇◇◇◇◇◇◇◇◇◇◇◇◇◇◇◇

# 교류분석에서의
# 운명분석:
# 미니각본

# 10장

# 교류분석에서의 운명분석: 미니각본

~

Berne(2004a)은 각본이 어린 시절에 작성되어 부모에 의해서 강화되고 여러 가지 사건들을 통해서 정당화되지만 짧은 시간에도 되풀이될 수 있다고 보았다. Kahler와 Capers(1974)는 이러한 Berne의 생각에 따라 환자들을 관찰하다가 '드라이버'(driver)를 발견했으며, 이것에 근거한 '미니각본'(miniscript)을 제안했다.

스기다(2000, 266)는 이러한 미니각본의 의의를 네 가지로 제안한다. 첫 번째는 각본을 하나의 행동시스템으로 파악하고 각 요인 간의 인과관계를 분명히 했다는 점이다. 두 번째는 각본 매트릭스의 대항금지령과 금지령의 관계를 명확히 했다는 점이다. 특히 Kahler와 Capers(1974)는 대항금지령을 일종의 방아쇠로 보고 있다는 점이 미니각본의 두드러진 특징이라고 할 수 있다. 세 번째는 시간의 구조화에 따른 각본과 대항금지령의 관계를 분명히 했다는 점이다. 네 번째는 대항금지령을 조절할 수 있는 방법을 제시하여 각본에서 벗어날 수 있는 방법을 비교적 쉽게 제시했다는 점이다. 이러한 스기다의 주장은 대부분은 긍정할 수 있으나 세 번째는 그렇지 않다. 왜냐하면 Kahler와 Capers(1974)의 시간의 구조화에 따른 각본이 Berne의 구분과 달라 혼돈을 가져왔다고 볼 수 있는 측면이 있기 때문이다.

이번 장에서는 교류분석의 각본분석의 연장선상에서 이러한 미니각본에 대해서 살펴보고자 한다. 여기서 다루는 내용은 미니각본의 정의, 드라이버, Not-OK 미니각본, OK 미니각본이다.

## 1. 미니각본의 정의

Kahler는 인간이 부정상태(Not OKness)가 되기 전에 긍정상태(OKness)를 만들기 위해서 필사적인 노력을 한다는 사실을 알고 있었다(이도영 외 4인, 1999, 124). 미니각본은 바로 이러한 지식에 근거한 것으로 다음과 같은 다섯 가지 기본적인 전제를 지니고 있다(Kahler & Capers, 1974).

① 대항금지령은 OK 대항각본과 Not-OK 대항각본이 있다.
② 5개의 Not-OK 대항금지령 슬로건은 드라이버(driver)라고 하며, 이것은 Not-OK 양육적 어버이 자아상태 또는 구원자의 역할에서 온다.
③ 대항금지령 드라이버는 도움이 될 것처럼 보이지만, 실제로는 Not-OK 금지령을 불러들이는 역할을 한다.
④ 5개의 OK 대항금지령 슬로건은 허용자(allower)라고 하며, 이것은 OK 양육적 어버지 자아상태 또는 허용하는 역할에서 온다. 대항금지령 허용자는 OK 금지령을 강화하며, 승자의 삶을 살게 한다.

⑤ 드라이버는 디스카운트와 관련되어 있으며, 허용자는 긍정적 스트로크와 관련되어 있다.

Kahler와 Capers(1974)는 미니각본을 "몇 분 또는 몇 초 사이에 일어나는 일련의 Not OK 행동"으로 정의한다. 또한 이러한 미니각본을 Not-OK 미니각본과 OK 미니각본으로 분류하여 다음과 같이 정의한다: Not-OK 미니각본은 "몇 분 또는 몇 초 사이에 일어나는 일련의 Not-OK 행동으로 Not-OK 인생각본을 강화"하며, OK 미니각본은 "몇 분 또는 몇 초 사이에 일어나는 일련의 OK 행동으로 각본에서 자유로운, 자기주도적인, 자율적인 행동을 강화"한다. 이러한 미니각본은 "짧은 시간에 걸쳐 전체 인생각본의 과정을 재생산"하는 것으로서, 구조분석, 대화분석, 게임분석, 각본분석에 쉽게 적용할 수 있을 뿐만 아니라 치료에서도 효과적으로 사용할 수 있다(이도영 외 4인, 1999, 124; Kahler & Capers, 1974).

## 2. 드라이버

드라이버는 "특정 각본행동이나 감정에 빠져들기 전에 일관성이 있게 나타나는 일단의 행동들"로서, 주로 부정적(Not-OK) 양육적 어버이 자아상태에서 기인한다(Stewart & Joines, 2010, 227; Kahler & Capers, 1974). 이러한 드라이버는 미니각본의 첫 단계로서 미니각본을 일으키는 역할을 하며, 크게 다섯 가지 종류가 있다.

첫 번째 드라이버는 "완벽하게 하라"(Be perfect)이다. 이러한 드라이버에 있는 사람은 "말하자면, 아마도, 확실히, 완전히, 이미 보았듯이, 어쩌면" 등과 같은 삽입구를 많이 사용하며, "숫자나 문자를 세면서 요점을 말하려는" 경향이 있다(Stewart와 Joines, 2010, 229~230). 또한 "높지도 낮지도 않은 상태의 잘 조절된 목소리"와 '손으로 턱을 괴거나 허리를 펴고 똑바로 앉아' 있다(Stewart와 Joines, 2010, 229~230). 이러한 드라이버를 지닌 사람들은 '긴장 이완하면 안 돼', '방심하면 안 돼'와 같은 금지령을 지니고 있다(이도영 외 4인, 1999, 125).

두 번째 드라이버는 "타인을 즐겁게 하라"(Please others)이다. 이 드라이버는 본래 "나를 기쁘게 하라"(Please me)인데, 그 내용이 사실상 타인을 즐겁게 하라는 의미를 담고 있기 때문에 이렇게 칭하고 있다. 이러한 드라이버에 있는 사람은 시작은 잘하지만, 끝이 좋지 않은 문장구조를 많이 사용하거나 "좋지?, 음?, 괜찮아?, 그렇지 않겠어?"와 같이 질문하는 형태의 표현을 선호하는 경향이 있다(Stewart와 Joines, 2010, 230). 또한 톤이 높고 쟁쟁거리는 목소리로 문장의 끝이 올라가는 경향이 있으며, 타인의 이야기를 들으며 고개를 잘 끄덕이거나 몸을 상대방을 향해 기울이는 등 타인의 말을 잘 경청하는 경향이 있다(Stewart와 Joines, 2010, 230). 이러한 드라이버를 지니고 있는 사람들은 '중요한 사람이 되면 안 돼', '타인의 욕구를 우선으로 하고 네 욕구는 무시해', '주제넘게 참견하면 안 돼', '여러 사람 앞에 나서면 안 돼'와 같은 금지령을 지니고 있다(이도영 외 4인, 1999, 125).

세 번째 드라이버는 "열심히 하라"(Try hard)이다. 이러한 드라이버에 있는 사람은 "하겠다"는 말 대신에 "하도록 노력하겠다"라는 뜻을 전달하는 경향이 있으며, 어렵다거나 할 수 없다는 부정적인 말을 하거나 퉁퉁거리며 말하는 경향이 있다(Stewart 와 Joines, 2010, 231). 또한 목소리를 낮추거나 목을 조일 때 나는 소리를 내며, 한 손으로 눈가나 귀를 잘 만지고, 몸을 앞으로 구부리거나 손을 무릎 위에 놓는 등 꾸부정한 자세를 취하곤 한다(Stewart 와 Joines, 2010, 231). 이러한 드라이버를 지닌 사람들은 '성공하면 안 돼', '자유롭게 살면 안 돼', '만족하면 안 돼', '즐거워하면 안 돼'와 같은 금지령을 지니고 있다(이도영 외 4인, 1999, 125).

네 번째 드라이버는 "강하게 하라"(Be strong)이다. Stewart 와 Joines (2010, 231~232)는 이러한 드라이버에 있는 사람은 '자신의 감정과 행동의 책임이 자기 자신이 아니라 외부에 있다'는 식의 말을 많이 하며, 자신에 대해서 3인칭을 사용하는 경향이 있다고 한다. 또한 목소리가 대체로 낮고 단조로우며, 특별한 제스처를 취하지 않고, 팔짱을 끼거나 다리를 꼬는 경향이 있다고 말한다. 이러한 드라이버를 지닌 사람들은 '네 감정을 무시해', '감정을 표현하면 안 돼'와 같은 금지령을 지니고 있다(이도영 외 4인, 1999, 125).

다섯 번째 드라이버는 "서둘러 하라"(Hurry up)이다. 이러한 드라이버에 있는 사람은 '시간이 없다'거나 '빨리 하자'는 말을 많이 사용하며, 말을 빨리 말을 하다가 혀가 꼬이기도 한다(Stewart 와 Joines, 2010, 232~233). 또한 손가락으로 책상을 가볍게 두드리거나 발로 바닥을 툭툭 치며, 앉아 있는 의자를 흔들고, 시계를 반복해서 본다(Stewart 와 Joines, 2010, 232~233). 이러한 드라이버를 지닌 사람들은 '자유로우면 안 돼', '긴장 이완하면 안 돼'와 같은 금지령을 지니고 있다(이도영 외 4인, 1999, 125).

사람은 누구나 이상과 같은 드라이버를 가지고 있다. 사람에 따라 차이가 있지만 대부분의 사람들은 한 개 이상의 드라이버를 가지고 있다. 특히 이 가운데 두드러지는 드라이버를 '1차적 드라이버'(primary driver)라고 한다(Stewart & Joines, 2010, 233). 물론 어떤 사람들은 1차적 드라이버를 두 개 이상 지니고 있다. 이러한 드라이버를 파악할 수 있는 방법은 사람에 대한 관찰과 문항화된 질문지의 사용이다.

## 3. Not-OK 미니각본

교류분석에서 좋은 치료란 금지령과 각본결말을 활용하는 것이다. 그러나 Kahler와 Capers(1974)는 미니각본이 이것보다 더 좋은 치료의 도구라고 주장한다. 미니각본은 새로운 종류의 각본이 아니다. 일반적으로 미니각본이라고 하면 Not-OK 미니각본을 가리킨다. Not-OK 미니각본은 크게 드라이버(driver), 정지자(stopper), 비난자(blamer), 절망자(despairer) 등 네 가지 요소로 이루어져 있다. 여기서 비난자는 처음에 '복수심에 불타는 어린이 자아상태'(vengeful Child)로 불렸으며, 절망자는 '마지막 미니각본 결말'(final miniscript payoff)이라고 불려졌다. 처음 Not-OK 미니각본 모형에 이러한 변화를 반영하면 다음과 같이 나타낼 수 있다.

Kahler와 Capers(1974)에 의하면 미니각본은 기본적으로 드라이버에서 정지자로, 정지자에서 비난자로, 비난자에서 절망자로 옮겨간다. 이때 드라이버는 대항금지령에 해당하고, 제지자는 금지령 그리고 비난자는 반항하는 어린이 자아상태라고 할 수 있으며, 절망자는 각본결말이

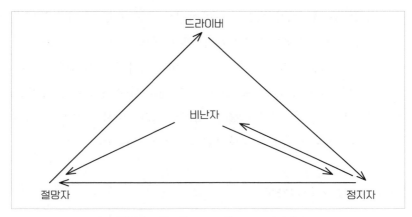

**그림 18** Kahler와 Capers의 Not OK 미니각본

된다. Stewart와 Joines(2010, 242)는 이러한 Kahler와 Capers의 Not-OK 미니각본에 설명을 추가하여 아래와 같이 나타내고 있다.

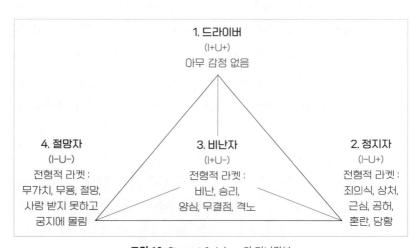

**그림 19** Stewart & Joines의 미니각본

## 1) 드라이버

미니각본의 일련의 흐름에서 보면 드라이버는 미니각본의 출발점이라고 할 수 있다. 드라이버는 일종의 조건부 긍정상태이다. 조건부 긍정상태란 드라이버의 요구가 충족되는 한 나와 타인이 모두 긍정상태라는 사실을 의미한다. 드라이버는 부모의 어버이 자아상태에서 자녀의 어버이 자아상태로 전해진 대항금지령이다. 일반적으로 드라이버는 비판적 어버이 자아상태에서 발휘되며, 순응하는 어린이 자아상태의 반응을 일으켜 자녀의 행동을 촉진하게 된다. 이때의 행동을 드라이버 행동이라고 하는데, 이것은 어린이 자아상태에서 발생해 어버이 자아상태의 명령을 따르기 위해 애쓰는 모습이라고 할 수 있다. 사람이 드라이버 행동을 하게 되면 아무런 감정도 나타나지 않는다(이도영 외 4인, 1999, 126; 스기다, 2000, 268).

## 2) 정지자

드라이버는 금지령에서 벗어날 수 있도록 해줄 것처럼 보이지만 실제로는 그렇지 않다. 세계-내-존재로서의 인간은 어쩔 수 없는 한계와 현실 속에서 드라이버를 수행할 수 없는 자신을 발견하게 된다. 결국 이러한 과정은 벗어나고자 했던 금지령을 다시 불러들이는 결과를 초래하게 되며, 자기부정 타인긍정의 태도를 형성하게 된다. 이 과정에서 인간은 유아기의 초기결단을 재연하며 불쾌한 라켓 감정을 경험하게 된다. 특히 이때 경험하는 라켓 감정은 지극히 주관적인 것으로, 이러한 상태에 있는 사람은 죄의식과 상처, 근심과 공허, 혼란스러움과 당황스러움으로 인해 이러지도 저러지도 못하며, 회피적 행동을 하게 된다(이도영 외 4인, 2000, 126~127; 스기다, 2000, 269). 결국 금지령에서 벗어나고자 했던 드라이버 행동은 정지하게 된다.

### 3) 비난자

비난자는 정지자 단계에서 경험한 불쾌한 감정에 대한 일종의 자기방어로서 자신에 대한 분노나 불만을 다른 사람에게 투사하는 상황을 가리킨다. 일반적으로 비난자는 정지자를 거쳐 가지만 어떤 경우는 너무 빨리 지나가기 때문에 정지자 없이 비난자로 넘어가는 것처럼 보이기도 한다. 이런 경우 자기긍정 타인부정의 인생태도를 지니게 되어 자신의 잘못을 보지 못하게 되며 대인관계에서 갈등을 유발할 수 있다(이도영 외 4인, 1999, 127; 스기다, 2000, 269). 이러한 비난자는 부정적 순응하는 어린이 자아상태뿐만 아니라 부정적 비판적 어버지 자아상태와도 관련이 있기 때문에, '복수에 찬 어린이 자아상태'(vengeful Child)에서 비난자로 이름을 바꾼 것은 적절한 변화라고 할 수 있다(Stewart & Joines, 2010, 244).

### 4) 절망자

절망자는 본래 '마지막 미니각본 결말'이라고 불렸으나 많은 사람들의 미니각본이 이렇게 끝나지 않기 때문에 이름이 바뀐 것은 긍정적이라고 할 수 있다(Kahler & Capers, 1974; Stewart & Joines, 2010, 245). 일반적으로 절망자에 이르는 사람들은 자기부정 타인부정의 인생태도를 지니고 있다. 실제로 이런 태도를 지닌 사람들의 미니각본이 절망자로 끝날 가능성이 높다. 물론 절망자는 정지자와 비난자를 거쳐 갈 수도 있으며, 곧바로 절망자로 넘어갈 수도 있다. 절망자에 이른 사람들은 무가치함과 무기력감을 느끼게 되며 인생에서 희망을 발견하지 못하게 되고 궁지에 몰린 사람과 같은 모양새를 하게 된다.

## 4. OK 미니각본

Not-OK 미니각본은 사람을 부정상태로 이끌어가지만, OK 미니각본은 사람을 긍정상태로 인도한다. 어떤 사람이 자신의 미니각본이 Not-OK임을 알았을 때, 그 사람은 자신의 미니각본을 그대로 유지할 것인지 아니면 그것을 포기하고 새로운 미니각본을 선택할 것인지에 대한 중요한 결정에 직면하게 된다(Kahler & Capers, 1974). OK 미니각본은 크게 허용자(allower), 진행자(goer), 긍정적인 자유로운 어린이 자아상태 (Affirming Free Child) 그리고 '와우'자(wower)로 구성된다.

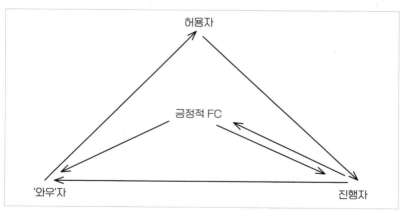

**그림 20** Kahler와 Capers의 Not OK 미니각본

## 1) 허용자

허용자는 긍정적인 양육적 어버이 자아상태에서 긍정적인 순응적 어린이 자아상태에 주어진다(Kahler & Capers, 1974; 이도영 외 4인, 1999, 132). 이러한 허용자는 드라이버와 같이 자기긍정 타인긍정의 태도를 지니게 되는데, 드라이버와 차이가 있다면, "~ 해야 해"가 아니라 "~ 하지 않아도 돼", "그렇게 해도 좋아"라고 말해 줌으로써 선택권을 부여하여 자발성을 키워준다는 점이다. 이렇게 하여 한 사람을 대항금지령과 금지령에서 자유로운 하나의 독립된 인격체로 만들어 준다. 또한 목표를 세우더라도 달성 가능한 목표를 구체적으로 결정함으로써 다음의 긍정적인 과정이 가능하도록 만들어준다(이도영 외 4인, 1999, 132).

Kahler와 Capers(1974)는 각각의 드라이버에 대한 허용자의 예를 구체적으로 보여주고 있다. "완벽하게 하라"는 "실수해도 괜찮아", "실패해도 괜찮아", "더러워져도 괜찮아", "네 자신이 되어도 괜찮아", "네 모습 그대로 충분해"라는 허용자를, "서둘러 하라"는 "지금 너를 위한 시간을 가져도 괜찮아. 너는 네가 원하는 모든 것을 할 수 있는 시간이 있어"라는 허용자를, "열심히 하라"는 "이것을 해도 괜찮아", "네가 하고 있는 것을 그만해도 괜찮아", "이것을 잘해도 괜찮아", "그냥 해도 괜찮아"라는 허용자를, "타인을 즐겁게 하라"는 "네 판단을 신뢰하고 네 필요를 채워도 괜찮아. 너는 네가 얼마나 사랑받을 수 있는지, 네 가치가 다른 사람들의 판단에 의존하지 않아도 된다는 사실을 알 필요가 있어", "너는 다른 사람들의 감정에 책임지지 않아도 돼", "너를 기쁘게 해도 괜찮아"라는 허용자를, "강하게 하라"는 "닫힌 것을 열고 감정을 표현해라", "강해

지지 않아도 괜찮아", "인간처럼 지내도 괜찮아"라는 허용자를 줄 수 있다(Kahler & Capers, 1974).

## 2) 진행자

허용자가 드라이버의 반대개념이었다면, 진행자는 정지자의 반대 개념이다. 진행자는 정지자가 드라이버의 진행을 멈추게 하는 것과 달리 허용자가 멈추지 않고 계속해서 나아가도록 하는 역할을 한다. 특히 허용자의 순조로운 진행을 돕는 진행자는 부모가 그들에게 준 긍정적인 선택을 기억하고 인식할 수 있도록 도와주며, 또한 그들이 원하는 새로운 메시지를 선택할 수 있도록 도와주는 역할을 한다(Kahler & Capers, 1974). 진행자는 자가 스트로킹과 관련이 있으며, 최초의 달성 가능한 목표를 성취하도록 도와주는 역할을 한다(이도영 외 4인, 1999, 133).

## 3) 긍정적 FC

Not-OK 미니각본에서 비난자, 즉 복수에 찬 어린이 자아상태를 다루었듯이 OK 미니각본에서는 긍정적인 자유로운 어린이 자아상태를 다룰 수 있다. 실제로 복수에 찬 어린이 자아상태가 타인에 대해서 비난하는 자세를 취했다면, 긍정적인 자유로운 어린이 자아상태는 허용자와 진행자에 이어 적절한 행동, 즉 마음으로부터 기뻐하는 자세를 취하게 된다(Kahler & Capers, 1974; 이도영 외 4인, 1999, 133). 이때 긍정적인 자유로운 어린이 자아상태가 작동하면, OK 미니각본의 다음 단계인 '와우'자로 나아가게 되지만, 그렇지 않으면 OK 미니각본은 더 이상 진행하지 않는다(Kahler & Capers, 1974).

### 4) '와우'자

'와우'자는 Not-OK 미니각본의 절망자와 대조를 이루는 요소로서, Not-OK 미니각본의 절망감을 '와우'라는 감탄사로 대체한 것이라고 할 수 있다. 실제로 '와우'자는 부적절한 감정을 자신만만한 감정으로, 사랑받지 못한다는 느낌을 사랑받는다는 느낌으로, 거절감을 수용감으로 대체해 준다(Kahler & Capers, 1974). 그래서 마음으로부터 우러나오는 감탄사 '와우'를 외치게 된다. 아마도 이때를 자기긍정과 타인긍정의 절정이라고 할 수 있을 것이다.

필자는 지금까지 Kahler와 Capers에 의해서 제안되었던 미니각본에 대해서 살펴보았다. 이상과 같은 미니각본의 개념은 현재도 크게 변화하지 않았다. 그러나 미니각본의 시작이 되었던 드라이버는 많은 변화와 발전을 이루었다. 특히 Kahler는 드라이버를 통한 성격유형을 제안한 바 있으며, 평가 매트릭스(Assessing Matrix)를 통해 성격장애를 설명하고 있다. 또한 Kahler는 과정 의사소통 모델(Process Communication Model)을 제안했는데, 이것은 Julie Hay에 의해 평가 큐브(Assessing Cube)라는 개념으로 발전했다. 이러한 발전은 후에 미니각본과 별도로 다루어야 할 필요가 있다.

# 참고문헌

김규수, 류태보 편저(1998). **교류분석치료**. 서울: 형설출판사

김용민(2008). 성경과 스트로크(1). **뱁티스트**, 2008년 7/8월, 110-118.

김용민(2008). 성경과 스트로크(2). **뱁티스트**, 2008년 9/10월, 117~127.

김용민(2008). 성경과 스트로크(3). **뱁티스트**, 2008년 11/12월, 112~119.

김용민(2009). **목회상담의 해석학적 이해와 적용: Paul Ricoeur 해석학을 중심으로**. 박사학위논문, 침례신학대학교.

김용민(2009). 인생태도를 통한 목회자를 위한 상담기법. **뱁티스트**, 2009년 1/2월, 86~97.

김용민(2010). 교류분석에 대한 신학적 성찰. **기독교상담학회지**, **19**, 11-39.

김용민(2010). 시간의 구조화. **뱁티스트**, 2010년 7/8월, 82~102.

김용민(2010). 성격을 알면 신앙생활이 즐겁다!: TA(교류분석)의 성격이론을 통한 자기이해(1). **뱁티스트**, 2010년 9/10월, 69~83.

김용민(2010). 성격을 알면 신앙생활이 즐겁다!: TA(교류분석)의 성격이론을 통한 자기이해(2). **뱁티스트**, 2010년 11/12월, 72~87.

김용민(2011). 성격을 알면 신앙생활이 즐겁다!: TA(교류분석)의 성격이론을 통한 자기이해(3). **뱁티스트**, 2011년 1/2월, 86~101.

김용민(2011). 성격을 알면 신앙생활이 즐겁다!: TA(교류분석)의 성격이론을 통한 자기이해(4). **뱁티스트**, 2011년 3/4월, 82~101.

김용민(2011). 성격을 알면 신앙생활이 즐겁다!: TA(교류분석)의 성격이론을 통한 자기이해(5). **뱁티스트**, 2011년 5/6월, 80~98.

김용민(2011). 성격을 알면 신앙생활이 즐겁다!: TA(교류분석)의 성격이론을 통한 자기이해(6). **뱁티스트**, 2011년 7/8월, 80~96.

김용민(2011). 성격을 알면 신앙생활이 즐겁다!: TA(교류분석)의 성격이론을 통한 자기이해(7). **뱁티스트**, 2011년 9/10월, 80~105.

김용민(2011). 교류분석에서의 대화분석. **뱁티스트**, 2011년 11/12월, 77~99.

김용민(2012). 교류분석에서의 게임분석. **뱁티스트**, 2012년 1/2월, 105~123.

김용민(2012). 교류분석에서의 각본분석(1). **뱁티스트**, 2012년 3/4월, 98~115.

김용민(2012). 교류분석에서의 각본분석(2). **뱁티스트**, 2012년 5/6월, 81~96.

김용민(2012). 교류분석에서의 각본분석(3). **뱁티스트**, 2012년 7/8월, 101~116.

김용민(2012). 교류분석에서의 라켓(1). **뱁티스트**, 2012년 9/10월, 97~118.

나동석, 박현순(2005). 교류분석이론의 임상사회복지실천에서의 함의. **한국사회과학연구: 일반**, **27**(2), 25~43.

다마이, 도쿠타로(1995). **나를 알고 너를 알고**. (백재웅 편역). 서울: 한국산업훈련연구소.

박종삼(1997). 심리유형(MBTI)과 교류분석(TA)의 심리치료적 접목을 위한 이론적 고찰. **한국심리유형학회지**, **4**, 29~51.

엄원식(2002). **구약신학**. 대전: 침례신학대학교 출판부.

우재현 편저(1994). **교류분석(TA)에 의한 어린이 인성개발 프로그램**. 대구: 정암서원.

우재현(2003/2007). **심성개발을 위한 교류분석(TA) 프로그램**. 대구: 정암서원.

우재현 편저(2004). **임상 교류 분석(TA) 프로그램**. 대구: 정암서원.

유재성(2006). **현대목회상담학개론**. 대전: 침례신학대학교 출판부.

이기춘(1998). **교류분석(TA)으로 본 한국인의 의식구조**. 서울: 감리교 신학대학 출판부.

이도영 외 4인(1999). **교류분석: 이론과 실제**. 서울: 중앙적성출판사.

이상억 외(2009). **목회상담 실천입문**. 서울: 학지사.

이은주(2007). 교사의 자아상태와 인생태도 간의 상관관계를 통해 살펴본 의사교류 특징. **스피치와 커뮤니케이션**, **8**, 7~38.

정경위(1997). 교류분석이론을 통한 「아돌프」의 심리구조 연구. **불어불문학**, **35**, 305-324.

조정기(1998). 인간관계 개선을 위한 교류분석 이론 고찰. **부산여자대학교 논문집**, **45**, 545~579.

스기다, 미네야스(1993). **임상교류분석**. (우재현 역). 대구: 정암서원.

스기다, 미네야스(2000). **교류분석**. (김현수 역). 서울: 민지사.

스기다, 미네야스(2001). **중요할 때 항상 성공하는 사람 항상 실패하는 사람**. (김은진 역). 서울: ㈜ 바이오프레스

후쿠시마, 히로시(2003). **내 뜻대로 사람을 움직일 수 있는 성격테스트 24**. 서울: 글담.

Adams, Jay E. (1970). *Competent counsel*. Grand Rapids: Baker Book House.

Berne, Eric. (1961/1974). *Transactional analysis in psychotherapy: a systematic individual and social psychiatry*. New York: Ballantine Books.

Berne, Eric. (2004a). **각본분석: 운명의 심리학, 당신은 인사 후에 무슨 말을 합니까?**. (우재현, 송의자 역). 대구: 정암서원.

Berne, Eric. (2004b). *Games people play: the psychology of human relationship*. New York: Ballantine Books.

Berne, Eric. (2009). 심리 게임. (조혜정 역). 서울: 교양인.

Bontrager, J. (1974). *Free on the child in you*. Philadelphia: Pilgrim/United Church Press.

Bradshaw, John. (1996). *Family secrets: the path to self-acceptnace and reunion*. New York: Bantam Books.

Brammer, L. M & Shostorm, E. L. (1976). *Therapeutic psychology*. New York: Prentice Hall.

Brunner, Emil & Barth, Karl. (1997). **자연신학**. (김동건 역). 서울: 한국장로교출판사.

Carter, J. D. & Narramore, S. B. (1997). **신학과 심리학의 통합과 갈등**. (전요섭 역). 서울: 하늘사다리.

Cate, Robert L. (1994). *An introduction to the historical books of the old testament*. Nashville: Broadman & Holman Publishers.

Colla, Charles Allen. (1997). *Solution-focused pastoral counseling: an effective short-term approach for getting people back on track*. Grand Rapids: Zondervan Publishing House.

Collins, Gary. (2003). **심리학과 신학의 통합전망**. (이종일 역). 서울: 솔로몬.

Corey, Gerald. (1994). **상담학 개론: 상담과 정신치유의 이론과 실제**. (오성춘 역). 서울: 장로회신학대학교 출판부.

Dunn, J. D. G. (1988). *Romans 9~16. Word Biblical Commentary, 38B*. Wach: Word Books.

Dusay, John M. (1993). **이고그램**. (우재현 역). 대구: 정암서원.

English, E. (1971). The Substitution factor: rackets and real feelings. *Transactional Analysis Journal*, 1(4), 225~230.

English, E. (1972). Rackets and felling, part II. *Transactional Analysis Journal*, 2(1), 23~25.

English, E. (1976). Racketeering. *Transactional Analysis Journal*, 6(1), 78~81.

Erikson, E. (1993). *Childhood and society*. New York: W. W. Norton & Company.

Erickson, M. J. (1997). **복음주의 조직신학(중): 인간론, 기독론**. (현재규 역). 서울: 크리스챤 다이제스트.

Erskine, R & Zalcman, M. (1979). The racket system: a model for racket analysis. *Transactional Analysis Journal*, 9(1), 51~59.

Fowler, J. W. (1981). *Stages of faith: the psychology of human development and the quest for meaning*. San Francisco: Harper & Row.

Goulding, Mary M. & Goulding, Robert L. (1979). *Changing lives through redecision therapy*. New York: Brunner/Mazel Publishers.

Goulding, Mary M. & Goulding, Robert L. (1993). **재결단치료**. (우재현 역). 대구: 정암서원.

Hamilton, J. D. (1981). *The ministry of pastoral counseling*. Grand Rapids: Baker Book House.

Harris, Thomas. (1973). *I'm ok you're ok*. New York: Avon Books.

Harris, Thomas. (2008). **마음의 해부학**. (조성숙 역). 서울: 21세기북스.

Hartshorne, Charles. (1995). **하나님은 어떤 분이신가: 하나님의 전능하심과 여섯 가지 신학적인 오류**. (홍기석 역). 서울: 한들.

Hersey, Paul and Blanchard, Kenneth H. (1977). *Management of organizational behavior* (3rd). Englewood Cliffs: Prentice-Hall, Inc.

Hilbert, John. (1974). Transactional analysis in ministry. *Lutheran quarterly*, 26(4), 432~438.

Hobbs, Herschel H. (1994). *The baptist faith and message*. Nashville: Convention Press.

Holifield, E. Brooks. (1983). *A history of pastoral care in America: from salvation to self-realization*. Nashville: Abingdon Press.

James, Murel. (1977). *Born to love: transactional analysis in the church*. New York: Bantam Books.

James, Muriel. (1994). **결혼 카운슬링: 결혼은 사랑을 위해**. (우재현 역). 대구: 정암서원.

James, Muriel. (1995). **OK 보스**. (우재현 역). 대구: 정암서원.

James, M. & Savary, L. (1974). *The power at the bottom of the well*. New York: Harper & Row.

Joines, Vann & Ian Stewart. (2012). **TA이론에 의한 성격적응론**. (오수희 외 2인 역). 서울: 학지사.

Jones, S. (1986). Relating the christian faith to psychology. *Psychology and the Christian Faith*, ed. S. Jones, 15~34. Grand Rapids: Baker.

Jones, Stanton & Butman, Richard E. (2002). **현대심리치료법: 기독교적인 평가**. (이관직 역). 서울: 총신대학교출판부.

Kahler, Taibi & Hedges Capers. (1974). The Miniscript. *Transactional Analysis Journal*, *4*(1), 26~42.

Kahler, Taibi. (1999). *Addendum to the 1974 article The Miniscript*.

Karpman, S. B. (1968). Fairy tales and script drama analysis. *Transactional Analysis Bulletin*, *7*(26), 39~43.

Klass, Dennis. (1972). The transaction between Thomas Harris and his churched readers. *Christian Century*, *22*, 1183~1185.

Lester, David. (1994). Psychotherapy for suicidal clients. *Death Studies*, *18*, 361~74.

Lister-Ford, Christine. (2002). *Skills in transactional analysis counseling & psychotherapy*. London: Sage Publications.

Loder, J. (1992). **삶이 변형되는 순간: 확신체험에 대한 이해**. (이기춘, 김선민 역). 서울: 한국신학연구소.

Machovec, Frank J. (1984). Current therapies and the ancient east. *American Journal of Psychotherapy*, *38*(1), 87~96.

McMinn, Mark R. & 채규만. (2004). **심리학, 신학, 영성이 하나 된 기독교 상담**. 서울: 두란노.

McMinn, Mark R. & Phillips, Timothy R. 편. (2006). **영혼돌봄의 상담학**. (한국복음주의 기독교상담학회 역). 서울: 기독교문서선교회.

Moltmann, J. (1994). 창조 안에 계신 하느님. (김균진 역). 서울: 한국신학연구소.

Mullins, E. Y. (1995). 조직신학원론. (권혁봉 역). 서울: 침례회출판사.

Oden, Thomas C. (1974). *Game free*. New York: Harper & Row Publishers.

Prudhomme, Susan. (2006). Tuning out the ok chorale. *Touchstone: A Journal of Mere Christianity*, *19*(4), 8~10.

Ricoeur, Paul. (1970). *Freud and philosophy: An essay on interpretation*. trans. Denis Savage. Binghamton: Yale University.

Ricoeur, Paul. (1992). *Oneself as another*. trans. Kathleen Blamey. Chicago: The University Press.

Ricoeur, Paul. (2003). 해석이론. (김윤성, 조현범 역). 서울: 서광사.

Ricoeur, Paul. (2007). *From text to action: essays in hermeneutics II*. trans. Kathleen Blamey and John B. Thompson. Evanston: Northwestern University Press.

Schaefer, Charles E.(1976). The development of a transactional analysis scale for the adjective Check List. *The Journal of Psychology*, *94*, 59~63.

Steiner, Claude. (1974). *Scripts People Play: Transactional Analysis of Life Scripts*. New York: Grove Press.

Stewart, Ian. (1989). *Transactional analysis in action*. London: Sage Publications.

Stewart, Ian. (1996). *Developing transactional analysis counseling*. London: Sage Publications.

Stewart, Ian. (2000). 교류분석(TA) 개인상담. (우재현 역). 대구: 정암서원.

Stewart, Ian. (2009). 교류분석 상담의 적용. (한국교류분석임상연구회 역). 서울: 학지사.

Stewart, Ian. & Joines, Vann. (1987/1993). *TA today: a new introduction to transactional analysis*. Nottingham and Chapel Hill: Lifespace Publishing.

Stewart, Ian & Vann Joines. (2010). 현대의 교류분석. (제석봉 외 3인 역). 서울: 학지사.

Stone, H. W. & Duke, J. O. (1996). *How to think theologically*. Mimmeapolis: Fortress Press.

Thomson, G. Fear, Anger and Sadness. (1983). *Transactional Analysis Journal, 13*(1) : 20~24.

Tillich, Paul. (1984). *The meaning of health: essay in existentialism, psychoanalysis, and religion*. ed. Perry LeFevre. Chicago: Exploration Press.

Rad, G. von. (1996). **창세기. 국제성서주석, 1.** 서울: 한국신학연구소.

Wegener, Mark I. (1979). Transactional analysis and preaching. *Currents in Theology and Mission, 6*(3), 159~64.

Wenham, Gordon J. (1987). *Genesis 1~15. Word biblical commentary, 1.* Wach: Word Books.

Westermann, C. (1994). *Genesis 1~11. A continental commentary.* trans. John J. Scullion S. J. Minneapolis: Fortress Press.

Whitehead, J. D. & Whitehead, E. E. (1994). **목회방법론: 신학적 성찰과 목회.** (허일찬, 오성춘 역). 서울: 한국장로교출판사.

Williams, Daniel. (1983). **사목자와 사목적 배려.** (이봉우 역). 왜관: 분도출판사.

Zerin, Edward. & Zerin, Marjory. (1999). A Cowpoke story for clergy and laity. *The Journal of Pastoral Care, 53*(2), 161~166.

http://www.businessballs.com/johariwindowmodel.htm

http://www.itaa-net.org/ta/에서 검색

http://www.kaccp.org/에서 검색

http://happyline.sja.or.kr/에서 검색

# 기독교인을 위한 교류분석

**초판 1쇄 인쇄** 2024년 02월 28일
**초판 1쇄 발행** 2024년 03월 05일
**지은이** 김용민
**편집** 도서출판 맑은샘

**펴낸이** 손용순
**펴낸곳** 엠씨아이(MCI)
**출판등록** 제2019-000031호
**주소** 대전광역시 유성구 은구비로 2 4층 (지족동)
**전화** 070) 4064-8014
**팩스** 0504) 345-8014
**홈페이지** www.mcinstitute.co.kr
**이메일** mci-0520@naver.com

ISBN 979-11-963169-4-5(03210)